情緒之書

蒂芬妮・史密斯——著　林金源——譯

Tiffany Watt Smith

The Book of Human Emotions

An Encyclopedia of Feeling from Anger to Wanderlust

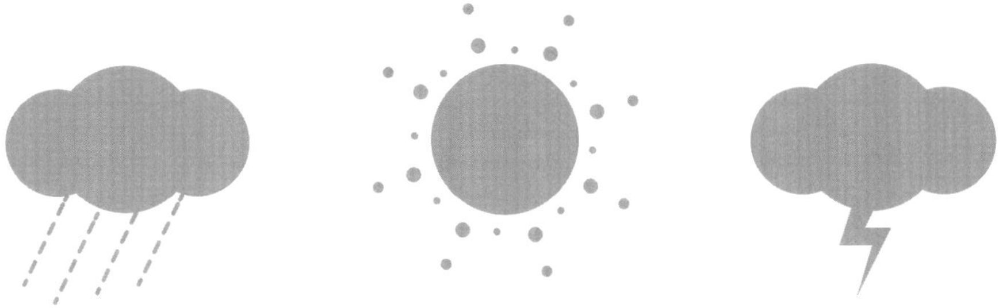

目錄

contents

引言

抬頭看看天上的雲朵。它們在無風的天空顯得灰暗而笨重嗎？或者纖弱如絲地在微風中輕快飄浮？背後的地平線是否沉浸在火紅激昂的落日餘輝中？

對畫家康斯特勃（John Constable）來說，天空無疑充滿情緒。他在一八二一年所寫的信件中，將天空稱為「繪畫中的主調」和「情思主要器官」。正因如此，他花了許多時間蒐集雲朵的樣貌，並為其分門別類。康斯特勃經常攜帶成束畫紙，口袋裡塞滿畫筆，疾行步出位於漢普斯特的家門，在荒原中一坐好幾個小時快筆描繪頭頂上千變萬化的雲朵，任憑畫紙被風吹得窸窣作響，或是讓雨滴淤滯在顏料上。一回到家，他馬上依據最新的氣象分類來整理速寫，標明日期、時間和天氣狀況。

康斯特勃企圖精通天空的語言——仔細觀賞他的作品，就知道他辦到了。不過，他活在執迷於分門別類的時代，熱衷分類學，經常不安地坐看不停變幻飄移的天空。雲是如此難以定型，一如四十年後藝評家羅斯金（John Ruskin）發現，要將雲朵分類，終歸是一種「便宜行事而非如實的描述」。每片雲朵會與其他雲朵疊合，而後飄離，如此不斷轉換效忠對象，直到難以區分彼此。

仰望雲朵，你也許發現萬物同時瀰漫著某一種情緒，然而一旦天空再度重新調派雲朵，這種情緒便倏忽而逝。

辨識我們的「情緒天氣」並加以命名，是一樁奇特的任務，你不妨先試著描述此刻的感覺。你的心臟是否因為下火車後有人正等著你而興奮狂跳？你的胃是否由於明天的截稿期限而一陣糾結？引領你走向此書的，是帶著抗拒回家的不情願，還是純粹的好奇心？翻開書之後你的感覺是興奮、詫異、無聊，還是津津有味？

某些情緒的確將世界渲染成單一色調，例如汽車打滑那一瞬間所經歷到的恐怖感，或戀愛時沉浸在一片歡欣雀躍之中，有些情緒則像雲朵般難以掌握。當你為愛人籌劃意外驚喜時，可能在充滿期待中夾雜了一絲不安或害怕——萬一他不喜歡怎麼辦？爭吵之際大發雷霆，可能很難從中釐清那份激憤是何時結束，而自我憎恨又是何時開始淹沒自己。有些情緒如此靜默，甚至在我們發現它之前就悄然溜過，例如當你將手伸向超市貨架某個熟悉的品牌，那種頓時產生的短暫慰藉感。此外，諸如使我們手指發癢想翻尋愛人口袋的嫉妒感，或驅使我們走向自毀之路的羞恥感等陰鬱的情緒，就像籠罩在地平線的烏雲，讓我們急欲擺脫，惟恐它們突然在我們身上爆發。

有時感覺起來，更像是我們隸屬於情緒，而非情緒隸屬於我們。或許唯有更加關注自己的感覺，就像康斯特勃設法捕捉千變萬化的雲朵，我們才能真正瞭解自己。

情緒是什麼？

在大腦顳葉深處有個稱作「杏仁核」的淚滴狀構造，神經科學家稱之為情緒「指揮中心」。杏仁核會評估來自外界的刺激，並判斷必須遠離或趨近它們，接著觸發一連串的反應——提升心率、命令腺體分泌荷爾蒙、收縮四肢，或使眼皮眨個不停。當你躺在腦部掃描器裡回想某件傷心往事，或盯著新生兒照片心有所感時，杏仁核會成為電腦造像上看起來「明亮」的區域之一。

有了這些發光的洋紅與祖母綠色構成的圖案，腦部的研究顯得無比誘人，彷彿為我們如何感覺以及為何有此感覺做出了結論。若將情緒純粹視為腦中的生化煙火，就如作家哈斯特韋德特（Siri Hustvedt）所言，「好比說，維梅爾的畫作《倒牛奶的女僕》（*Girl Pouring Milk*）是塊沾滿顏料的畫布，或小說愛麗絲這個人物是紙上的陳述，這固然是事實，卻無法說明我對她們的主觀經驗，或者她們之於我的意義。」不僅如此，我以為將情緒優先列為生物學事實來處理，只會誤解情緒真正之為物。

情緒的發明

約在一八三〇年之前，沒有人真正體驗到情緒（emotions），而是感受到如「激情」（'passions'）、「靈魂的意外事件」、「道德情操」等事物，當時對這些事物的解釋，迥異於我們現在所理解的情緒。

古希臘人相信：讓人挺身反抗的暴怒情緒，是惡風帶來的東西；而早期隱居在沙漠的基督徒認為，無聊這種情緒是被懷有惡意的邪魔植入靈魂所產生的東西。十五、十六世紀，激情不為人類所獨有，也在其他生物身上造成奇特的影響，所以棕櫚樹會談戀愛並彼此渴慕，貓也會變得憂鬱無比。

但除了這種不可觸知的靈魂與超自然領域，當時的醫師們也發展出一套複雜的方法來理解身體對於情感所產生的具體影響，奠基於傳承自希臘醫師希波克拉底的體液醫學理論。這個理論透過中世紀伊斯蘭世界的醫師普遍傳播，最終在歐洲文藝復興時期的宮廷醫師著作中蓬勃發展。

體液理論主張每個人體內都有四種保持平衡的基本物質——血液、黃膽汁、黑膽汁和黏液。這些體液形塑出不同的個性與心情，例如脈管中血液比例較高的人性情急躁易怒卻勇敢，而黏液較多則讓人顯得性情平和哀傷。醫師相信強烈的情緒會造成熱能在體內到處流轉，從而激發體液滋生，擾亂脆弱的生態系統。暴怒將血液從心臟沖送到四肢，讓人做好發動攻擊的準備，至於黑膽汁一旦被加熱，就會將毒霧蒸散至腦部，使腦中充滿駭人的幻象。這些想法一直流傳至今，解釋了我們會說某人是「沉著冷靜」（phlegmatic 原義為「黏液質的」）或壞脾氣（ill-humour），或形容他的「血液正在沸騰」。

現代情緒的概念可追溯到十七世紀經驗主義科學的誕生。倫敦解剖學家威利斯研究了被絞死的罪犯，認為油然而生的喜悅或緊張不安的戰慄並非來自奇妙的體液橫流或是煙霧作怪，而是受到精密的神經系統所支配，位居其核心者乃單一器官——大腦。

百年後，研究動物反射反應的生理學家進一步宣稱，身體在驚恐時畏縮或愉悅時抽搐，純粹是機械式反應——毋需憑藉無形的靈魂物質。十九世紀初，在通風良好的愛丁堡演講廳裡，哲學家布朗（Thomas Brown）表示，這種理解身體的新方法需要一套新語彙，並提議使用‘emotion’一詞。雖然‘emotion’早已在英語中被使用（源自法語 emotion），但意義並不嚴謹。它可以描述身體和物體的任何動作，從樹的搖擺到臉頰通紅，一概適用。這個新造字指出一條理解情緒生活的途徑，藉由實驗和解剖學的進步，將研究聚焦於牙關緊閉、淚水滾滾和瞪大雙眼等可被觀察得到的生理現象。

維多利亞時代的科學界人士對此新方法大感興趣，他們熱衷於瞭解身體外顯的微笑和皺眉如何表達——甚至激發——內在的情緒。其中，達爾文的研究特別引人注目。早在一八三〇年代，達爾文便將情緒視為必須認真看待的科學。他發放問卷給世界各地的傳教士和探險家，詢問他們碰上的原住民是如何表達悲痛或興奮之情。他更用自己做實驗，設法找出發抖或微笑時所動用的特定肌肉。他也詳細記錄小兒子威廉的反應：「出生後第八天，他時常皺眉……幾乎快五週大時開始微笑。」[1]

一八七二年，達爾文在《人與動物的情緒表現》（*The Expression of the Emotions in Man and Animals*）中發表研究，宣稱人類情緒並非固定反應，而是歷經千百萬年持續演化的結果。

無論人或動物，情緒就像呼吸或消化那樣基本和重要，情緒的產生能幫助我們存活下來——例如厭惡感阻止我們攝入毒物，而愛或同情則幫助我們形成凝聚力與合作關係。

一八八〇年代，視情緒為天生反射的觀點在科學家之間普遍被承認，哲學家詹姆士因此主張：身體反應**就是**情緒，而主觀感覺只是尾隨而至。雖然「大家都知道……，遇見熊會感到害怕，於是逃跑，」但更合理的說法應是，「感到害怕是因為我們發抖」，身體反應率先出現，主觀感覺才繼之而來。所以「感覺」是一種副產品，是一種「附帶現象」（'epiphenomenon'）。

然而，並非每個人都以這種方式看待情緒。在達爾文發表情緒演化論的那年，佛洛伊德開始了在維也納的醫學訓練。不過在一八九〇年代初，佛洛伊德已放棄他的神經學家職涯，因為他相信，光就腦和身體並不足以說明盤旋不去的悲傷或過度的疑心。他認為：要以科學方法來處理感覺並不容易，還得考慮捉摸不定而複雜的心智或心理影響力。儘管佛洛伊德未曾著手發展全面性的情緒理論——他詩意地將情緒視為「感覺的音調」——但他的研究為情緒作為生物性痙攣抽搐的看法增添了深度和複雜性。

正是透過佛洛伊德的研究，現代人已將情緒視為可以被壓抑或累積，並需要宣泄的東西；而且有些情緒——特別是兒童期的急性恐怖情緒和強烈欲望——可以沉潛在心靈深處，多年後才在夢境或強迫行為、甚或身體症狀中顯現，例如頭痛或胃部痙攣。同樣的，也是從佛洛伊德的理論脈絡中，我們接受了「某些情緒也許無法被辨識」的概念，以及憤怒或嫉妒可能存在於潛意識中，就像玩偶在匣盒中不經意蹦了出來（「佛洛伊德失語」〔'Freudian slips'〕），或存在於我們所開的玩笑話，以及諸如不守時等日常生活習慣之中。

儘管佛洛伊德採用的許多技術細節如今已遭質疑，但情緒以迂迴途徑穿越我們的身心靈，這個想法至今仍深具治療上的意義，並在現今情緒語彙中留下痕跡。就這點而言，維多利亞時代兩個最具影響力的理論，就與我們現今的觀點息息相關：情緒是經演化而來的身體反應，以及，情緒可能因無意識心靈的作用而變形。

情緒文化

事實上，要回答「情緒是什麼？」答案不僅存在於生物學或個人心理史中，我們感覺的方式，無不涉及所處文化的期待和想法。恨、憤怒或欲望似乎來自人類身上最不被馴服的動物面，但包括那些用以瞭解自身的語言和概念、宗教信念和道德判斷，以及所處時代的風尚，甚至政治和經濟環境等使我們成為人類的事物，同樣也能激發出相同的情緒。

十七世紀的貴族拉羅什富科（Francois de La Rochefoucauld）承認，即便是我們最熱切的欲望，都可能是被隨俗從眾的潛在需求所召喚：「有些人，」他譏諷道，「如果不曾聽聞別人談情說愛，根本就不會陷入愛河。」靠著言談、識見和閱讀，不但能激發內在情緒，也可以平息某些感覺。巴布亞紐幾內亞的拜寧人會在屋外留置一碗水過夜，以吸收訪客離去後隨之降臨的陰鬱氣氛和怠惰感，據說這個儀式十分奏效。情感的影響力是如此強大，它形塑了我們以為再自然不過的生物反應，否則十一世紀的騎士如何能因驚慌而暈厥，或因為愛意而打哈欠？四百年前的人，又如何能死於鄉愁？

關於情緒是由文化及身心靈所形塑出來的概念，在一九六〇和七〇年代大行其道。置身遙遠異地文化之中的西方人類學家驚訝的發現，人們描述情緒的方式存在著微妙差異。某些文化非常認真看待的諸端感覺，在說英語的文化中竟顯得微不足道——例如太平洋伊法利克環礁的島民極為重視的那種「不公之憤」；反之，某些情緒重要到人們能熟知其中各種細膩的區別和質地，例如澳洲西部的賓士比人能感覺多達十五種不同的恐懼。此外，某些情緒對說英語的人士而言別具意義，幾乎到了無法想像若沒有這些情緒該如何過日子的地步，但在其他語言中卻付之闕如。舉例來說，秘魯的馬奇根加人（Machiguenga）就沒有任何語彙可以精確捕捉到「擔心」（worry）一詞的意涵。

情緒語言的趣味令人著迷，假使不同文化有不同的方式將情緒概念化，那麼處於不同文化中的人，是否也會用不同方式來**感受**情緒？歷史學家臆測，若想瞭解古人的心態，能掌握其情緒是重要關鍵。然而直到早期人類學研究發表約十年後，歷史學者才開始認真考據湮滅已久的情緒文化。當然，他們無法訪求古羅馬奴隸或中世紀戀人的感覺，不過卻能藉由檢視日記、書信、行為手冊與醫療養生法，甚至法律文件及政治演說等，來揭露古人理解情緒或感覺的方式。

歷史學家開始提出如今在該領域相當熟悉的問題。無聊是維多利亞時代的人發明的嗎？是什麼讓美國總統在官方肖像中露出微笑？為什麼十六世紀的勵志書作者鼓勵人們悲傷，而現在的勵志書作者卻敦促讀者保持快樂？為什麼十八世紀的藝術家樂於宣傳他們的震驚感受？某些情緒緣何消失——如早期基督徒所稱的「倦怠」，是一種結合了無精打采與絕望的感受，現今早已不復見——而某些情緒諸如「鈴聲焦慮」，又是在怎樣的因緣際會下產生？研究古老的情緒不只是為了瞭解表現歡樂與悲傷的儀式會如何隨著時間演變，或在不同歷史中某些情緒可以公開表達，某些卻被隱藏或透過苦行、祈禱加以抑制的原因，這個新興的研究領域所關注的，是文化價值觀如何銘印於個人經驗，同時質疑我們的情緒是否真的屬於自己所有。

即便有時被視為「基本」或「普遍」的情緒（如恐懼或厭惡）記述，也會因時差地異而轉移，讓人不禁納悶每個人體驗情緒的方式——辨別其中微妙的風味——是否也可能改變。認為某些情緒比其他情緒更為「基本」，是一種非常古老的想法。在收錄禮制儀軌、年代可追溯到西元前一世紀的中國儒家經典《禮記》中，區分了七種人類與生俱來的感覺，包括喜悅、憤怒、悲傷、恐懼、愛、厭惡和喜歡；十六世紀哲學家笛卡兒則認為人類有六種「原始激情」，包括驚奇、愛、憎恨、欲望、喜悅和悲傷。現代某些演化心理學家主張人類有六至八種「基本情緒」，所有人都以相同方式來表達[2]，包括厭惡、恐懼、詫異、憤怒、快樂和悲傷——但卻不包括「愛」，因為可以預期：愛的表達，必定與不同文化儀式糾纏在一起。這些「基本情緒」被認為是歷經演化、用以應付困境的普遍反應，例如感到厭惡時，作出口吐舌頭的怪表情能迫使毒物從嘴中排出，而當我們被激怒時，身體突然湧現的能量可以幫助我們擊退敵人。

但是，世界各地的人是否都以相同方式來表現這些情緒？想像一下紐約證交所某個掌心冒汗、心臟狂跳、頭皮刺痛的商人；然後想像十三世紀某個跪在冰冷教堂裡祈禱的基督徒所經歷的相同感覺，或另一個因胃痛在夜深時分醒來的某個澳洲賓士比人。商人也許會稱這種感覺為「刺激」或者「壓力」；基督徒可能視之為一種讓人頓生敬畏的奇妙驚怖感，以提醒他們上帝的存在；而賓士比人可能感覺到「ngulu」，也就是當他們懷疑別人伺機報仇時所產生的特殊畏懼感。我們賦予某種情緒任何意義，都會改變我們對它的體驗，這些意義決定我們是用愉悅或驚恐來迎接某些感覺，對它加以欣賞品味，還是感到羞恥抗拒。倘若忽略這些差別，我們將喪失構成情緒經驗的大部分本質。

以上的討論可以歸結到我們將「情緒」視為何物。當我們談論情緒時，我認為必須參考美國人類學家格爾茨（Gifford Geertz）於一九七〇年代所稱的「濃厚描述」。格爾茨問了一個問題：「眨眼睛」與「使眼色」的差別何在？如果純以生理角度回答，這是眼球肌肉的一連串收縮動作，那麼眨眼與使眼色或多或少是相同的。但只有當你深入文化脈絡，才能領會什麼是「使眼色」，包括涉入玩耍、玩笑、遊戲和性的議題，同時瞭解諷刺和矯揉造作等等靠學習而來的定規成俗。愛、恨、欲望、恐懼、憤怒等情緒莫不如此，少了文化脈絡只能得到事件的淺薄描述，而非故事的全貌——因為正是這個完整的故事，才能訴說某一種情緒的本質為何。

本書就是關於這些故事以及它們如何演變的書，探討情緒被察覺與展演的不同方式——從古希臘法庭上哭泣的陪審團到文藝復興時期長著鬍鬚的勇敢婦女；從十八世紀醫師所稱的「振顫心弦」到達爾文在倫敦動物園所做的自身實驗；從第一次世界大戰中罹患「砲彈震驚症」的士兵到當代的神經科學文化和腦部造像。

本書是關於我們懷抱悲傷、不滿、畏怯或喜悅的身體，如何以不同方式寓居於世。同時說明整個人類世界連同道德觀與政治制度、對性別、性、種族和社會的假定，以及哲學觀和科學理論等，如何依附在我們每個人身上。

情緒賞鑑：實境指南

如今，關注情緒健康並積極辨識感覺以促進情緒健康的必要性，已成為從不丹到英國等許多國家公共政策的指定目標。透過無所不在的大眾傳媒，你永遠會在某些角落瞥見保持快樂的秘訣，或者提醒你哭泣有益身心。希臘斯多葛派哲學家教導人留意情緒初萌的跡象，以便掌握控制情緒的最佳時機，他們認為只要準確捕捉頸背汗毛豎起的片刻，就能提醒自己不被盲目的恐慌入侵。十七世紀憂鬱的學者暨傑出解剖學家伯頓也發現，留意情緒對他大有幫助——不過他的方法迥異於其他。伯頓好奇於他的絕望和憂慮，並藉由與其他作家、哲學家對話，設法瞭解它們。最終，他那一度似乎沒有目的的憂鬱變得充滿意義——而他的憂鬱也開始鬆綁。

認真看待情緒的態度，多半可追溯到一九九〇年代中期首度通俗化的心理學研究「情緒商數」（emotional quotient, EQ）。這個研究主張，一個人能成功與否，除了傳統倚仗的智商指數之外，能夠辨識自己及他人情緒並以此作為決策依據，更是重要的因素。能夠精確的覺察情緒，已經被證明與高抗壓性、好的工作表現、管理與協商技巧，以及穩固的家庭關係有極大的關聯。當今，情緒商數已成為教育人士、商業領導者和政策制定者十分熟悉的概念。

無論你是用微笑或皺眉來面對你對情緒的興奮反應，我想你必然同意，我們的感覺與用來描述它們的話語之間，存在著迷人的關係。當你知道如何稱呼某些情緒，它們可能就這麼消融在莞爾一笑中，例如「倒胃口」（每件事都不對勁的感覺）或晨間憂傷（只有早晨才降臨的悲傷）。某些情緒在我們獲知名稱後，便顯現為我們經驗中更大的一部分，例如親吻衝動（突然想親吻某人的欲望）或舒適愜意（寒夜裡與朋友共處一室的自在感）。有時，懂得辨明判讀他人的情緒，似乎讓自己的情緒顯得沒那麼特別和孤單。

撰寫本書的過程中，我所經歷的許多故事提供了情感分享的慰藉，有些故事則以不同面向發出共鳴，幫助我從新觀點看清自己某些難以捉摸的感覺。大多數人都會避免思及某些情緒，也許你恥於自己對他人的怨恨，也許你對自己的冷漠吃驚，也許你正努力對抗難為情。但是當你略微思考對這些感覺的態度源於何處，也許會發現它們未必像你有時以為的那麼嚇人。我希望書中的某些故事也能與你產生共鳴。

不過，本書並非意在讓你更快樂或更成功（甚至富有！）。情緒文化的故事雖然充滿了稀奇古怪的情節，但其實能幫助你看清你對那些所謂自然、不言而喻的（更糟的說法是「正常的」）情緒，應該要有怎樣的看法。倘若情緒已經佔有如此重要的地位，它們不斷被政府量測、被醫師施以頻繁的藥物介入、在學校被教導，並被雇主所監測……，那麼，我們最好弄清楚我們對於情緒的假定到底源自何處——還有我們是否真的想繼續簽約受雇。

如何使用本書

在關於情緒的浩瀚文獻裡，有著數不清的感覺列表。本書列舉的詞彙並非企圖無所不包，或深刻探討人類複雜的內心世界。這是一本由多篇情緒相關的小品文組織而成的散文集，各條目以英文字母順序排列。我認為，那些顯然次要而且特殊的情緒，例如微慍或快感恐慌（一種迷失的興奮感，例如踢翻辦公室垃圾桶時所獲得的那種感覺），一如恐懼或詫異等看似日常的情緒，都是建構情緒生活的獨特部分。同樣的，這些條目並未具有決定性，只是試圖一窺史上過去和當前的情緒文化政治學，希望多少闡明我們現在何以有這樣的感覺方式。我希望這些條目能讓人覺得有趣並感到好奇，引發更多的討論和提問。

刻意要將情緒分門別類並非易事。在安排這些條目時，我自覺像維多利亞時代某個深感困惑的雲朵蒐集者，思忖著某種特定的戰慄到底是來自愉悅，或是厭惡（或兩者兼有）；罪惡感是從何處消退，而懊悔從何開始滋生。有時，思索情緒會將你吸入一處甬道四通八達並設有旋轉門的迷宮，這時，用來描述情緒的字眼就變成比事實更為便利的工具——這正是本書以此方式安排的原因。你可以按字母逐步閱讀，也可以隨意翻看，直到碰上吸引你興趣的條目，查閱參照的內容——或許我們的某個經驗更為接近某些情緒變形與融合後的樣貌。

書中探討約一百五十種情緒，當然還可能有更多種，即使我的研究計畫注定不可能有完成之日，但我仍願意以此書作為一種表態，以反對那些試圖將我們複雜的內在世界歸納成少數幾種基本情緒的主張。因為我在探索情緒世界時學會了一件事，那便是，我們需要的不是用較精簡的語言來描述感覺——我們需要更多語言。

---

1. 若干證據顯示，達爾文的家人並不全然支持他的研究。達爾文的未婚妻艾瑪．韋奇伍德（Emma Wedgwood）曾道出她的憂慮：「你正在形成一種關於我的理論，如果我發怒或脾氣失控，你只會想到『那證明了什麼？』」
2. 情感學家——從不同領域研究情緒的人——對於「基本情緒」的問題爭論不休。近來提倡普遍／基本情緒概念最知名的人物是心理學家艾克曼（Paul Ekman）。有人對他的主張提出質疑，認為他斷定面部表情為一種普遍現象，實際反映出西方的偏見。對普遍情緒理論的存疑，並不表示我們不會以極相似的方式表達或感受某些情緒，或者無法理解來自異文化的情緒。畢竟，想像過往文化中的人類情緒，是情緒史學家覺得最有趣的部分。不過說到極相似，也並不等於每方面都相同。

A

自尊受傷	Abhiman
倦怠	Acedia
撒嬌	Amae
曖昧恐懼症	Ambiguphobia
憤怒	Anger
期盼	Anticipation
焦慮	Anxiety
冷漠	Apathy
虛空呼喚	L'appel Du Vide
別離空虛	Awumbuk

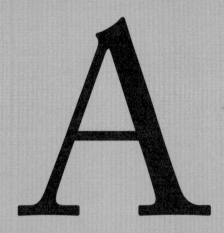

A

自尊受傷
ABHIMAN

梵語宗教與文學作品總集《吠陀》（*Vedas*）約撰寫於西元前一千五百年，是現存最古老的宗教文獻，內含的讚歌、咒文和儀式構成印度教的精神基礎，也讓我們得以一窺三千五百年前印度人的日常生活。

首度在《陀吠》中被提及的「自尊受傷」（Abhiman），到了現代仍然讓人不陌生，這在印度次大陸各地是很容易辨識的情緒。「自尊受傷」無法單獨用一個英文單字加以翻譯，其字面意義是「自尊」，然而，更深刻的意涵可從另一個與之呼應的梵語字 balam（力量）來獲得線索。

「自尊受傷」描述的是，我們由於被所愛之人或期待能得到善待的人傷害了，因而引發的痛苦和憤怒。其根源是悲痛和震驚，但很快便衍生成受傷的強烈自尊。「自尊受傷」往往被翻譯成英語的'wounded dignity'（「受傷的尊嚴」）或'spiteful retaliation'（「惡意的報復」）等帶有猥瑣意涵的詞組。

在印度，「自尊受傷」是一種比較可以被接受、甚至被期待的反應。若能將「自尊受傷」視為我們情感生活中不可避免的一部分，便能明白：打破與家人和夥伴間關於愛與尊重這種不需言明的約定，將會是多麼嚴重的背叛。

如同許多與自尊有關的情緒，「自尊受傷」可能帶有倔強意味。有時正是感受到這種情緒的人受苦最深——可謂一種雙重打擊。泰戈爾的短篇故事《懲罰》（*Shasti*）中，女主角香德拉與她摯愛的丈夫、丈夫的弟弟和卑鄙又愛抱怨的弟媳，一同過著令人難以忍受的貧窮生活。香德拉的小叔失手殺死他太太後，當警方到達時，香德拉的丈夫驚恐萬分。為了解救弟弟，指控香德拉是殺人兇手。此舉不僅背叛了兩人的愛情，也背叛了香德拉身為妻子的地位，並深深傷害了她。

她昂然起身，因為寒心和難以平息的忿恨而全身僵硬。她承認殺人，默默入監。泰戈爾描寫她的行為乃出自於「自尊受傷」所驅使，翻譯者提供了各種版本的英語譯文：「多麼難以撫平的忿恨！」「如此熱烈、激昂的自尊」、「被傷害的感覺讓她做出多麼可怕的反應」等等。隨著行刑日的逼近，香德拉的丈夫後悔了，希望與她和解，然而這個傷害依舊痛徹她的心扉。直到她走上絞刑台那一刻，仍拒絕迎視他的目光。

※互見：**屈辱；忿恨**。

倦怠 ACEDIA

想像你是一名修行中的基督教隱士，住在西元四世紀的埃及西部沙漠。烈日照射你的泥磚小屋屋頂，你跪在屋內的石頭地板上禱告——並開始覺得有點無聊。這是令人分心起雞皮疙瘩的感覺，就像蚊蟲爬上手臂的搔癢感。你必須戰勝它，否則便可能屈服於最危險的罪惡情緒——倦怠（acedia）。

acedia 有時拼寫成 accidie，如今已經沒有與之完全符合的情緒。這是一種為時短暫、但深具災難性的情緒危機，好發於上午十一點至下午四點之間。最初的徵象是無精打采和易怒，但不久之後即轉變成孤寂和絕望。

根據沙漠修士卡西安（John Cassian）的說法，倦怠感有如心靈被「污濁的黑暗」攫獲。同時，身體也會受到影響：一如同時期女修道士塞奧多拉（Amma Theodora）的說明，倦怠給人一種被「壓垮」的感覺，造成雙膝軟弱、四肢無力還有頭部發熱。這些隱士獨居於鬆散聯結的社區，鎮日在散布於荒漠間的山洞和小屋裡禱告，過著極度克己的生活。一旦倦怠發作，有些僧侶會與住在附近的同道爭吵，或抱怨他們選錯了職業，想要返回亞歷山卓或君士坦丁堡重拾塵世的歡樂，還設法勸誘朋友同行。有些則在他們的斗室內頹然哭泣，有些想自殺，將臭皮囊丟棄給危險的沙漠。倦怠嚴重威脅這些早期僧侶的生活方式——以及性命，因此被認為是八大邪思（Eight Evil Thoughts）中最危險者。

倦怠從何而來？沙漠修士和修女們相信這種感覺是魔鬼的爪牙「正午邪魔」（noonday demons）所送來的，牠們在聚落附近飛馳，惹得居民心神不寧。如今我們可能傾向於認為倦怠只不過是我們稱之為「抑鬱」病症的別名。然而，倦怠發作的時間短暫，只在每天最熱的幾個小時，而且所有受害者早已因為獨居和極度自我克制而焦慮不安，在在顯示出倦怠的起因更加特殊。該現象可能與熾熱沙漠中的獨居生活，以及懷疑附近有惡意的正午邪魔環伺有關，而非腦中的「化學不平衡」。

到了六世紀，倦怠從大罪中被除名。它的某些症狀被併入憂鬱（melancholia）中，也就是我們現今抑鬱和焦慮狀態的前身；其餘部分則演變成七宗罪中的「懶惰」。儘管現在人們仍會談及倦怠感，不過已經是用來指涉比較類似惰性的含意——或許相當於在下雨的週日清晨突然湧上心頭的百無聊賴感。

當宗教思想重鎮從荒野遷移至舒適許多的義大利葡萄園，倦怠的危險性也跟著消退了，看來這並非偶然。宿醉或許取代了中暑，成為修道生活最大的威脅。

想知道更多有關天氣對於情緒的影響，可參閱「氣惱」。

※互見：**無聊**。

撒嬌 AMAE

大多數人偶爾都有想投入愛人懷抱，享受寵愛和呵護的衝動。這種讓人暫時沉溺的安全感是重要的，而且有助於恢復元氣。這種感覺不易以英語表達，不過日本人稱之為amae（撒嬌）。

在日本，撒嬌普遍被認為是各種關係中的一部分，不僅存在於家人之間，也存在於朋友之間和工作場所。它確實有灰色地帶，例如兒童可能被指責表現出撒嬌的行為——張大眼睛說著甜言蜜語，希望別人替他做某件事。或者青少年被警告別想撒嬌，考試前不讀書——總以為他過得了關。「表現得像個被寵壞的小孩」是其中一種英語翻譯方式，另一種則是「倚靠別人的善意」。

不過，這些譯文都未能充分傳達出撒嬌所含括的價值。根據日本精神分析學家土居健郎的說法，撒嬌是「一種將他人的愛視為理所當然的情緒」，我們倚賴別人的幫助，而不覺得有感激的義務。當你工作過於辛勞時，甚至可能被鼓勵要對自己撒嬌一下。土居健郎認為沉溺於撒嬌情緒是重要的，因為這代表回歸嬰兒時期的寵愛和無條件照顧，這是讓關係穩固發展的黏著劑，象徵著深刻的信賴。

在日本，**竟然**有個名稱用來說明這種結合了脆弱與歸屬感的情緒，此事令許多情感學家感到好奇。一九七〇年代，西方人類學家對於撒嬌非常著迷，認為這證明了即便是我們最親密的情感，也是由所處社會的政經結構塑造而成。

此外，撒嬌在日本傳統集體主義文化中發展已久，可藉以理解日本社會持續頌揚團隊依賴勝過個人主義的原由。有學者甚至進一步主張，撒嬌「定義了日本的國民性格」，如今看起來，那是過度簡單的論斷。

再者，日本人談起撒嬌樂趣時泰然自若的態度，令我們覺得不可置信。為何一些說英語長大的人在設法清楚表達類似經驗時會變得笨嘴笨舌？說不定英語在這部分詞彙的闕如，充分證明了英語人士是多麼難以接受別人的援助。他們擔心被視為貧困或幼稚，擔心成為無可忍受的義務鎖鍊的一環。

又或許，最不能忍受的是難為情——如此一來，就得承認他們未必如自詡的那般，是個完全自給自足的成年人。

※互見：**慰藉；脆弱**。

曖昧恐懼症 AMBIGUPHOBIA

「曖昧恐懼症」（Ambiguphobia）是美國小說家華萊士（David Foster Wallace）所創造的情緒，用來描述讓事情存在著可詮釋空間的不舒適感。例如：「他的優格小牛肉食譜長達七頁，外加四幅圖解，這般鉅細靡遺的文字解說，惟恐其中有曖昧不明之處。」

※互見：**妄想**。

憤怒 ANGER

雙眼發出怒火，臉頰通紅、嘴唇顫抖、肌肉鼓脹，蓄積了準備進行破壞的可怕衝動，連毛髮都豎立起來……這個場景無疑可以用來描述班納博士變身為「不可思議的浩克」＊時的景象。事實上，這是羅馬斯多葛派哲學家塞尼加（Seneca）對憤怒的描述，出現在現存最具影響力、最古老的「憤怒管理學」著作《論憤怒》（*De Ira*）之中，這本書成書於西元一世紀。

他認為憤怒是「所有情緒之中最可怕且最狂熱者」，是一種「短暫的瘋狂」。發怒者在憤怒時更近似野獸，而非文明的人類。如同更早前的亞里斯多德所認為的，憤怒是感覺遭貶抑或受辱所導致的——特別是侮辱你的對象並沒有足夠的地位。儘管他承認憤怒這種情緒對戰場上的戰士有所助益，但若發生在羅馬市集廣場和宮殿廊道則毫無容身之處。在後者，憤怒只會造成分裂和瓦解：引發激烈的爭吵，而且在隨後爆發後悔的情緒。因此他建議，怒氣一旦產生就該加以抑制，理性思考當下的情勢。

憤怒是一種難以駕馭的情緒類型，其中包括了沸騰的怨恨和賭氣的成分、被惹惱所造成的脾氣爆發，以及突發性的怒不可遏。憤怒者可能表現出令人害怕的冷靜從容，或發狂般的激烈肢體反應。過度憤怒會破壞婚姻生活，害我們丟掉工作，或者替行動增添燃料，驅使我們更加努力。

或許有一點道理是亙古不變的，那就是對許多世紀以來論述憤怒的作者們而言，問題在於憤怒是否應該被表達。「我希望你會生氣，這樣我們就能將怒氣公開宣泄出來。」在伍迪．艾倫的電影《曼哈頓》（*Manhattan*）中，黛安．基頓這麼說道。伍迪．艾倫對此回應：「我不會生氣的。我是說，我有把怒氣藏在心底的傾向……我長了腫瘤作為替代。」

你可能認為表達憤怒有益健康。「發洩出來總比悶著好」並非當代的概念，某些中世紀和現代早期醫師都熱衷於替病患釋放怒氣。雖說憤怒會耗損生命元氣，但有時也被認為是有益的。十一世紀伊斯蘭學者伊本．布特蘭（Ibn Butlan）解釋，由於憤怒將人體熱能導向四肢末端，因此能使體弱和臥病在床的人恢復精力，他甚至認為憤怒可以治療癱瘓。

四個世紀後，在一四九〇年的瘟疫小手冊中，醫師阿卡尼伊斯記載了一個故事，內容是某位醫師在病榻旁對著一個極度孱弱的病人，不斷提醒他昔日所遭受的種種輕慢對待——最後這個病人康復了。此外，憤怒的加熱良效不僅於此。在一篇名為〈防治老化永保青春〉（'Cure of Old Age, and Preservation of Youth'）的論文中，十三世紀醫師暨煉金術士羅傑・培根（Roger Bacon）主張，經常勃然大怒能延緩老化的過程；當時認為老化是邁向死亡過程中身體逐漸變冷、變乾所導致。在那個年代，憤怒——而非我們時下新潮的飲食養生法或昂貴乳霜——被認為能注入生命的熱能，是保持青春的駐顏妙方。

二十世紀初，宣泄憤怒有益健康的概念已然成形。佛洛伊德主張被壓抑的情緒能造成頭痛以至胃部騷亂等身體症狀。有了這個基礎觀念，二十世紀中期英、美許多心理學家和精神病學家都將注意力轉向釋放病患被壓抑的暴怒。最實際的例子是一九五〇年代晚期在加州戒毒機構希南農（Synanon）所實施的「公開討論療法」。在團體治療時，病患被鼓勵互相刺激，以挖掘內心最深層的痛苦情緒，在這種刺激下，通常毋需太多時間就會有人突然發話，治療便得以順利展開。

「原始吶喊療法」的誕生，以及精神病學家連恩（R. D. Laing）於一九六〇年代晚期在英國金斯利館成立的治療社群，同樣都將憤怒的表達視為治療過程中的大突破。怒氣的爆發被視為個人真實身分的展露，打破病人所建立的假我——以協助他們應付在不誠實世界中的生活。這些治療者相信，暴怒能使病患重新與他們的真我聯結，將病患從作為避難所的成癮習慣和瘋狂中釋放出來。對某些人來說，這個辦法的確奏效。至於當今心理治療師較感興趣的，則是設法瞭解憤怒從何而來，以及為何需要憤怒來幫助我們應付生活，而非利用它激發宣泄作用，或是「真正地」展現怒氣。

憤怒以奇特、出乎意料的方式爆發。當我們遭受批評或被不公平等待，在憤怒的刺激之下，我們會產生比平常更為強勁的反應力量。此外，大發雷霆也以其他方式使我們受益，它可以放鬆緊繃的肌肉，並且暫時鎮壓住其他令人不太舒適的情緒，例如恐懼或不值得的感覺。憤怒的爆發也能幫助我們處理罪惡感：藉由將怒氣宣泄在別人身上而轉移了咎責，暫時讓自己得到些許紓解。在這些情況下，憤怒似乎是「真實的」，不過精神分析學家表示，憤怒可能是一種假餌，也就是說，我們下意識比較偏好曇花一現爆發怒氣，而非察覺那些被遮掩的痛苦感。

因此，二十一世紀的我們談到憤怒的表達時，爭辯的重點已經再度轉移。眼下的問題並非是否應該為了保持健康而表達憤怒，而是被憤怒——無論咆哮張揚的暴怒或靜靜悶燒的怒火——所抑制的，究竟是哪些情緒。

想知道當我們壓抑憤怒時會發生什麼事，可參閱「怨恨」。

＊譯注：不可思議的浩克（The Incredible Hulk），美國漫畫 Marvel Comics 中虛構的反英雄人物。

期盼 ANTICIPATION

「你們等著瞧。」，奶奶說。

燈熄了，窗簾底部透出亮光。我喜歡這樣，而且這一直是我最喜歡的，當燈光熄滅，窗簾發光時，你知道有奇妙的事情即將發生。即便接下來發生的事搞砸了一切美好也不要緊，期盼本身永遠是純粹的。

就像培里叔叔說的，對旅行懷抱希望比抵達目的地更美妙。我也總是偏好前戲——呃，或許不盡然吧。

——安潔拉・卡特（Angela Carter），《明智的孩子》（*Wise Children*）

期盼是偷來的小小樂趣，蠻不在乎地支用尚未擁有的愉悅。

一直十九世紀中期，anticipation（預支）這個字眼是指還沒賺到就被花掉的一筆錢，例如提早支出的嫁妝費用、預先支用下週的薪資等。有些情緒可以追溯到天氣，有些可以追溯到景觀，而「期盼」則深深嵌置在**經濟和兌換的歷史**中。

或許是這點小小的不像樣（既非借方，也非貸方！），讓有些成年人放心地編列對子女的期待；又或許只是出於不忍心，因為他們深諳失望的效用。盼望某件事情是一回事，然而當窗簾真的升起，懦弱的人可不適合細細品味。

「在津津有味的苦苦期盼中，」卡特寫道，「姊妹們知道窗簾即將升起，接下來……接下來會對我們顯露出什麼神奇的秘密呢？」

「你們等著瞧。」

想知道更多有關金錢的情緒，可參閱「感激」。

※互見：**好奇；懷抱希望**。

焦慮 ANXIETY

焦慮是自由的頭暈目眩。

——齊克果

胃部猛然抽動，喉嚨跟著緊縮，眼睛痙攣，一顆心七上八下，思忖著各種可能性。不同於通常有明確成因的恐懼或擔心，焦慮是孜孜掛念於生活問題的衝擊，著眼日常煩惱，並將它們變成預期中的災難。焦慮使人侷促不安、喘不過氣並感到壓抑，我們很容易從這個字的希臘語源辨識出這股壓迫、侷促的感覺——anxiety 源自 angh（意指緊壓、勒殺、因悲傷而頹喪）這個字。

焦慮是人人不時會經歷的感覺，但如今我們傾向於將它視為相當無意義的情緒，需要加以克服，而且肯定不好受。我們可能會因此想起滿身大汗、說話結巴的電影角色——例如電影《熱情如火》（*Some Like it Hot*）裡飾演傑瑞的傑克．李蒙（Jack Lemmon），以及任何場合中的伍迪．艾倫——他由於不斷想像最壞的情況而顯得猥瑣邋遢、疲憊不堪。因此我們得出這樣的結論：焦慮不是供給成功或快樂的人。製藥與另類療法產業證實了這件事，他們提供藥丸、藥劑、正向練習和冥想來安定焦慮的心，設法讓心「自由」。

焦慮成為一種詛咒，這在二十一世紀似乎是不可避免的事，所以當我們發現，原來直到大約一百年前焦慮才被視作一種折磨時，不禁大為驚訝。在此之前，有些哲學家認為恐懼和苦惱的感覺是發現自我獲得自由之後的健康反應。

認為焦慮可能是一種疾病，這想法在一八九三年首度由德國威斯巴登（Wiesbaden）的精神病學家赫克所提出，兩年後，比他更知名的維也納同行佛洛伊德又再度論及。他們稱之為「神經官能性焦慮」，而且佛洛伊德認為這個更精確的名稱可以取代籠統含糊、無所不包的「神經衰弱症」，當時許多病患都被診斷為神經衰弱。

神經官能性焦慮的症狀包括對噪音過度敏感、夜驚、心悸、氣喘和多汗，但最主要的特徵是「憂慮的期待」，也就是擔心發生最糟糕的情況。該症狀的原型出自一位煩躁的家庭主婦：「每當丈夫感冒咳嗽，她就會想到流行性肺炎，並在心中想像他的出殯隊伍正要通過。」佛洛伊德說道。他相信這種神經官能症的主要成因之一是「刺激的積累」，按現代的說法就是「性挫折」，這也是為何年輕未婚女性罹患此症的風險最高。據他看來，當時流行的節育手段——保險套和性交中斷——抑制了女性的性高潮。未耗盡的女性慾力（libido）會以奇怪的方式爆發，包括心悸及恐慌發作的淺促呼吸等，這些都被佛洛伊德理解為性興奮時冒汗、喘息的替代品。因此，佛洛伊德認為，焦慮是變酸的慾力，以「酒成為醋的方式」與真正的欲望產生關聯。

一九四〇年代，在戰爭所造成的心理殘骸中，有感而發的詩人奧登道出所謂「焦慮時代」。英美兩國政府試圖攔阻焦慮感的浪潮，於是雇用心理學家來量測和提升人民的「平靜」與「安全感」——類似現今的快樂講座。等到第一種造成轟動的鎮定劑「眠爾通」（Miltown）於一九五五年上市後，一九六三年的「煩寧」（Valium）緊接著被發明，焦慮已成為價值千萬美元的產業，以及二十世紀的招牌精神疾患。

然而到了一九六〇年代，「焦慮時代」逐漸式微。一種新的疾病——被稱作「抑鬱」的罕見病症——開始流行，原因一部分是快速擴張的醫藥產業所帶動的診斷重新分類。如今焦慮再度崛起，近年來已迎頭趕上抑鬱，成為在美國最常被診斷出來的疾患；一部分則因為罹患不同類型焦慮的患者增加了（最新版精神病學診斷聖經《精神疾病診斷及統計手冊第五版》中共羅列了十二種焦慮）。如同十九世紀的情況，目前被診斷出焦慮症的女性多於男性。是否女性天生比較容易焦慮？或者由於焦慮被描述的方式向來有明顯的性別傾向，因此女性總是更容易符合焦慮的診斷標準？

對早於佛洛伊德約四十年出生的丹麥哲學家齊克果來說，將焦慮視為廣泛流行的心理疾病的這種想法，恐怕讓他難以苟同。他相信如果不瞭解情緒（即便是較惱人的情緒），便不可能思考人類的存在。他說人類是憂慮、害怕、令人厭惡的生物——而情緒之中尤其使他感興趣的，就是焦慮，意指懷抱著對現在的苦惱及對未來的畏懼。他在一八四四年的著作《焦慮的概念》（*Begrebet Angest*）在出版整整一百年後被翻譯成英語，書中滿是旁白和戲語、顛覆和混仿，內容如此撲朔迷離，讓人光是設法讀懂它就足以引發焦慮。

齊克果認為，焦慮是當我們瞭解到生命並非業已決定的適切反應，我們擁有絕對的自由去做我們想做的決定，並以全然的負責來承擔後果。「往下望，雙眼碰巧看進裂豁深處的人，才會感到頭暈目眩。」齊克果說，這種暈眩縱或令人膽怯，但有能力去感覺，可謂一個人真正活過的標記。他宣稱只有「最缺乏生氣之人，才會過著免於焦慮的生活。」我們所面臨的挑戰不在於避免這些驚恐煩躁的感覺，或者被它們所痲痺，而在於學會承認與瞭解它們所提供的選擇之重要性。

因此，倘若齊克果得知我們現代人是如何對待焦慮，將之視為避之惟恐不及之物，而非自由本身的證據，恐怕要大驚失色。他告誡世人，唯有「平庸愚蠢」，才會輕忽像焦慮這種如此重要的感覺，將它視為一種疾病。

※互見：**不確定**；**擔心**；**肚痛**。

冷漠 APATHY

書本從手中掉落，你無動於衷，轉而盯著天花板看。狗兒兀自啃著地上盒子裡的剩餘披薩，隔壁房間的電話輕聲響起卻無人應答——是找你的嗎？你不在乎。冷漠不同於無聊，無聊讓人心癢難耐，想找點什麼事來做，而冷漠是一種堂而皇之的懶惰。老實講，對某些人來說，這是對於情緒低落和壓力唯一的合理反應。然而在兩千多年前，哲學家賦予冷漠的地位比現在崇高得多。

創立於西元前三世紀的斯多葛派哲學蓬勃發展了將近四百年，教導人們 apatheia（冷漠）是和諧公平的社會不可或缺之物。apatheia 一字由 a-（沒有）和 pathos（激情）所組成，其意義與現今我們許多人（私底下）再熟悉不過的懶散怠惰大相逕庭。斯多葛派哲學家相信，人們若要按公正理性之道行事，就得克制諸如憤怒和嫉妒等情緒。他們將情緒理解為兩部分的過程。首先產生的是「心理動搖」：頸背毛髮因恐懼而豎立，或者看到物體時所引發的欲望衝擊。接下來才是情緒本身，這是一種更強烈的狀態。學會在非自願的騷動一出現時就打斷個人主觀的感覺，並有意識地拒絕讓它們繼續醞釀、發展，是斯多葛派所奉行的目標。斯多葛派不認為所有的情緒都是不好的：羅馬哲學家奧列里烏斯（Marcus Aurelius）描述理想的斯多葛派典範是「充滿愛，但沒有激情。」而且為了公眾利益著想，激情也是某些較具有破壞性的人需要加以抑制的東西。

對現代許多人而言，將生活維持在仁善的平衡狀態似乎是無意義、甚至不合理的目標。我們可能認為缺乏羨慕或欲望等情緒的生活，只會索然無味。不過，許多人之所以對冷漠懷有戒心，一大部分原因可追溯到名叫凱蒂・吉諾維茲（Kitty Genovese）的女子遭到殺害。

一九六四年三月，二十八歲的凱蒂在紐約市某棟公寓建築附近被謀殺。這起謀殺案雖是不幸，卻並非不尋常的事件。令人詫異的是，隔天報紙報導的內容提到公寓所在的街區有三十八位居民在聽見她的尖叫聲後來到窗戶旁，並目睹她被攻擊的過程，卻沒有開口呼救。當時許多社會心理學家認為，身為群眾的一份子會使人們陷入瘋狂狀態。這種暴民行為和「團體精神」理論所依據的概念是，身為群眾一份子，意味著可宣泄原始情緒和不理性的衝動。然而凱蒂·吉諾維茲遭殺害卻是另一回事，彷彿這些袖手旁觀的居民蒙蔽住他們的警覺心或同情本能，或者他們假設別人會出手搭救。

吉諾維茲謀殺案遂變成蔓延大都會的一種新疾病之明確象徵，心理學家拉丹（Bibb Latane）和達利（John Darley）稱之為「旁觀者冷漠」或「旁觀者效應」＊。在後續討論中，冷漠被定義成不只是懶惰或無精打采，而是動機或意圖的喪失，當我們感覺「被淹沒」時，隨之而來的可能是空虛和漠不關心。冷漠演變成和挫敗感有著密切的關係，還有當我們認為問題是別人的責任時，所可能產生的麻痺和怠惰。

心理學家先前即曾為這種怠惰而擔憂：維多利亞時代的神經學家曾關切「意志缺乏」（'aboulia'）的現象，甚至更早之前，第一代基督徒便害怕著某種後來被認定為七宗罪之一「懶惰」的病症。然而，繼心理學家拉丹和達利實驗之後的幾十年間，二十與二十一世紀就讀心理學和社會學的大學生，已經知道冷漠不只是一種罪過或者是不健全的個人心理，甚至有暗中危害之處，它是造成藏身於群體中的反社會行為的元兇。

事實上，吉諾維茲一案的最初報導並非全然真實。當時的警察首長曾向《紐約時報》某位編輯提及，目睹該件謀殺案的人數教人吃驚，竟多達三十八名。在消息來源未經查證的情況下，新聞記者就寫出了這篇報導，描述三十八名目擊者眼睜睜看著犯行發生，卻沒有伸出援手。近來的調查斷定，其實只有三位居民知道攻擊事件的始末並且袖手旁觀——當然，三個還是太多了。但是認為三十八這個數字似乎可信的這個事實，實在值得我們深思：為什麼一般大眾以及心理學家都願意相信種事？

如今，我們苦於一項相應相生的遺產。一方面，如同斯多葛派哲學家，我們樂意在彼此傾軋的激情中獲得些許的紓解，或相信若能不受情緒影響，我們會有更恰當的行為表現。另一方面，由於我們已然將情緒視為各種行動的動機，因此喪失感覺的冷漠遂成為令人害怕的東西。吉諾維茲一案反應了我們對於冷漠的過度敏感，認為正是冷漠使我們不願意去投票、不隨手撿起垃圾或者不去舉報犯罪。結果，我們可能左思右想，來回踱步，納悶著冷漠到底對我們有無好處，直到我們感覺吃不消，無精打采地癱倒在沙發上。

※互見：**困惑**；**鎮定**。

*「旁觀者效應」（'bystander effect'），指有旁觀者在場時會產生抑制助人行為的現象。

虛空呼喚
L'APPEL DU VIDE

走在絕高的崖邊小徑，你心中充滿了想縱身而下的可怕衝動。當火車高速疾駛而來，你渴望和它迎面相撞。人們會談及懼高症，但關於對懸崖的焦慮，實際上與之更有關聯的情緒是一種想一躍而下的恐怖執念，而非從上頭墜落……。

希區考克電影《迷魂記》（*Vertigo*）中，當詹姆士．史都華追逐著想自殺的金．露華而爬上搖晃的鐘樓階梯時，令他手腳癱軟的並非我們所以為的暈眩感。希區考克巧妙的運鏡讓階梯底部滑入前景，竟使消失點顯得那麼誘人，原來史都華惟恐他會屈服於往下跳的欲望。

法國人賦予這種令人膽怯的衝動一個名稱——「虛空呼喚」（l'appel du vide）。或許這是人類在心理上耍弄的一種恐怖遊戲，為的是自我提醒危險正多麼靠近。

但最重要的是，一如法國哲學家沙特的認知，虛空呼喚創造出自我本能不足以信任的膽怯不安，以及對自己的情緒連同頑皮的不理性衝動都可能誘導我們深入迷途的擔心。

※互見：**乖僻**、**快感恐慌**；**恐怖**。

A

別離空虛
AWUMBUK

訪客離去後有一種空虛。牆壁發出回聲，原本感覺狹窄擁擠的空間在他們離去後似乎大得有點古怪。儘管我們通常能排解這樣的情緒，但不免有某種朦朧的感覺——彷彿霧氣突然降臨，一切都顯得毫無頭緒。

巴布亞紐幾內亞山居的原住民拜寧人深諳這種經驗，他們稱之為「別離空虛」（awumbuk）。* 他們相信離去的訪客卸下了某種沉重的負擔，以便輕裝上路。這陣壓迫人的迷霧會盤旋三天之久，造成分心和怠惰感，干擾主人家料理家事和農作物的能力。一旦客人離去，拜寧人會裝滿一碗水留置過夜，以吸收惡化的空氣。隔天全家即早起床，儀式性地將水潑灑進樹林，藉此恢復正常的生活。

※ 互見：**憂鬱**；**哀傷**。

---

* 注釋：哲學家戈爾迪（Peter Goldie）建議，不妨創造一個字來描述家人和朋友**到訪**時所感覺到的困乏，這肯定也能派上用場。

B

困惑	BAFFLEMENT
親吻衝動	BASOREXIA
糊塗	BEFUDDLEMENT
迷惑	BEWILDERMENT
無聊	BOREDOM
逼人太甚	BRABANT
求孕	BROODINESS

B

困惑 BAFFLEMENT

工業革命時期的工程師發明了一種裝置來迫使機器內的熱蒸汽改道，以抑制蒸汽的自然流動，他們稱之為'baffler'（「擋板」）——這是英語 magician（魔術師）的古字。baffler 如今被稱作'baffles'——而且仍然花招百出。例如在機場上，擋板被用來降低發動機的轟鳴聲，藉由將聲波一再轉向，有效地抑制噪音。

當我們感到困惑，情況就有點像是這些教魔術給整得措手不及的聲波。這時出現了太多選擇，特別是雜然紛呈的那種，使我們難以理解，或者不知道該往哪個方向前進，因此感到挫敗或憤怒，甚至暴躁。但是最教人精疲力竭的，是過量訊息所造成的阻塞感，促使我們對於事物之雜亂無目的性產生了憂慮。

※互見：**迷惑**。

B

※互見：**迷惑**。

親吻衝動 BASOREXIA

突然想親吻某人的衝動。

※互見：**脆弱**。

B

糊塗 BEFUDDLEMENT

因晦澀難解的字句和不完整的名單所引發的困惑感。

※互見：**困惑**。

迷惑
BEWILDERMENT

井然有序、有計畫、有組織，這是勤奮和高效生活的三大原則。

在現今以成功為導向的高壓世界中，幾乎容不下混亂或與混亂相伴而生的困惑。對精神分析學家菲利浦斯（Adam Phillips）而言，「感到混亂」位居醫病關係的核心，因為混亂促使人前往接受專業的分析。在他的案例中，他的病患來找他，是為了理解他們遭遇到的破壞性關係型態或難以解釋的渴望，而最冀望的，則是希望他能梳理他們的心思、加以整頓收拾、掃除迷霧，使之再度清明，此類種種對於整齊的渴望實在不足為奇。從亂成一團的書桌到拒寫日記，雜亂無章的狀態有時呈現為頑固與自我挫敗，這是出於潛意識的欲望想阻撓自己去追求目標，達成渴望獲得的成功。

不過混亂未必總是障礙，有時也大有用處。多數人在一團混亂的置物籃裡找尋惱人的發票時，偶爾都會發現某些有價值的東西。當我們爬梳自己混亂的心思時，同樣也可能發現以往不曾搜尋過的想法，或者串連起我們原先不明白、實則互有關聯的事物。

菲利浦斯認為在相關的精神分析過程中，這種凌亂的狀態是最有趣的部分。他對於我們刻意創造出來的混亂和困惑的方式——雖說是在潛意識下進行——尤感好奇。這使我們的人際關係變得糾纏不清，或是造成工作上的混亂，但追究其原因，竟然是因為我們想要發現新事物。

文學作品裡那些迷失的大人物之中，李爾王或許是「創造性迷失」最鮮明的例子之一。這位悶悶不樂的健忘老人自我遺棄在暴風雨吹襲的荒原，對自己的身分疑惑不明，不見容於子女的感覺，加上迷失於城堡大門外的野地，同時有著三重意義的迷惑感。他的混亂是重塑自我的激烈過程中的核心，這種感覺使他得以質問出全劇一再出現的問題：「誰能告訴我：我是誰？」

我們不時發現自己被雜亂無章給激怒、被嘈雜聲給震聾，以及因為混亂而感到害怕。混亂並非容易忍受的事，然而，能迫使我們問出「我是誰？」或「這有何意義？」的混亂，卻十分有價值。當我們搜尋亂成一團的答案時，很可能腦中迸出的某個想法或意念，突然間就促使事情顯現出其中的意義。

「阻止某件事發生的事物，同時也會使其他事物變成可能。」菲利浦斯說道。這使人想起古老的教訓：失去某個東西後，在尋找它的過程中，你也許會碰巧發現更好的東西。

※互見：**異鄉感；淹沒感**。

B

無聊
BOREDOM

拿起一本書，接著拋開它。打呵欠、重重地倒坐下來，然後不經意望向遠方。從一個房間遊蕩到另一個房間，想找點事讓自己分心，卻沒有一件事情引起興趣……。無聊是最矛盾的情緒，結合了受困感、了無生氣和不感興趣：我們模糊地覺得想改變些什麼，卻無法真正說個明白。

現今所認知的無聊是維多利亞時代的人所發明，但這並不表示，在此之前人們不曾感覺生活的不斷重複和無趣。據說古羅馬作家老普林尼（Pliny the Elder）認為，許多「過度辛勞」的羅馬市民因為「生活之味」而毒殺自己。而在十五世紀，感到「厭倦」（'irked'）是結合了疲倦和厭惡的不愉快感覺，就像用餐時不得不坐在沉悶乏味的人身旁，或者被迫去聽一場晦澀難懂的演講。

當這個新的情緒類型'boredom'——源自法語 bourrer（填塞或飽足，字面意思是被餵飽）——首度於一八五三年出現在英語裡，正是時代快速轉變的結果。前工業時代社會未曾區分工作與家庭勞務，但自十八世紀晚期以降，城市工廠和辦公室的迅速擴張產生了區分一天時間的新方式，開始有了「空暇時間」的概念。「閒暇」很快便被中產階級視為從事自我改善的多餘消遣時間，包括馬戲表演、科普演說和鋪張華麗的戲劇演出等有利可圖的娛樂產業突然湧現，滿足了人們對於娛樂與修身養性越來越大的需求。同時，新的觀光產業也開始成形，迎合了中產階級藉由消費和新奇事物而得到興奮感的脾胃。

在此背景下，發現自己無事可做或受困於沉悶單調的公司庶務、無法感到趣味、無法專注等，都是一種不健全的表徵。醫師們爭論著無聊所涵蓋的健康問題：酗酒、手淫、睡眠過度。從政人士則謗之為一種社會疾病，歸咎於窮人與失業者任由無聊惡化。女權主義運動人士和小說家指出，該情緒對於中上階層婦女造成了腐蝕效果。在狄更斯一八五三年出版的小說《荒涼山莊》（*Bleak House*）中，戴德洛夫人和她的真愛分手，嫁給一位好心卻冷淡的紳士，她成天寂寞、無精打采，而且「無聊得要命」，結果她染上現代生活中所謂的慢性病——無聊。

《牛津英語辭典》予以援引，成為英語中首度使用'boredom'一字的出處。約二十年後，艾略特小說《丹尼爾的半生緣》（*Daniel Deronda*）中的格溫多琳提出警告，這種疾病可能也會對其他人產生未曾預見的影響。就像溫室那些被養育成「看起來美麗迷人、遲鈍、不會抱怨」的植物，被無聊碰觸的婦女，可能會變得討人厭。

如今的我們，應該能免於無聊才是。不但有越來越聰明的科技不斷提供刺激，還有工時靈活的新型「創意工作者」，在他們的世界裡沒有明顯的「工作時間」和「空暇時間」之分，相較於無聊，壓力才是我們的時代疾病。不過，維多利亞時代對於無聊的憂慮仍與我們同在，只是改換成二十一世紀的名稱。

在引發爭議的篩檢下，越來越多學童被診斷出罹患注意力不足過動症，創造出一大群在神經學上被認定有無聊傾向的人。低多巴胺濃度使他們焦躁不安且容易分心，而那些在「無聊傾向量表」（BPS）得到高分者，被認為比較可能會濫用酒精、變得肥胖，或在開車時出差錯。

這種在道德與醫學上對無聊的恐慌，可能是要付出代價的。你不妨試著關閉智慧型手機，也許就會發現自己不知不覺——藉由煩躁的無聊——陷入了產生愉快幻想和白日夢的百無聊賴之中。

令人難以忍受的不滿和了無樂趣的滋味也許能刺激你改變現狀，這並非偶然。許多創意人如英國當代藝術家派瑞（Grayson Perry）和作家希耶爾（Meera Syal）都曾說過，他們自己的童年極其乏味，是無聊驅使他們去發明和想像。派瑞說，無聊其實是一種「創意十足的狀態」。也許我們應該不要急著去安撫孩子嘀咕「我很無聊」的牢騷，或者用沒完沒了的活動填滿他們的時間表。因為或許就像人類學家林頓（Ralph Linton）所言，「人類感覺無聊的能力——而非社交或天生的需求——才是文化進步的根源。」

※互見：**倦怠**；**冷漠**；**厭煩**。

逼人太甚 BRABANT

你知道這不是個好主意，甚至可能有反噬的效果。但你就是忍不住想知道，如果真的這麼做了，會發生什麼事……。

在《利夫的含意》（*The Meaning of Liff*）一書中，作者道格拉斯・亞當斯（Douglas Adams）給予這種突如其來迸發的感覺一個名稱——**brabant**，意指「非常想知道自己能將他人逼到什麼地步」。

※互見：**乖僻**；**快感恐慌**。

求孕 BROODINESS

屬於女性的：想要生育一個（另一個）嬰兒的母性欲望。

——《牛津英語辭典》

截至一九八〇年代之後，「求孕」這個曾與家禽有關的字眼才被應用在女性身上。只要聞一聞嬰兒頭部的氣味，毫不設防的女性便在荷爾蒙的作用下，滿腦子出現想要懷孕的念頭……有些陳腔濫調是這麼說的。

這種新的情緒狀態的發明，以及其「屬於女性」的定義並非偶然，儘管一九九〇年代後期男人也開始說他們「想要小孩」（'getting broody'），不過《牛津英語辭典》尚未加以認定。事情發生在口服避孕藥丸廣泛為英美兩國單身或已婚女性所取得的二十年後。由於生育變成可供選擇、而非不可避免的事，結合母雞般孵卵（breed）本能及悶悶不樂（moodiness）之意的broodiness，於是被描述成一個決定生育的強力情緒刺激因素。

「求孕」不純然是一種文化概念，也並非低生育力社會所特有。這是一種非常痛苦的感覺，有如思念、渴望之情，可與和愛人分離或離鄉背井之苦相提並論。如同鬱積在地平線上的暴雨雲，「求孕」帶來了更複雜的情緒天氣：期盼有愛的未來、眼見友人家中人丁興旺，擔心自己進度落後、想獲得預期中的喜悅，但一想到或許不能如願便心生傷悲……。

將求孕的欲望簡化為單純的動物荷爾蒙時程表，實有貶抑之意，然而將這種女性情緒說成受制於她們神秘生物學的歷史由來已久，例如原義為「擾動的子宮」的歇斯底里症。此事可追溯到柏拉圖在《提邁奧斯篇》（*Timaeus*）中的宣示：「子宮是一種渴望生子的動物。如果在春青期之後太久不孕，牠會感到苦惱而且心神不寧，於是遂在體內四處遊走……造成患者極度的痛苦。」

柏拉圖所說「遊走的子宮」如今聽來像古代不科學的突發奇想，然而，求孕感作為一種想像中對女人發揮如此巨大支配力的情緒，在我們的時代卻極少被研究。心理學家將它歸結到高漲的性衝動，乍看下似乎是明顯的事，可是當我們考慮到它也和壓抑的狀態關係密切時，情況就未必完全如此了。況且，我們還不清楚這是否為女性獨有的情緒，或者也可能在男性身上展現，即便不是那麼明顯。

研究非自願無後男性生育欲望的社會學家發現，這種心態隱藏了一個複雜的情緒世界，包括悲傷和罪惡感、孤立和憤怒；而且在十名男性中，有四名描述自己對於這種情況感到「沮喪」。相較之下，十名女性中，只有三名如此。因此，關於求孕這種情緒仍需要加以釐清。如果認為對女性而言，求孕感是不可避免的生物衝動，那麼，選擇不生育者便注定要受苦。至於那些對嬰兒從沒有過強烈渴望的女性，也可能懷疑自己缺少了某些重要的女性情緒，因此注定不適合當母親——但以上兩種推論都不正確。

※互見：**關門恐慌**；**疼愛子女之情**。

C

鎮定	Calm
無憂無慮	Carefree
和顏悅色	Cheerfulness
厭煩	Cheesed (Off)
幽閉恐懼	Claustrophobia
肚痛	Collywobbles, The
慰藉	Comfort
同情	Compassion
共榮感	Compersion
自信	Confidence
蔑視	Contempt
滿足	Contentment
勇氣	Courage
好奇	Curiosity
網路慮病症	Cyberchondria

鎮定 CALM

他夢想一個「心理開化的社會」，其中的成員能憑藉植入腦中的電子晶片來控制情緒，包括狂怒、恐懼、性慾、沉著等，透過稱之為「刺激接受器」的裝置，可以經由邊緣系統的遙控刺激予以開啟或關閉……。這不是電影《駭客任務》的劇本初稿，而是描述一九六〇與七〇年代初期耶魯大學著名神經科學家戴爾嘎多（Jose Delgado）的野心。

戴爾嘎多的聲望於一九六五年達到巔峰，他的情緒改造實驗的戲劇化照片登上《紐約時報》頭版。戴爾嘎多站在西班牙哥多華的鬥牛場內，一手拿著鬥牛士斗篷，一手拿著小小的遙控盒。幾公尺外，一頭公牛正在噴著鼻息猛地跺蹄，衝向手無寸鐵的科學家。在即將被牛角牴傷的瞬間，他扳動控制公牛腦中被植入的電子晶片開關，巨獸頓時停下腳步掉頭走開，牠似乎順從而且放鬆下來，場內頓時一片靜默。牠的「攻擊性」和「毀滅性的憤怒」，戴爾嘎多報告道，「立即平息了下來」。

當情緒過度高漲，我們可能幻想要有一個戴爾嘎多的遙控器。當焦慮衝盪眼窩深處、恐懼重擊胸口，或者濃情蜜意讓人魂銷欲狂惟恐癱軟倒地時，倘若我們能將這些情緒關閉，讓自己停下來**想一想**，就算是暫時的，那麼該有多好！不過，即便對冥想大師或清心寡欲的聖哲來說，要踩下情緒的緊急煞車也是極難辦到的事。我們或許能從一數到十、咬住嘴唇強忍激動，甚至不停告訴自己「事情終會過去」，但仍然極少有人能在適當的時刻保持鎮定。

的確，報導戴爾嘎多實驗的新聞記者似乎著迷於一種幻想，以為鎮定可以隨傳隨到，但這則報導未必全然可靠。公牛腦中受刺激的區域是尾核，這是負責移動腿使身體轉向的部位。我們並不完全清楚這頭公牛的「毀滅性的憤怒」是否被平息，也許衝刺中的公牛只不過被迫突然右轉——所以順理成章地被打亂了企圖。

如今，要平撫狂亂激烈的情緒多半得靠藥物來達成，利用所謂的「化學性約束」，在人手不足的安養院讓老年痴呆症患者保持鎮定，或在過度擁擠的牢房讓囚犯變得順從。然而在一九七〇年代，神經科技看起來好像能夠擊敗藥物，儘管需要侵入性的程序，不過戴爾嘎多認為，他的電子植入物比起當時精神病院裡偏好的辦法——前腦葉白質切除術——更能提供一種優雅處理錯亂情緒的解決方案。

然而，當時該技術仍處於初期階段，戴爾嘎多僅有的人類研究對象是罹患癲癇或精神分裂症等嚴重疾病、在羅德島精神病院接受治療的病人。其中一名有濫用藥物病史、而且屢屢入獄的女子曾要求戴爾嘎多為她植入電極，但遭到戴爾嘎多的拒絕。

決定何謂「正常的」情緒反應，能反映出我們所處社會最深層的偏見。繼戴爾嘎多的鬥牛場表演五年之後，一九六〇年代民眾暴動的浪潮席捲美國內陸城市，神經科技再度登上頭條新聞。哈佛大學醫學院的兩名研究者提議，應該在鬧事的暴民（多半為黑人青年男性）腦中植入「刺激接受器」。這個從未被採行的提議將非裔美國人抗議長期不正義的狂怒，誣陷成過度且病態的反應，因此需要侵入性的醫藥介入。

這段插曲如今想來著實駭人聽聞，許多人寧可忘卻。然而這個事件，連同情緒歷史上許多類似的故事都提醒著我們，「正常」情緒反應的分類，可以多麼充滿政治味——以及多麼善變。

※互見：**冷漠**。

無憂無慮 CAREFREE

看見琴吉・羅傑斯（Ginger Rogers）和佛雷・亞斯坦（Fred Astaire）翩然起舞的畫面，不免產生輕鬆快活的感覺。在脫線喜劇電影《無憂無慮》（*Carefree*）中，琴吉飾演一名廣播明星，她非常享受獨立自主的生活，因此不停閃避婚禮日期的底定。最後，她的未婚夫說服她去拜訪由佛雷所飾演的精神病學家，他對她施以催眠，還餵她吃打發的鮮奶油和小黃瓜，藉此引發透露出真相的夢境。當然，結果她愛上了他。

雖說電影情節荒誕可笑，不過看著他們兩人因為陷入愛河而轉圈、跳踢踏舞、說笑和吹口哨，即使在難熬的日子裡，也會讓人露出微笑。

無憂無慮感是幸福而大膽的。他人以及他人的需求突然間都不重要了，責任和義務飄然而逝，換來一種無所畏懼的輕盈感。這是個冒險的機會！無憂無慮感是那麼叛逆不羈，對著按規定時間就寢、飲食合度的無聊世界大吐舌頭。有時，它們帶著小小的警告，就像尾巴上的螫針。

正因如此，切爾西足球俱樂部（Chelsea FC）的支持者展現出他們的蠻不在乎，藉以挫傷敵隊的銳氣，並唱出以下口號（以舞王〔*Lord of the Dance*〕旋律伴奏）：

無論走到哪裡，我們都無憂無慮，
我們是出名的 CFC，
而且我們不在意，
不在意你是誰，
因為我們是出名的 CFC。

所以當有個微弱的聲音開始在你耳邊嘀咕，總能教人洩氣。萬一你跌倒，或者回不了家？萬一你的疏忽造成別人受傷害的感覺？

對小說家勞倫斯（D. H. Lawrence）來說，不在乎是值得培養的技巧。在散文〈不在乎〉（'Insouciance'）中，他回想起坐在西班牙某處陽臺度過的一個炎熱午後。他用閒適愉快的心情，專注望著兩個男人在草地上割草，「刷！刷！鐮刀來回揮動。」但接下來有兩個女人在隔壁陽臺高聲說話，議論著國際政治。「她們在乎！」他悲嘆，「她們簡直被憂慮給吞噬了。她們忙著關心法西斯主義或國際聯盟……以致於根本不知道自己身在何處。」

勞倫斯認為不在乎是一種革命性的姿態，一種對於現代科技化世界感到疏離的抗議，以及回歸自然的生命節奏。因此他力勸讀者專注於細微的小事，各種稍縱即逝的景象——陽光照在臉上的感覺、藍色褲子的切確色調、鐮刀的聲響——而別老是急著關切抽象的概念和政治辯論。

就此而言，勞倫斯預見了當今被大加吹擂的正念技巧，其重點不在於忽略日常生活中令人分心的瑣事，而是更有目的性地與之協調。看看行駛而過的卡車是否讓窗戶發出咯咯的聲響，或者，你能否聽見你那些正值青少年的兒女在樓上的爭吵聲；留意內在與外在的消長與起伏，有助於暫時降低生活的壓力。接下來，一有機會喘口氣，就到戶外去擺動雙腿，或者像佛雷和琴吉那樣跳舞。

因為，我的朋友，革命也許就是這樣開始的。

※互見：**無所事事的快樂**。

和顏悅色 CHEERFULNESS

迪士尼樂園是「世界上最快樂的地方」。要在迪士尼樂園工作，你得上迪士尼大學（Disney University），那裡的「顧客學專家」都知道，被過度興奮的兒童和難伺候的父母們團團包圍時，該如何維持燦爛的微笑，以及表現出具有感染力的熱忱。迪士尼大學提供管理面部表情和儀態的課程（他們稱之為「遊戲」），你也會學習到如何轉化內心的獨白，將挫折感和忿恨變成熱忱和愉悅。

迪士尼員工如同其他許多服務業的員工，在工作環境中明確被要求展現「淺層演出」的正面情緒，而且面臨著極大的職業倦怠風險。在現今越來越富於彈性和消費者導向的經濟中，值得問問我們是否應該更嚴肅地看待強制性的和顏悅色。

和顏悅色作為特定工作場所的要求條件，源頭可追溯到美國這個以擁抱苦幹精神和樂觀態度聞名的國家。這其實是相當晚近的發展，十七世紀時，美國人在日記與書信中的口吻和同時代歐洲人一樣悲苦。謙卑接納——而非想要積極改變的欲望——似乎才是面對艱辛生活和不正義時應有的反應。

歷史學家將此一態度的轉變追溯到十八世紀，特別是新興資本主義經濟中所重視的自給自足與奮鬥精神。美國缺乏階級體系的社會文化，也被認為有助於對開放的期待。英國社會學家馬蒂諾（Harriet Martineau）於一八三〇年造訪美國時，在火車站有一名當地人對她說了個笑話，結果害得她緊張不已。她相當不屑地注意到，即便在這個國家的精神病院和墓園，也能感受到「一種真正的和悅氣氛」——想必她比較習慣歐洲人的傲慢。

最早被鼓勵要保持樂觀與熱忱的工作人員也包括家庭主婦在內。根據比徹姊妹[1]在一八六九年家政手冊中的說法，婦女應該為家庭帶來「耐心和安樂」。她們認為，在家中的積極態度能確保家人在外的成就，如同烤爐裡的砂鍋般滋養丈夫和子女。這使得美國家庭主婦成為最早被鼓勵履行「情緒勞動」的族群，該名稱被社會學家用來指稱一種受僱者收到明確指示而控制自身感覺，以求影響他人感覺所從事的工作。

第一次世界大戰期間，一種新的專家「工業心理學家」進駐工作場所，負責使企業免於動盪不安並且增進生產力。他們斷言樂觀和苦幹的態度（而非提高薪資或更好的工作環境）是關鍵因素。到了一九三〇年代，三成的美國人抱怨勞資關係部門對聘雇程序的監控，以及檢測員工的「內向性」和其他「性情缺陷」。在這樣強制性和悅的背景下，卡內基（Dale Carnegie）於一九四八年撰寫了一本自我成長經典《如何停止憂慮開創人生》（*How to Stop Worrying and Start Living*）。他建議銷售員要隨時「活潑有朝氣」，用興高采烈的情緒和說笑話來迎接顧客。萬一銷售員碰巧那天心有不滿？解決的辦法很簡單：「帶著愉快的心情去思考和表現，」卡內基指示，「你就會高興起來。」

當你真的不**覺得**樂觀，偏要設法表現得快樂，這麼做真的有效嗎？若干證據顯示情況確實可能如此，而且拼命從臉部擠出微笑，也許真能影響你所感覺到的情緒。[2] 不過有些心理學家和社會學家質疑在工作場所中維持僵硬假笑的長期效果。在一份空服員研究中，社會學家霍克希爾德（Arlie Russell Hochschild）發現，空服員在受訓期間不停被告誡，對乘客的友善態度要表現得「比正常標準還要好」。公司的目的是想藉由空服員來提升乘客的地位，使乘客感覺搭飛機是一種奢華的經驗，然而代價卻得由空服員來承擔。霍克希爾德的受訪者表示，長期下來他們逐漸對自己的感覺感到陌生——甚至不信任。

直至近來，「情緒勞動」仍被認為是只有低薪、以女性為主的服務業員工才會面臨的問題。然而最近十年來，社會學家研究大西洋兩岸的醫師、大學教員和警員後得出結論：規定員工管理自身情緒的明確要求與日俱增。要求「和顏悅色」已經被認定是一個特定的肇因，隨著擔心員工可靠度的焦慮增加，壞脾氣也變得較難以被忍受。「情緒勞動」被認為會加深員工與抑鬱和焦慮相關的壓力和症狀，我們可能發現自己陷入一種奇特的處境，身在其中要保持和顏悅色的壓力，反而導致了不滿、精疲力竭和疏離異化。[3]

祝你有美好的一天！

※互見：**快樂**。

1. 譯注：比徹姊妹（Beecher Sisters），十九世紀美國名人，著名福音傳播者萊曼．比徹（Lyman Beecher）牧師的女兒。

2. 注釋：一項實驗：試著用上下排牙齒橫向咬住一支鉛筆，看看是否能提振你的心情。長久以來，哲學家們一直想知道微笑或皺眉的面部表情是否能改變情緒。現今心理學家稱這個想法為「臉部回饋假說」（the facial feedback hypothesis）。二〇〇八年，柏林馬克思普朗克研究所（Max Planck Institute）的一組研究人員設計了一個巧妙的實驗來測試這個假說。他們比較了女性在接受肉毒桿菌注射治療前後的情緒反應。在注射之前，受測女性被要求模仿照片中的憤怒面孔，同時接受腦部掃描。掃描結果顯示，與情緒生成有關的腦部區域杏仁核兩側有明顯的活動。注射肉毒桿菌之後，皺眉的肌肉無法動彈，在模仿相同表情時，杏仁核左側的活動明顯減少了。目前仍不清楚該結果是否與自我意識有關（察覺到自己生氣時會讓自己有此感覺），或者是否皺眉與控制憤怒的腦部位之間有直接的因果關聯。但如果撇開這個問題，該實驗似乎首度提供了功能性磁振造影（fMRI）的證據，證明我們的臉部動作可能真的會改變我們的感覺。

3. 注釋：即便美國總統也被期待要和顏悅色——至少在官方肖像中。建國的先賢們看起來相當嚴肅，但到了一九四〇年代，歷任美國總統開始露出一絲微笑。杜魯門最早在他的總統官方肖像（一九四七年）中展露笑容，不過你得等到雷根上任，才能在美國總統肖像（完成於一九九一年）中看見我們今天所熟悉的那種完全露齒的微笑。

厭煩
CHEESED (off)

食物與內心的感覺產生關聯，是不可避免的事。踰越節吃的薄餅湯圓給人帶來慰藉感，烘烤過的香料將你送回母親的廚房，而鮮嫩欲滴的巧克力布丁則不時散發著誘惑。對於參與二次世界大戰的英國皇家空軍飛行員來說，焦黃的乳酪與無聊之間有著密切的關係。

英文中的‘cheesed off，是指在飛機場附近閒蕩等候出任務時心生不滿的感受。起初這種煩燥感被描述成‘browned off，飛行員自比為生鏽的發動機。‘cheesed off 這個措辭可以追溯到十九世紀，但為何在飛行員之間變得如此受歡迎，至今仍是個謎。有人說這是因為乳酪落在烤架下變得焦黃，也有人說因為等待出任務期間，鋪上乳酪的土司總讓人像著了魔般大吃特吃，所以這些飛行員真的受夠了乳酪。

的確，有些情境及其所引發的情緒是如此令人不快，所以，替它們取個愚蠢的綽號可以說是唯一的紓解之道。我們不難想像二次大戰飛行員緊抿上唇靜默不語的樣子，不過'cheesed off'這類表達感覺的措辭，不啻稍微改正了這類陳腐說法，讓我們得以瞥見一抹足以照亮沉悶等待的微笑。

想知道更多有關情緒激動的士兵，可參閱「思鄉」。

※互見：**無聊**；**倒胃口**；**肚痛**。

幽閉恐懼
CLAUSTROPHOBIA

在以前，生命跡象是否終止並不容易被確認，例如用羽毛呵癢、在嘴巴上方擺一面鏡子，或在腳趾甲下插針，都是十八世紀醫師診斷死亡偏好的技巧。想當然爾，這些方法實在不夠科學，無怪乎當時有些屍體被掘出後，會被發現身上的指甲脫落或膝蓋骨已經破碎，棺蓋內側還出現抓痕。

如同我們賦予許多最迫切的恐怖事物的名稱，「幽閉恐懼症」一詞同樣是十九世紀醫師所創造——當時的報紙爭相報導過早的埋葬。這種新病症描述對封閉空間（櫥櫃、小房間、電梯、洞穴等）的畏懼。衣物在脖子處緊縮，汗水刺痛掌心，幾乎要窒息的感覺是如此真實，讓人產生拼命脫逃的衝動。可是在當下往往無能為力，進一步加深了陷入困境的窘迫。

這類講述醒來後發現自己被埋入六英尺深的土裡，在接下來幾個小時內慢慢窒息而亡的故事在當時大受歡迎，例如愛倫坡在短篇小說〈過早的埋葬〉（'The Premature Burial'）裡的描寫，至今令人不寒而慄。社運人士泰伯（William Tebb）在一八九五年的著作《如何避免過早的埋葬》（*Premature Burial and How It May Be Prevented*），讀起來或許更加恐怖：「他們必須經歷緩慢的窒息過程，陷於極度的絕望，同時抓碎身上的肉、咬爛舌頭，並用頭部猛力撞擊困住他們的窄狹空間，呼喊好友的名字，咒罵他們是殺人兇手。」

此後，幽閉恐懼症的含意擴展到不僅指涉能造成恐慌性侷促感的空間，某些關係和社交處境同樣使我們感到迫切需要新鮮空氣。例如你極想逃開卻非得露出呆板笑容撐完全場的辦公室派對，或者與昔日朋友共進午餐，矯揉的對話下隱藏著沸騰的忿恨。

禮物、幫助，甚至愛，都可能讓我們覺得透不過氣。當別人的期待緊緊包圍我們，使我們覺得有義務欣然接受，或表現出感激、甚至必須加以回報時，正是我們感到最窒悶難耐的時刻——為了脫身，我們不妨開始扒挖出口。

※互見：**失蹤欲**。

肚痛
COLLYWOBBLES, the

肚子飽含氣體地鼓脹起來，咕嚕嚕翻騰攪動，腸胃連同心臟主宰著我們的許多情緒。當我們談起使腸胃猛然扭轉[1]的不適，或者讓腸胃打結的恐懼時，這不只是比喻而已——認為肚子連著心是長久以來的醫學傳統。

早期現代人刻意避免消化某些被認為會引發憂鬱的食物——伯頓[2]以為甘藍菜尤其危險：「它會造成惱人的夢，並將黑鬱氣往上輸送至腦部。」十八世紀初期發展出要求鬆散的「餐桌談話」禮儀，以防消化食物時過度損耗元氣：學問之士忙碌的大腦據說會盜取胃部的能量，因此他們在消化方面的毛病眾所周知。某些現代腸胃病學家針對焦慮和壓力進行研究，發現大腦與胃的確關係密切，最好被視為單一系統。

C

Collywobbles（肚痛）一字源自 colic（腹絞痛）加上 wobble（搖晃），是指腹內的焦慮和不安感，給人一種油膩、晃盪的感覺。相較於較為端秀的「蝴蝶」[3]，肚子痛有如黏膠般凝結，在我們想到明天的截止期限而無法成眠，或思忖著必須和母親談談時，抖動得最為劇烈，同時覺得身旁的一切都開始飄浮起來。

想知道更多有關情緒與腸胃的關係，可參閱「飢餓」。

※互見：**焦慮**。

---

1. 譯注：腸胃扭轉（gut-wrenching），引申為極度痛苦之意。
2. 譯注：伯頓（Robert Burton, 1577-1640），英國聖公會牧師、學者和作家。以《憂鬱的剖析》一書聞名。
3. 譯注：「胃裡的蝴蝶」（'butterflies in one's stomach'），意為感到忐忑不安。

慰藉 COMFORT

市郊棄置著望之令人心痛的小小紀念物。一隻被丟棄的泰迪熊斜倚在街燈柱旁，微笑的塑膠青蛙在排水溝裡顯得毫無生氣。父母親十分明白失去心愛玩具的殺傷力，他們知道一隻獨眼絨毛兔子或被嚼爛的毛毯在孩童的情感世界中有多麼深刻的意義。

認為兒童與他們的玩具有深刻聯結的這種概念，部分歸功於小兒科醫師暨精神分析學家威尼科特（Donald Winnicott）。一九五〇年代初期，他開始感興趣於父母親經常給予嬰兒某種柔軟可依偎的東西，以便幫助他們獨自入睡。威尼科特認為，這些物體不只是可靠的存在物，或者作為父母親的替代品，它們必定也具備能讓孩童灌注其自身生命的溫暖、質地和動作，彷彿這是他們自身心靈的延伸。孩童利用此種「過渡客體」來表達自己的欲望和恐懼。

或許最著名的是舒茲（Chales M. Schultz）《花生漫畫》（*Peanuts*）中的角色奈勒斯（Linus）的安

撫毯。這條毯子偶爾會站立起來，替它的主人驅趕敵人。威尼科特說，這些物體是介於嬰兒心靈與真實世界之間的一種「橋樑」或「第三世界」，一旦嬰兒瞭解並學會忍受自己與他人之間的區別，該物體的用處便會逐漸降低。

然而，我們對於過渡客體的需求不會完全消失。一旦遇上悲傷或驚恐的危機時刻，這個需求就會出現——所以很多救護車或警車上備有柔軟玩具或「創傷泰迪熊」，好讓車禍受害者（通常是兒童，有時是成人）有東西可以安心擁抱。在這種時刻，從填充玩具所獲得的慰藉，可能是活生生的人體難以相提並論的。

什麼東西讓你在魯莽危險的世界中產生安全感？也許是冰淇淋或鴨絨墊子、一部鍾愛的電影，或是可以放心摟抱的狗。我們在苦惱或擔心時用來自我安慰的東西或儀式，無疑提供了一個暫時的避風港，讓我們感覺被擁抱或被填滿，以此得到安全感。

comfort一字源自拉丁文confortare（強化），說明尋求慰藉並非軟弱的行為。我們坦承自己失去某樣東西，並且知道為了繼續向前邁進，我們必須先向後退。就這層意義而言，尋求慰藉雖是易受傷害的舉動，卻同時是一種真正勇敢的表現。

二次世界大戰爆發之前，許多心理學家認為嬰兒會與餵養他們的任何人產生聯結（一種稱作「食櫥之愛」*的理論）。戰爭期間，不少家庭遭遇造成心理創傷的分離，安全感與撫慰的問題隨之浮上檯面，促使心理學家鮑比（John Bowlby）開始研究依附理論，以及被稱作「接觸安慰」（contact comfort）現象的重要性。

身體接觸之所以成為新重點，主要是因為威斯康辛大學靈長類動物學家哈洛（Harry Harlow）的研究成果。他注意到恆河猴幼猴如果一出生就和母親分離，就會變得反應遲鈍而且沮喪，即便有研究人員專門餵養，體重也會下降。關鍵之處在於，他發現幼猴害怕時會緊握住牠們的布尿片，這觸動了哈洛設計出一項實驗，來測試不同觸感的效果。

他製作了兩種鐵絲網結構，也就是「母親」，將它們放在幼猴籠子裡。其中一種結構的框架暴露在外，但附著餵食用的奶瓶。另一種覆蓋上柔軟的毛巾布，但沒有奶瓶。結果，幼猴向「鐵絲媽媽」索食，但當牠們感到害怕時，例如受到被放進籠中的移動玩具所驚嚇，牠們便攀住「布媽媽」尋求慰藉，而且待在那裡不動。

如今，實驗的照片看起來讓人覺得心痛，不過哈洛的研究最終成為現代育嬰知識的基石。他讓我們知道，父母與子女之間的聯結不只奠基於食物，溫暖、柔軟及「接觸安慰」，也是生存所不可或缺。其中一項最知名的應用是強調新生兒父母親之間的「皮膚對皮膚」的接觸，這點證明不僅能安撫、鎮定嬰兒，還能強化他們的免疫系統：即便加護病房中最細小的嬰兒在獲得「皮膚對皮膚」的接觸後，也被認為比未獲得者有更佳的機會生長茁壯。

威尼科特和哈洛的概念，雙雙證實了物體在我們情感生活中的持久重要性。身為成年人，我們可能很難承認自己的脆弱和需求。有時我們覺得有足夠的勇氣向別人索討安慰，以及要求被擁抱、撫摸，或替我們唱首歌。有時我們偷偷在黑暗中尋求慰藉，或再度求助於「過渡客體」。根據威尼科特的說法，成年生活中的繪畫和電影、祈禱和儀式，以及上癮和強迫作用，全都發揮了和泰迪熊一樣的作用，它們暫時擁抱了我們——並給予我們可以擁抱的東西。它們在片刻間讓無情的外在世界短暫屈服，同時反映出讓我們痛苦的內在情緒。它們讓我們得以說出：「是的，那**正是**我的感覺。」

沒有什麼事情比這個更教人感到安慰了。

※互見：**舒解**；**滿足**。

＊譯注：食櫥之愛（cupboard love），特別指小孩別有所圖而假裝出來的熱情。

同情 COMPASSION

同情從未被含括在「普遍性情緒」的名單中，但根據美國當代哲學家努斯鮑姆（Martha Nussbaum）的看法，它的確可以被列入——多數人都有能力察覺別人正在受苦。想緩解別人痛苦的衝動是如此真實，即便長久以來我們早已厭倦於背叛，或因為別人的要求而精疲力竭。例如，當無家可歸者向你乞討零錢時，你可能不確定給錢是否為提供幫助的正確方式。每次你試圖安慰某位朋友，他反而哭得更厲害，你不禁納悶自己**是不是讓情況變得更糟？**想要助人的欲望雖然澎湃高漲，但接下來的猶豫卻打了你一記回馬槍。你能提供更多的幫助嗎？你會造成其他傷害或壓力嗎？你可能被佔了便宜嗎？這些問題令人困惑，難怪我們有時避免出手。

藏傳佛教徒帶著平靜鎮定的自信助人離苦得樂，然而，對許多西方人來說，同情是讓人頗感焦慮的一種情緒。

同情可能是一種冒險、甚至危險的情緒，這是西方基督教傳統中公認已久的概念。對此教宗格里高利一世（Pope Gregory the Great）於六世紀留下早期的記述。「當我們想讓受苦的人停止悲痛時，」他寫道，「我們必須從挺直的站立姿勢彎下身」，並與他們一同體驗他們的不幸。他將同情——compassion 源自拉丁文 com（與）patior（受苦或忍受）——以及繼同情之後想要給予安慰的欲望，比喻成熔接兩塊鐵的過程。就像五金商人加熱金屬，直到它們結合在一起。同樣的，人心也在他稱作「情緒屈尊俯就」（condescensio passionis）的過程中被「軟化」了。因此，真正的同情是需要發現自我極為脆弱的那個部分——這並非容易的經驗，其中的風險是，你可能會變得太具可塑性。

格里高利回想《聖經》中約伯的故事。聽聞了約伯的種種苦難——兒子死亡、農作物歉收、喪失土地、自身染上疾病——他的朋友遠道而來安慰他。他們撕裂衣服，往自己頭上撒土，陪約伯在地上坐了七天七夜，直到他願意開口說話。他們有高尚的意圖，格里高利說，但是他們做過了頭。七天後，他們因為悲痛而變得陰鬱，並且信仰動搖，即便約伯的信仰仍然堅定如昔。所以，對格里高利來說，真正的同情是一種風險極高的舉動，只有最具智慧的人，才能彎身屈就別人的痛苦，而不讓自己因此變得麻木和無助，正如當今愛心職業中常聽聞的「同情心麻痺」。

同情雖然可能對我們的情緒平衡造成壓力，然而，現代研究顯示這是非常值得的——你的同情舉動不僅讓人受益，你也能體驗到更安康和滿足的感覺。史丹佛大學「同情與利他行為研究中心」（Center for Compassion and Altruism）研究人員提倡借鏡佛教徒的作為，定期進行同情冥想。其作法是靜坐片刻，先將注意力集中在感覺對自己的同情，然後從所愛之人開始做同心圓式的拓展，將同情擴及到朋友、陌生人，甚至你討厭或曾經傷害過你的人。另外，偏好提供實際解決方案的人建議，你不妨培養出讓同情舉動更容易付諸實踐的習慣，包括口袋裡多裝些使用於特定目的的零錢，方便買食物給街友，或招待某個日子難過的人；有空時花一點時間去探訪年邁的鄰居；或是每週貢獻一小時從事慈善活動等。

面對某個痛失幼兒而心煩意亂的朋友，或者某個父親正在垂死邊緣的學生又該如何？根據大半輩子都在照料重症末期病人及家屬的退休護理師賴克瓦爾德（Mandy Reichwald）的說法，真正的同情是一種支持與支援，好讓受苦者發現自己的力量。她提醒我們，要克制一頭栽進去的本能，不要隨便張開雙臂擁抱別人給予安慰，因為這會奪走對方自我振作、面對處境的能力。傾聽、表現出感興趣的樣子，並且保持平靜即可，千萬不要淚眼盈眶，「這不是你的事，而是他們的事。」如果你真覺得吃不消，就誠實以對。她建議你可以說：「你剛才說的事真讓我吃驚，我需要一點時間來沉澱。」或者「這真教人難過！」這些話語能產生出乎意料的效果。當我們感覺無法承受時，可以退到憐憫的安全地帶，跟受苦中的人保持距離。誠實能抵銷反彈，即便打個電話坦承：「我不知道該說些什麼，但我想瞭解一下狀況。」都比完全迴避他們來得好。

先照顧自己的利益並非自私的行為，事實上，這是正確而且成熟的同情尺規。因為，如果先被別人的問題擊潰，你就幫不上忙，或者無力幫忙了。賴克瓦爾德說，當她感覺有些煩躁時，飛機上的緊急情況操作指南就會像警報一樣提醒她：「你自己必須先戴上氧氣面罩，才能幫助別人戴上他們的」。

※互見：**同理心**。

共榮感 COMPERSION

在舊金山海特黑什伯里區（Haight Ashbury）逛一逛古色古香的服飾攤和唱片行，你很容易心血來潮，懷念起曾在此地進行實驗的烏托邦生活。凱里斯塔社區（Kerista Commune）於一九七一年在此區創立，讓人重新思索美國社會的諸多正統規範，例如家庭和所有權的概念，以及其中最惡名昭彰的「獨佔性關係」。

西方文化認為，每個人的性欲都應由單一伴侶予以滿足，這種想法的形成其實是相當晚近的事，演變自十一世紀的宮廷式戀愛規範。這種概念頌揚近乎聖潔、奉獻給理想情人的專一愛情，但未必能反映出複雜的吸引力因素。

凱里斯塔社區奉行的是「多元愛情觀」，鼓勵社區成員同時追求多位性伴侶。其中有些關係歷時短暫，有些則維持得較久，但都不是一種獨佔的關係。為了說明他們不會因此心生嫉妒，凱里斯塔居民創造了‘compersion’（共榮感）一詞來描述他們的感受。compersion 轉化自 compassion 一詞（同情），用來描述當愛人受他人吸引，或與他人發生性關係時，自己所獲得的替代性興奮感。

許多語言都具備某些詞彙來描述因共鳴而引發的羞愧感，或極具感染力的恐懼感。然而，以自己的愛人傾慕他人為樂的想法，至今仍困惑著許多人，因為在我們的文化中，圍繞愛的概念所形成的期待是如此的強烈。自十一世紀西方世界獨佔性愛情觀完全定形後，凱里斯塔並非第一個崇尚多元愛情的社群（十七和十九世紀還有他例），肯定也不會是最後一個。他們所創造出來的「共榮感」一詞，將繼續挑戰關於情緒不言而喻的假定，並在北美與歐洲各國持續被使用著。

在英國，同樣的感覺較常被稱作‘The Frubbles’。*

※互見：**嫉妒**。

---

* 注釋：如果你處在多元愛情關係中，並確實因嫉妒而產生一絲刺痛感，別擔心，你只不過是有點‘The Wibbles’。

自信
CONFIDENCE

一九三〇年代經濟大蕭條的悽慘年頭，一種充滿機智、魅力、在困難中具備求生天份的人物虜獲了美國大眾的想像力：詐騙高手。他——有時是她——在銀幕和黑色偵探小說中窮盡一切欺詐行騙之能事，既迷人又教人害怕。

「在所有狡猾之徒當中，騙子（confidence man）是貴族。」顯然傾心於此的毛瑞爾*教授在一九四〇年出版的書中道出騙術的秘密。「騙子不是這個名稱一般所指涉的壞蛋，他們文質彬彬、機巧圓滑，而且有才華。」

自信這東西向來讓人頭昏眼花。對於那些毫不費力輕鬆打進派對、到處跟人握手，迷倒所有重要人物的人（用笑話逗樂大家！），我們可能感到一陣羨慕。但是，如同他們的缺乏自我懷疑閃爍著神秘感——或許再加上些許的啟人疑竇：他們能被信任嗎？——我們對自己的信心甚至更加讓人捉摸不定，倏滅倏生。Confidence 這個字源自拉丁文 con（有）fidere（信念），該字最初的使用與信任神助的感覺有關：天空中的某個跡象或夢裡的靈視讓你放膽行事，你感受到祝福，預期一切終究會對你有利。

懷疑自信感並不在自己掌握之中，這件事至今仍困擾著我們。你知道騎單車時如何快速轉彎，也知道將紙團投進垃圾桶的準確角度，或穿著輪鞋做出急轉動作而不會跌倒出糗的完美時機，可是，你卻無法全然說出為何如此，或那是如何辦到的。「拋開你的意識自我，」歐比王・肯諾比（Obi-Wan Kenobi）在訓練天行者路克（Luke Skywalker）運用原力時這麼吩咐：「但憑本能行事。」但假使連天行者路克都得努力避免過度思考，那麼，你就知道我們其他人全都無法倖免。

一九五〇年代，美國心理學家開始納悶能否揭開自信這回事的神祕之處，發現此事的關鍵似乎在於「你如何想」。一九七〇年代，勵志大師們宣稱你和那個充滿魅力、無往而不利的人之間，唯一的差別就是自信。那麼，該如何獲得自信呢？你必須對自己設下騙局，用一個簡單的魔術式思考：「假裝到你成功為止」——「假裝到你成功為止」這句真言從培養自信的課程到匿名戒酒會一再被採用。像這樣試圖愚弄別人，讓別人相信我們對自己能力非常樂觀，是否有點瞧不起人？如果是，那麼我們反倒成了這場騙局的真正受騙者。特別是因為這句真言可能導致你相信，自信本身可以是能力的合理替代品。

近來心理學家開始認為，藉由自我欺騙來使自己有自信，可能會帶來更多的自我懷疑：我們終究會覺得自己既像詭詐的冒牌貨，同時也像個受騙者，無法確知能否相信自身的魅力。研究顯示，如果我們持續假裝自己是另一個人，就會喪失對自己**真正**擁有能力的信任——或者害怕遲早被揭穿。再者，過多的自信可能形成阻礙，斷送自我提升的欲望，而正是這樣的欲望，才能驅使缺乏安全感的人更加努力。所以，我們或許不該老是追逐所向無敵的輝煌感受，不妨稍稍信任比較卑微、靜默的感覺，並且學會愛上不確定、猶豫和困惑。

※互見：**自我感良好**。

* 譯注：毛瑞爾（David Maurer，1906-1981），語言學教授，對於美國下層社會語言的研究著作頗豐。

蔑視 CONTEMPT

「這絕不只是個哈欠。」法官羅薩克（Daniel Rozak）向威廉斯（Clifton Williams）不敢置信的家人解釋，並將他以蔑視法庭之名當場逮捕。二〇〇九年，威廉斯的堂兄弟被判以毒品重罪，而威廉斯在美國伊利諾州某棟法院大樓的旁聽席聽判，這時他忽然弓著背伸出雙臂，張嘴打了一個大哈欠。這不是非自願的疲倦反應，羅薩克法官推斷，而是蓄意企圖嘲弄法庭的權威。

無論嬉鬧、蔑笑、用鼻孔看人或者漠然轉身離去，表現出蔑視是一種貴族情緒。當我們因優越感而膨脹，因嘲弄或厭惡而歪撇著嘴角時，即便最溫和的蔑視也帶著屈尊俯就、得意超然的姿態，無怪乎蔑視也具有煽動性和政治味。

蔑視能改變現實，這想法未必總被哲學家所接受，許多哲學家認為蔑視不具有任何價值。康德主張，蔑視的感覺和表示鄙薄的舉動無疑違反了基本的道德原則——無論社會地位或背景，人人都應得到尊重和有尊嚴的待遇。蔑視因其決定性而困擾著康德：他認為蔑視這種態度，代表著拒絕想像人是可以改變的。倘若憤怒激起革命，憤慨暴露出不義，那麼蔑視則是關上大門。對康德而言，這是個可怕的錯誤，因為「人絕對不會喪失全部的為善傾向」。

康德對於蔑視的描述具有相當的影響力。然而他說對了嗎？威廉斯的哈欠透露出不同的思維。威廉斯打哈欠可能有其他原因，也許他累了，也許是緊張——當我們害怕時往往會打哈欠，這是傳承自我們動物祖先的遺風，至今牠們在感受到威脅時，仍會張嘴露出牙齒，這正是跳傘運動選手和準備投入戰鬥的部隊常被發現站著打哈欠的原因。就算威廉斯的哈欠是刻意表現出輕蔑的態度，也可能只不過是私下發洩的行為，就像我們背著別人翻白眼。但假使他**確實**有意向法庭上的其他人傳達他的蔑視，那麼在這種表演給觀眾看的意識之下，他的哈欠可能就是一種政治動作了。

一九五五年，英國哲學家奧斯丁（J. L. Austin）主張，當我們談論某些事物時，我們不僅在描述真實，同時也改變了它。舉例來說，說出「我愛你」，不只是表達一種感覺，它也改變我們的關係本質，這是一項承諾，甚至可能是某種需要回應的問題（「你不也愛我嗎？」）情緒姿勢莫不如此，例如抬起眉毛或皺著鼻子所延伸的意涵。如同語言，這些姿勢（奧斯丁稱之為「表述行為」）**達成了**某些事情，它們具有效果，而且往往是蓄意的。

在威廉斯打哈欠的案例中，這個舉動可能使他**感覺**在原本自覺無足輕重的背景下獲致更高的地位。不僅如此，這個舉動激起了惱怒，從而改變了他的現實地位，從被動的旁觀者變成訴訟的主動參與者。就這層意義而言，威廉斯的哈欠激發出對話，而非猛然關上大門。

蔑視可以是喪失權力者用來表達政治抗議的形式。當傳統上被認為無權看輕任何人的群體（婦女、黑人）開始表達蔑視時，舒適愜意的特權結構可能因此瓦解，並可預見權力將因此重組。有史以來，女性一向被視為抱持輕蔑態度的男性的犧牲品，或者因為她們的缺乏防衛力，而遭到過度的懲罰。舉例來說，十六和十七世紀的英國在害怕巫術和婦女任性難以管束的氛圍下，侮辱丈夫的妻子會因「詬罵」而遭到判刑——在蘇格蘭，有些婦女甚至被判以配戴「懲治罵婦的刑具」，一種套住臉部、滿是尖刺的金屬籠頭，以堵住她的舌頭作為處罰的方式。

到了二十世紀，蔑視及其近親「奚落」和「嘲笑」，成為抗議文化的核心策略。一九一一年，主張婦女有權參政的女性團體夜間穿著輪鞋到處移動以逃避人口普查（「我們不算數，所以不想被數數。」）此後，許多女性參加以滑稽方式命名的線上抗議活動「男性解釋」（'mansplaining'），來訕諷自以為女性對某個主題的瞭解不如他們，而用過度簡化（有時根本錯得離譜）的詞語加以解釋的男性。

綜觀二十與二十一世紀的女權運動史，蔑視一直扮演著重要的角色，冀望能藉由嘲笑傳統慣例來改變意識型態——或至少讓對話可以展開。

※互見：**激怒**。

滿足
CONTENTMENT

滿足感是一種不可靠的情緒。它會偷偷溜走，丟下我們獨自與不滿之情和羨慕之心奮力搏鬥。一旦它離開我們，則我們對於所擁有的東西——以及對於我們自己——感到滿意的可能性似乎就變得微乎其微。

然而，當它又悄悄回來，在某天醒在清晨靜謐的紅光中，或身處愜意的酒吧裡，或悠閒地在碼頭上嚼著炸薯條時，我們會短暫地注意到，生命其實是充足而不虞匱乏的。

※互見：**自我感良好**。

勇氣 COURAGE

愛麗絲・艾爾斯
泥水匠之女
她展現大無畏的勇敢舉動
從聯合街自治鎮一棟著火的房屋
救出三名孩童
不惜葬送自己年輕的生命

一八八五年四月二十四日

愛與勇氣，是我們為之建立紀念碑的情緒。

噴泉裡交纏的大理石戀人興許讓我們泛起傷感的微笑，相較之下，勇氣紀念碑的用意在鼓舞人心。當然，它們多半描繪騎在馬上的重要人物，在以英勇為訴求的傳統上，被視為擁有貴族氣派和純粹陽剛的美德。我們現在仍然會說「像個男子漢」，或是「帶種一點」。

紀念愛麗絲·艾爾斯（Alice Ayres）的碑文訴說了一個不同的故事。愛麗絲是一名保姆，當火勢從她家樓下的商店竄燒起來時，她冒死救出三名受托孩童。愛麗絲迅速獲致不朽的名聲，成為維多利亞時代英勇盡責、關照別人的典範。有幾座紀念碑因她而樹立，其中一則碑文出現在藝術家華茲（Frederic Watts）所設計的「自我犧牲英勇紀念碑」上，位於一九〇〇年建於倫敦的郵差公園。

這是一座簡單的木造披棚屋，鑲襯上四十七片小型陶板，每片陶板都紀念一件英勇的事蹟——從糖廠工人在爆炸中冒死拯救朋友，到女服務員讓出救生浮帶，自己隨著船一起下沉。這座棚屋讚頌勞動階級男女和兒童的勇氣，與睥睨城市的騎馬大理石像形成強烈的對比，在設計上顯得相當謙卑。用飾以花草的陶板和簡單的雕刻來傳達藝術與工藝運動的審美觀，呼應著中世紀的裝飾風格。這些陶板不僅外觀讓人想起中世紀世界，其所彰顯的，也是平民百姓勇氣非凡的行徑——需要肉體上的剛強，也需要情緒上的堅毅。華茲的紀念碑還喚起一種中世紀的態度，當時「勇敢」被視為人人都應服膺的重要原則。

courage 一字最早透過古法語 corage（源自拉丁文 cor〔心〕）進入英語世界，起初意指心本身，當時被理解為一切感覺的活動中心，包括個人內心深處欲望和意圖的源頭。中世紀所謂的「心」並非我們現今認知的心臟，它不是泵動血液循環的肌肉幫浦，而被認為是加熱身體元氣的腔室。一個人的元氣溫度越高，他便越勇敢。當然，光從外表看不出來某人的心有多熱（不過一般以為女性通常比燥熱的男性較為寒濕），但中世紀醫師相信毛髮是個人內心熱度的外在跡象，因此也是勇氣的表徵。

十三世紀醫師史考特（Michael Scot）所撰寫的面相學專著中，「濃密、捲曲……的豐盛毛髮」證明「心中有大量的熱能，就像獅子一樣。」毛髮與勇氣之間的關聯，引發了醫書中對於長不出鬍鬚的男子和多毛女子的冗長討論。捲髮與勇敢強壯之間的連結遺留至今，可能說明了為什麼有些父母親在哄小孩吃蔬菜時，會借助「它會讓你的頭髮捲曲」這種說法。

但勇氣不只關乎內在的火力，還可以加以培養，藉由遵守四大美德：審慎、正義、節制和剛毅，來形塑個人的生命。儘管這四種美德源自異教傳統，但仍是中世紀生活的基石，即便歐洲轉向基督教文化發展，新的概念如寬恕和謙卑也夾雜了進來。剛毅描述堅定不移的意志，為自己的行為負起責任的能力，如今我們有時稱作「行事正直」。因此，根據中世紀經院學派神學家阿奎那在《神學大全》＊中所言，勇氣不只是一種「在危險之中堅定不移」、不屈服於攻擊欲望的能力，同時也是平靜地忍受痛苦、擁有「希望的力量」，以及感受「莊嚴」的毅力——用真心誠意和專心致志看待我們一切的努力。

勇氣涵蓋了多種面向。我們現今關於勇氣的論述受惠於這種有彈性、多元意義的中世紀概念。十八世紀哲學家亞當．斯密主張，勇氣關乎身體的強韌度，所以無疑是一種男性美德：「我們欽佩能以男子氣概和堅定的決心忍受痛苦、甚至折磨」，而非發出「無用吶喊或女人家哀嘆」的人。然而，在我們的時代中，我們之所以欣賞某些人的勇氣，不只因為他們願意讓自己置於險境，同時也因為他們冒著被社會排斥的風險，勇於發聲對抗不正義的事情，或在遭受迫害的威脅時挺身而出捍衛信仰。

在人們太容易顯露出蔑視的文化中，要展現與眾不同是需要勇氣的。我們確實會說勇氣是面對肉體的艱難挑戰時堅忍不移的能力，例如生產的勇氣，或者從重症中康復的勇氣，甚至維多利亞時代與勇敢關係密切的自我犧牲。但或許，強調心理上的剛強、面對自我心魔的能力，或者遭逢重創後還能保有強健的生命力，才最能呼應中世紀對於勇氣的定義。

這麼說來，勇氣不只是馬背上男人的專屬品，也是我們一般人所能渴望的東西。

想知道更多有關堅持信念的勇氣，可參閱「脆弱」。

＊譯注：阿奎那（Thomas Aquinas，1225-1274），歐洲中世紀經院派哲學家和神學家。一四八五年出版的《神學大全》（*Summa Theologia*）為其知名著作。

好奇 CURIOSITY

忍不住瞄向打開的日記本，或者在公車上用力豎起耳朵，希望聽清背後乘客在議論些什麼……都是一種想知道更多的心癢難耐感。正是這種不得安寧的欲望，促使達文西在他的筆記本上寫滿了問題：鳥用什麼方法飛行？心臟是如何跳動？倘若沒有好奇心，很難想像創造或發明從何而生。

然而，即便在歷史學家稱之為「好奇年代」（約一六六〇至一八二〇年間）的時期，人們對於好奇的危險性仍心懷憂慮。大多數的文化都有故事來告誡人們不要好奇，以制止人們想知道更多的衝動：潘朵拉忍不住想窺視那只令人好奇的寶盒，而斯拉夫民間傳說中沒有牙齒的老嫗芭芭雅嘎（Baba Yaga），總是威脅著要吃掉問了太多問題的呱噪小孩，還有可憐的貓……好奇心可能會衝過頭，讓你誤闖禁忌的知識領域，沒有停下來想一想，接下來出現的東西是否會造成傷害。更要緊的是，好奇會惹惱別人——特別是現狀的維護者、父母親、老師和政客。

十七世紀見證了對好奇心不遺餘力的強力辯護，大體而言，這起因於一場哲學革命。洛克（John Locke）在一六九〇年發表的《人類理解論》（*Essay Concerning Human Understanding*）中主張，知識並非由上帝灌注到人類的心智，而是透過覺察意識和理性思考學習所獲致。這種想法後來被稱作「經驗論」，助長了眼見為憑的概念，促成科學方法的興起，也使得蒐集資料、編目分類和研究調查蔚為風尚。

有些作家推崇好奇心，認為它與智識的進展密不可分，而有些人則強調它的平等本質，儘管實際上要成為「鑑賞家」或「蒐藏家」——士紳學者自封的稱號——必須得相當有錢有閒才辦得到。昆蟲在顯微鏡底下被檢視，鳥類和氣泵的實驗在好奇的觀眾面前進行。狄德羅（Denis Diderot）和達朗貝爾（Jean Le Rond d'Alembert）等百科全書的作者群，於一七四六年開始從事他們自己的實驗，嘗試為已知的世界建立秩序和連貫性。

然而，這些鑑賞家和蒐藏家不見得總是被欣賞。正是在十七世紀間，他們的缺點顯露無遺。傳奇的德國文學角色浮士德將靈魂賣給魔鬼，以交換自然哲學（從前用以指稱自然科學）的秘密，體現有些人對於這些好奇學者的不信任，基於他們的自戀和追求名望的欲望、貪婪，以及獨自工作的習慣。

相較之下，桂冠詩人沙德威爾（Thomas Shadwell）的喜劇《大鑑賞家》（*The Virtuoso*）中，業餘的實驗家詹格克爵士因不得要領和不切實際的努力而遭到譏諷。他蒐集空氣瓶，並藉由趴在實驗室裡的一只旅行箱上划動手腳來學習游泳，只感興趣於游泳的純理論層面。他說，「我不在乎實務……追求知識才是我的最終目的。」從好奇年代的這些反英雄人物——好奇之士本身變成令人好奇的對象——身上，衍生出我們這個時代的瘋狂科學家如「莫洛博士」[1]和「奇愛博士」[2]，每當有新發現時，他們就會眼睛發光和皮膚發癢。

我們是否正處於另一個令人產生矛盾情結的好奇年代？一方面，「好奇」這種情緒因充滿探究精神而受到讚揚，它的力量驅動智識的進展，並且得到回報——美國航太總署送往火星表面的探測車便以「好奇」為名。如今，好奇被認為是教育者應當大力培養學生擁有的心態，似乎已成為我們文化中無庸置疑的優點。然而，快速演進的科技同時也帶來恐懼，突顯出對別人想要打探**我們**而感到的憂慮。對他人的私生活好奇當然不是新鮮事，演化心理學家認為，我們天生就對彼此感到好奇，而且藉由閒聊和八卦消息作為主要載體。

好奇是人類演化成功的關鍵因素，它讓想法得以傳播，並強化了我們共生共存的一體感。雖然好奇對於我們的生存至關重要，但成為別人好奇心之下的受害者著實教人高興不起來。在五個世紀前的英國，竊聽（eavesdropping，意指躲在屋簷下偷聽私人談話）被列為非法行為。事實上，該罪名一直存在於法令全書中，作為一種不成文法罪名直至一九六七年為止。如今，竊聽則成了暗中偷偷累積的「隱私資本」：被用於勒索以及賣給報社的照片和片斷資訊，這些東西都必須受到保護。有一個用來描述竊聽者的瑞典單字 tjuvlyssnare（意為「聽賊」），貼切地表達了我們懷疑別人的好奇心動機不純正。潛伏在暗處的「聽賊」抵擋不住禁忌知識或者現鈔的誘惑，伺機竊取看守不嚴的秘密而從中獲利。

※互見：**病態好奇**、**羞恥**。

---

1. 譯注：莫洛博士為喬治．威爾斯科幻小說《莫洛博士島》（*The Island of Doctor Moreau*，1896）裡的人物。
2. 譯注：奇愛博士為庫柏利執導的黑色幽默電影《奇愛博士》（*Dr Strangelove*，1964）裡的角色。

網路慮病症
CYBERCHONDRIA

對於網路「研究」加油添醋描述的某種「疾病」之「症狀」感到焦慮。

※互見：**妄想**。

D

愉悅	DELIGHT
異鄉感	DÉPAYSEMENT
欲望	DESIRE
絕望	DESPAIR
失蹤欲	DISAPPEAR, THE DESIRE TO
失望	DISAPPOINTMENT
不滿	DISGRUNTLEMENT
厭惡	DISGUST
驚慌	DISMAY
無所事事的快樂	DOLCE FAR NIENTE
畏懼	DREAD

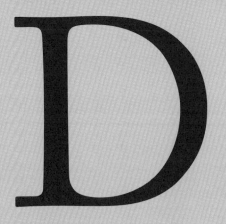

愉悅 DELIGHT

D

十五世紀波斯印刷的書籍，在精美如珠寶般的園林縮圖中，背景中的水柱像瀑布落下、音樂在芬芳的空氣裡飄送、裝飾華麗的床鋪上繁花綻放，戀人相擁調情。宗教聖典中將歡愉的樂園景象描繪得無比誘人者，莫過於《古蘭經》了，而經文中最常用來描述樂園的字眼是 al-jannah（花園）。在其他文化中也是如此，花園向來是奢華和愉悅的象徵。從日本古代的禪花園（枯山水）到畫家博斯（Hieronymus Bosch）滿是草莓的畫作《塵世樂園》（*The Garden of Earthly Delights*），花園的意象與熠熠生輝的感官享樂及精神上的解放感密不可分。

愉悅感近似狂喜，教人忍不住拍手喝采、雙眼放光，嘴角情不自禁綻露微笑。十八世紀英國哲學家洛克認為愉悅是四種基本感覺之一（另三種為高興、痛苦和不安），這四種感覺衍生出人類所有複雜的情緒。

delight 一字源自拉丁文 delectare（意指誘惑、吸引、慫恿），洛克將之描述為一種閃爍的教唆力。他說正是這種無形的力量讓人說出他「愛」某種事物：例如「我愛蘋果樹」或者「我愛天空」。

根據《牛津英語辭典》的說法，「愉悅」的英語拼法自十六世紀開始從較古老的'delite'轉變成現代的'delight'，其實是個意外。不過這種情況屢見不鮮，失誤往往能捕捉住事物的神髓：光明（light）與輕盈似乎正好是愉悅的要素，尤其讓人覺得好像要飛上天那樣的快活。

※互見：**愛；欣快**。

異鄉感
DEPAYSEMENT

一九八一年二月十六日，法國藝術家蘇菲・卡爾（Sophie Calle）受僱在威尼斯某家旅館擔任女服務生。藉由打掃客房之便，她每天詳細記錄並拍攝下房客行李箱和垃圾桶裡的內容物：一張聖馬可大教堂的風景明信片、一本折角的義大利常用語手冊、火車時刻表、各節日的正式服裝、藥丸和日記本、一封被撕碎的情書，上面敘說著哈利酒吧之行。

結果，她創作出《旅館》（*L'Hotel*）這件藝術作品。卡爾在作品中展示所蒐集的照片，並在照片旁以文字說明細節，喚起人在異鄉的迷失感。

《旅館》充滿了對陌生語言的解碼和奇異時刻的驚鴻一瞥，以及漫步在不熟悉的街道時一再絆倒於相同的界標，甚至是允許假日戀情自由發展的特許權與匿名感。就連作品的形式本身，也激起那些異鄉人的體驗。每個零碎的線索都引人入勝，誘導我們去想像這些房客的各種身分——但從未完全洩露了他們的秘密。

在法國，身為異鄉人的感覺被稱作 dépaysement（字面意義為「去國離鄉」）。這種感覺有時令人挫折，讓我們覺得流離失所、沒有安定感，甚至使我們陷入某種只有遠離家鄉時才會感受到的暈眩狀態。直到最不可能發生的冒險好像就要成行了，世界又再度變得新鮮起來。

法國人對於與迷向有關的情緒似乎情有獨鍾，可參閱「快感恐慌」與「虛空呼喚」。

※互見：**漫遊癖**。

欲望
DESIRE

D

長久以來我一直渴望著什麼，這對我造成了可怕的影響。

——貝克特

剛開始時是一種刺痛感，以及瞬間的報復幻想和一股乍現的吸引力。你將之抖落，它卻再度偷偷爬上心頭。欲望這種東西感覺起來可能危險而誘人，同時也會帶給人挫折——因為倘若過程中沒有碰上阻礙，欲望只不過是迅速消溶在滿足感中的短暫心理狀態。但那些被禁止、無法獲得，在搆不著之處閃閃發亮的東西又如何呢？關於「欲望」的歷史，就是我們如何在其中迷失自我的故事。

無論是對人、物件等有形事物，或如名聲、榮耀等無形事物，渴望或嚮往某種東西的緊張不安總是讓人無法自持。中世紀上教堂的人們被諄諄告誡不可以對禁忌的事物懷有欲望，因為這犯了「耽於享樂」（Morose Delectation）之罪，這個詞源自拉丁文 mora（遲延或耽擱）和 delectare（誘使）。人可能被各種禁忌思想所制約，從對競爭對手的憎恨，到想要報復那些傷害你的人。不過，耽溺於性誘惑，是其中最常見而且令人陶醉的狀況。

維多利亞時代初期曾出現「偏執狂」這種病症，特徵是一個人所有的念頭都被唯一縈繞不去的成見所綁架，例如亞哈船長一心一意想殺死白鯨莫比敵[1]，或者希斯克利夫[2]對於他的「昔日偶像」凱薩琳的執迷。偏執可能使人精神錯亂，甚至造成對身體和健康的忽視。

二十世紀哲學家巴代伊（Georges Bataille）認為，不僅執迷於欲望者會在自身強制性需求的重壓下逐漸消失，就連被渴望的人或對象，也會跟著崩潰瓦解。被企求的人或事物似乎會逐漸褪色淡化，被一種發亮的「光暈」所取代，而且我們無法確知逼迫我們至此的究竟是恐怖或是迷戀。

包括我們自己以及被企求的事物或人，都得臣服於我們的欲望之下，如果你以為我們早已超越這個概念，實在是情有可原。在浸染了自我實現概念的文化中，以個人渴望的意圖為依歸，一向被看作活力充沛的表現，而且意義重大。

一談到性，我們也許將二十世紀視為將欲望從宗教罪惡的羞恥與困惑中解放出來的時代，並以為性慾已成為家常便飯，而非那種會讓人陶醉或迷失的東西。二十世紀性學專家如金賽（Alfred Kinsey）以及麥斯特（William H. Masters）與強森（Virginia E. Johnson）二人組，以將性慾從古老的罪惡聯想中解放出來為職志，並使性研究成為與白領階級和實驗室有關的高尚科學。在他們及其後續研究中，欲望變成等同於肉體上的好惡，可與飢餓或口渴相提並論。

將性衝動視為自然反應或不可避免之事，就像對食物或遮蔽場所的需求一樣，這樣的理論模型是為了簡化問題而設想出一條刺激與動機的鎖鍊，將情慾聯結到身體的興奮，將親密感聯結到生殖器的滿足。然而，欲望絕非那麼一回事，即便你未感受到欲望，也能產生興奮感，而且，達成欲望之後，未必都能導致令人滿意的結果。欲望不只是一種生物本能，它藉由想像力循著迂曲的途徑而行，它是陌生而且疏離的。

或許正因欲望如此近似恐懼，一如貝克特所知道的，所以讓人覺得可怕。神學家、醫師甚至性學專家，都習慣將欲望歸咎於另一部分的自我——那是魔鬼送來的，或屬於不健全心智的產物，甚至是透過萬千年演化而被植入的生物本能——部分原因可能是，欲求某件東西，讓人感到多麼不自在。

強烈的欲望或許令人害怕，因為它可能讓我們誤入歧途，傷害所愛之人和破壞現狀。或許，我們懷疑自己是否將所企求的東西加以理想化，並害怕即將造成的混亂，於是緊抓住心中渴望的事物，然後又將它們拋開，讓愛慕它們和鄙視它們的感覺交替上演。經常伴隨著欲望而來的挫折和失望，是讓欲望這麼難以忍受的原因之一，但或許，我們更秘而不宣的，是欲望所帶來的羞恥感：我們對某人的渴望將我們自身暴露出來，迫使我們承認缺乏某種自身不具備、卻無法輕易獲得的東西。

※互見：**心之所嚮；脆弱**。

1. 譯注：莫比敵（Moby Dick）為美國經典長篇小說《白鯨記》中的巨鯨。
2. 譯注：希斯克利夫（Heathcliff）為英國小說《咆哮山莊》中的主要人物。

D

絕望 DESPAIR

一具死屍倒臥街頭，一隻狐狸漫步經過。在某個樓上的公寓房間，一名妓女正在招待她的顧客。這幅景象出現在格羅茲（George Grosz）的畫作《自殺》（*Suicide*）中，繪於一次世界大戰期間的德國，表達出長久以來幾乎沒有人願意仔細思索的那種虛無主義。死掉的男人甚至沒有名字，沒有人注意到他，世界如常運轉。

覺得生活已經不再適合你的那種感覺是如此緩慢地靠近，以至於你根本無法察覺它的到來。你身上穿的衣服好像是別人的，曾經令人滿意的工作，現在卻變成只是在忍受。起初的疏離或無目的感，迅速融解在造成高度幽閉恐懼感的羞恥之中。你想像著家人的蔑視和失望，你從陌生人眼中看見憐憫和厭惡的表情。絕望（源自拉丁文的 de〔沒有〕加上 sperare

〈希望〉〉一旦全面展開行動，便在你的耳中轟然作響。當你凝視空洞的洗水槽，你聽見自己的心跳聲。你再也無法忍受自己，卻也無法放棄自己……，那是一種嚙蝕的感覺，讓人猶豫不決的折磨。

何不乾脆承認我們想改變事物的企圖徒勞無功？這樣反而還能得到些許的紓解。（「她從來不清空洗碗機，我死心了！」）但我們內心深處所感受到的絕望是不同的。它藏身於精心安排的禮貌談話背後，將自己隱藏起來。在一八四九年出版的《致死的疾病》（*The Sickness Unto Death*）一書中，丹麥哲學家齊克果寫道：「其中最大的危險便是喪失自我，它可能在非常隱秘的情況下發生，彷彿是件微不足道的小事。沒有任何一種損失會發生得如此隱密——例如失去一條手臂、一條腿、五塊錢、老婆等等，都肯定被會注意到。」

在早期的相關著作中，基督教傳統將「絕望」描述成一種會讓人沉溺、屈服的東西，一種罪惡和誘惑，它既不屬於塵世，而且難以被目睹。西元後的幾個世紀，西奈半島沙漠裡的隱士認為絕望是由「正午邪魔」所傳播的東西，使他們染上身體不適的毛病。接下來的幾世紀，絕望被描繪成引誘人步入死亡的狡詐生物。在史賓塞（Edmund Spenser）的詩作〈仙后〉（'The Fairie Queene'）中，絕望是一名樣貌皺縮的男子，住在四周黯澹荒涼的洞穴中。儘管他的形容猥鄙卻能言善道，用「永久安息」的許諾以及「你所企求的逸樂」來誘騙紅十字騎士。絕望不同於憂鬱症，不過兩者的特徵都是深沉的悲痛和自殺的威脅。感到絕望的人是健康的，那是他們靈魂成功抗拒誘惑的能力。

二十世紀初期的存在主義者沙特和卡繆對絕望有不同的描述。對他們而言，絕望並非缺乏理性的危機，當然也不是一種罪惡。他們將絕望視為在沒有命運、上帝和目的性的宇宙中的一種基本生活條件。因此，絕望——喪失找尋生命意義的希望——既令人痛苦，也讓人獲得解脫，它是恐怖與至樂的同一根源。

卡繆認為希臘神話中的西西弗斯（Sisyphus）表現出絕望的樂觀層面。長生不死的西西弗斯因傲慢和詐騙行為受到諸神的詛咒，而從事一場無望的勞動。他必須使勁將一顆巨石推上山，肩膀抵著石頭，面孔因為過度用力而扭曲。他一步步將石頭往上推，到達山頂後，石頭卻往下滾動，西西弗斯又得重新推著石頭上山，周而復始。卡繆最感興趣的部分是西西弗斯走下山重新來過的時候，在這個勞動中斷的期間，他在想些什麼？多數人或許想像他會因挫折而哭泣，或者因憤慨而怒氣沖沖，不過最終他會瞭解這個任務沒有結束的時候，也完全沒有目的性，於是退入幽寂的心緒之中。

但卡繆卻以為，正是由於喪失尋求意義的希望，所以西西弗斯才得以自由。「我看見這男人踏著沉重卻從容不迫的腳步下山，迎向他知道永遠不會結束的折磨。」他寫道。西西弗斯瞭解到，他的命運只不過是他的行動，也就是他所創造出來的人生的總和。他沒有放棄，而是完全適應生命的無意義。在徒勞無功的處境下，他在絕望之中產生了一抹奇異的光明。「他變得，」卡繆寫道，「比他的岩石更加堅強」。

※互見：**悲傷**。

D

失蹤欲
DISAPPEAR, the desire to

紐約有一種專門幫助別人消失的服務。這種服務會替你偽造新身分，藉由數位方式的誤導，消除你的蹤跡。然後用一支預付電話和一張單程火車票——當然是現金付款——打發你上路。

這真是一項誘人的服務。誰沒有過想要消失的衝動？當生活中各種糾纏不清的期待和失望漸漸逼近、當債務和義務所造成的幽閉恐懼令人窒息，逃走的念頭著實教人心動。美國導演拉布特（Neil LaBute）的劇作《施恩座》（*The Mercy Seat*）中，主角班於二〇〇一年九月十一日被提供以「一次完全抹除過去的機會」。當他和他的愛人本該一起在世貿中心上班時，他們躲了起來，結果兩人理所當然地成為官方紀錄上的死亡人口，就此展開全新的人生。

對我們多數人來說，這依舊只是個幻想，光是想想都覺得太過驚心動魄。不過，你偶爾也敢大著膽子冒險，例如故意錯過下一班列車，或者延遲繳交電話費，然後偷取一些全然孤獨的片刻，短暫地體驗置身於一切之外的感覺——並窺探一下內心真正的感受。

※互見：**異鄉感**；**寂寞**；**漫遊癖**。

D

失望 DISAPPOINTMENT

關於失望，狗主人知之甚詳。

達爾文養了一隻名叫鮑勃的拉布拉多犬，就像所有的狗一樣，鮑勃喜歡外出溜躂。每當達爾文要去家宅裡的花園巡視，鮑勃便興沖沖地跟著他，「顯示出牠的愉快，昂首闊步在我面前莊重地疾走」。

鮑勃期待在附近走上很長一段路，但有時達爾文只想看一下他的實驗植物。每當他們走到溫室門口，鮑勃便會陷入極度的失望，低著頭、全身鬆垮並且耳朵下垂，尾巴完全不搖了。達爾文一家將這副可憐的表情戲稱為鮑勃的「溫室臉」。達爾文承認，他會因此心軟，這意味著鮑勃的受挫模樣足以讓他放棄溫室實驗，改而踏上狗兒期盼中的散步行程。

失望（disappointment）意指「約定好的東西被剝奪」、被「沒收」，當我們原本安排好的藍圖就像外表配備齊全的屋子突然翻轉過來時，失望於焉產生。有時則是預期中的升遷或期待的新身分（「我得到博士學位了！／成為銷售主管！／這次鐵定通過駕照考試了！」）被奪走。失望雖說是一種壓倒性的失落或挫敗，但也夾帶了其他感覺，增添了些許焦躁和驚恐的成分。達爾文認為鮑勃的失望主要來自於困惑：「牠不知道我是否會繼續我的行程。」有時懷疑的感覺一再冒出來，例如忍不住納悶早上寫的拒絕信是否寄錯了地址，或出了什麼差錯。這麼一來，失望便不止留下悲傷的痕跡，同時也令人迷惑，可能還得再一次費力地重整生活。

失望惹出麻煩的歷史由來已久。十八世紀的醫師認為失望（特別是戀情受挫的失望），能夠導致精神錯亂。（按當時醫學行話，失望是造成精神疾病的一種心理（而非生理）的因素。）一個世紀後，愛情破滅對情緒所造成的影響仍被認真地看待。一八六五年，哈莉斯（Mary Harris）因謀殺案而在華盛頓特區受審，她在前男友柏洛茲與另一名女子結婚後殺死了他。由於哈莉斯平素被視為性情溫順且虔誠的女子，她的辯護律師因此主張，哈莉斯罹患短暫但猛烈發作的精神錯亂。她的答辯理由是「雙重精神失常」，部分起因於某種奇怪的身體疾病，當時稱作「子宮過敏」，部分是「感情落空」的情緒問題所造成的，哈莉斯最後無罪開釋。

二十世紀初期，某些心理學家開始主張失望可能有其用處，甚至是心理健康發展的關鍵，佛洛伊德正是當時知名的失望理論大師。他談到「自戀創傷」（narcissistic wounds）的概念，也就是指，當我們聽來的或告訴自己的幻想被戳破時，身分意識所遭受到的痛苦打擊。佛洛伊德認為，喪失理想化的家庭形象對自我傷害甚深，他創造出「家庭羅曼史」一詞來描述在我們在成長期間被告知的故事，這些故事賦予了每個孩子的降生無與倫比的重要性，讓我們誤以為自己是比其他人都重要的「皇子」（royal child）。

當然，這類幻想無法持久，而且根據佛洛伊德的說法，它們的無法持久至關重要，因為唯有以此方式對自我身分感到失望，我們才能開始與真實人生緊密結合。正如當代精神分析學家克萊因所言，為了向前邁進並發展出真實關係，每個人都必須經過一番痛苦去瞭解到，「真正理想化的自我並不存在」。

失望的精神分析故事最終是樂觀的，它合理解釋了我們對自身的錯誤看法被剝除時的悲哀，並說明當真相像長新牙般突破迷思時，也會擺脫隨之而來不可避免的痛苦。儘管這種觀點終究有助於豐富人生，但卻未完全捕捉到失望這種情緒所瀰漫的「萬事皆非」感。當我們痛失理想化的自我形象，留下來的——至少在當下——不必然是「真相」，而是空虛和茫然，這是一種可怕的消沉。

或許，正如華滋華斯（William Wordsworth）在詩作〈序曲〉（'The Prelude'）所言，「一種背叛和遺棄感，在我所知道最神聖的地方——我自己的靈魂深處。」

※互見：**懷抱希望**。

不滿
DISGRUNTLEMENT

如果不是真的不滿，他絕不會咕噥。

——伍德豪斯（P. G. Wodehouse），《伍斯特的準則》（*The Code of the Woosters*）

他曾是軍情六處*的頂尖幹員，也是網路犯罪的專家。直到他不受管控，M在一次換俘行動中將他交給中國。現在，他躲在一座滿是超級電腦的荒島上，利用英國政府傳授給他的技術來毀滅M，並顛覆他一度效忠的組織。龐德電影《空降危機》中的大壞蛋席爾瓦，正是現代假想中怪物的原型——對組織不滿的離職員工。

gruntle（咕噥）是豬在驅趕鼻吻上蒼蠅時所發出的微弱鼻息聲。在野外，野豬用咕噥聲來警告對手不要靠近，而在舒適的農場環境中，豬之所以發出咕噥聲，通常不是因為受到威脅，而是習慣性的對環境不滿意，從而引申出「不滿」是無足輕重且無甚意義的概念。

話說，人也會在自己的窩裡犯咕噥，在咖啡館不時嘀嘀咕咕，在通勤回家的路上大發牢騷，抱怨個不停。因此，說起員工的「不滿」（'disgruntled' 是極少數單字中 'dis' 字首用於誇大而非否定之意，就像 'distend'〔膨脹、擴張〕）可能會讓我們納悶。對公司感到不滿的員工如今被認定是企業生存的重大威脅，他們可能會盜竊智慧財產和散布不實的消息。但是，我們可以稱他們這種心態是「不滿」嗎？這暗示著他們只不過是受到與自身無關緊要的情緒所驅使——首先，這個說法撇開了使他們感到疏離的公司規定。

二十世紀初期，焦慮（而非不滿）被視為企業所面臨的首要情緒問題。工業心理學家認為焦慮源自不安全感，因此鼓勵組織應培養員工們的歸屬感。舉例來說，一九三〇年代，IBM 的全體員工就被要求高唱公司主題曲：「就在此時此刻，我們感激地／宣誓貢獻出最由衷的忠誠／給全世界最好的公司……」

可是，現在的我們真的還想**歸屬於**工作場所嗎？一如義大利馬克斯主義哲學家維爾諾（Paolo Virno）所言，以往被視為員工心生不滿的跡象，現在倒成了專業的理想典型。在活絡多變的經濟環境中，員工的「靈活性」極度被看重。對工作的不安全感、害怕被重新整編或從晉升名單中被剔除的恐懼，已被公司人力資源部門轉譯成「靈活性、適應性和願意自我調整」的價值標準。可是，隨著線上系統越來越容易遭到竄改，以及資訊越來越容易被攫取，雇主也變得比以往更加關切員工的忠誠度和可靠性。員工不滿情緒的升高，或許就是在這種矛盾的工作文化下——既要求員工投入情感，卻又讓他們覺得自己可有可無——自然發展的結果。

公司於是開始雇用網路安全顧問，防範智慧財產落入「懷恨的內部員工」之手，並對可能造成風險的員工做了以下心理側寫：他們通常擔任技術職位，如工程師或資訊技術管理者，「往往覺得有權」經手資料，而且他們的動機多半起因於「被察覺技術能力退步，或者不符合期待」。

也許賦予員工更多（而非更少）的工作所有權，才是不滿的平息之道。不過持續監控員工也是不可或缺的措施，包括更仔細的篩選機制，以免錄用到網路安全顧問所謂的「問題員工」。未來幾十年內，我們應該能預見公司組織對不滿情緒所產生的威脅逐年升高的憂慮，而關於偵測高風險員工的作法，也會有更進一步的討論。但就目前而言，有一項再明白不過的指示出自美國政府備忘錄，其中這麼建議：安全單位應將「意氣消沉和好發牢騷視為員工的可靠性下降」的監測標準。

所以，如果你是對生活充滿牢騷不滿的人，你很可能已經被記一個警告了。

想知道更多有關職場的情緒，可參閱「和顏悅色」；「脆弱」。

＊譯注：軍情六處（Military Intelligence 6, MI6），英國負責海外諜報工作的部門。

厭惡
DISGUST

一聞到發酸的牛奶，你的鼻子便皺縮起來。不期然碰觸到狗大便讓你想吐，連忙衝到最近的水龍頭搓洗雙手；還有漂浮在水杯裡的滑膩唾沫，教你無法吞飲下這杯水……。正是這股快如電光火石迅速從有害物質傳遞至內心並產生噁心感的電流，讓「厭惡」這種情緒顯得如此有趣。遇上有毒物質時，你的身體會加以抗拒，這幾乎是一種本能，比方當熱油鍋飛濺出油沫，你的眼皮便會自動快速閉闔。厭惡似乎是一種高效且實用的情緒，直截了當的救命機制，不過事情絕非如此簡單。

認為所有的人——無論居住澳洲內地或東京公寓的人——都具備若干共通的情緒表達方式，這種說法頗具說服力。當演化心理學家談及「普遍性情緒」時，指的是人類身體以相同方式演化出來的情感，用以度過生活中遭遇到的普遍性困境。例如，當人類需要逃離掠食者時所誘發的恐懼，或者必須嚇退競爭者時所產生的憤怒。倘若沒有這些讓我們為了投入戰鬥或逃跑預作準備的生理反應，人類根本無法存活。

厭惡是作為普遍性情緒的首要候選者：感覺厭惡時，每個人似乎都會發出想要嘔吐的聲響、伸出舌頭，並且皺起鼻子。儘管每個人對哪些情緒應被列入基本或普遍情緒表中看法不一，不過厭惡永遠在名單內。它是情緒之中的勞苦者，負責將毒物逼出體外，以防我們遭受感染。

然而，以上說法會造成誤解。首先，造成厭惡的嫌惡感至少有三種，各自有不同的反應。「核心厭惡」（'Core disgust'），是毒物（通常是腐肉或糞便）靠近嘴邊時所引發的嫌惡感，使我們遠離該物體，感覺噁心，並發出「噁、呃」等作嘔聲。而「污染厭惡」（'Contamination disgust'）是靠近導致感染風險的人或地方時所產生的嫌惡感，例如進入長年未清掃的房屋時（什麼也別碰！）不由自主起了雞皮疙瘩。這種感覺令人戰慄，甚至連坐下來都不願意，惟恐遭到感染。至於看見別人口中濃稠的唾液、黏附的食物殘渣，或是血淋淋的傷口，都會激發另一種嫌惡感，心理學家稱之為「身體外形毀損厭惡」（'body-envelope violation disgust'），其中污染的威脅結合了對綻露的身體近乎存在主義式的恐懼。每種厭惡都有不同的線索和反應，這表示它們循著各自的演化途徑發展，很難宣稱哪一種比另一種更為「基本／普遍」。

不僅如此，激起厭惡感的事物極易遭受文化干預，例如菲律賓著名的街頭小吃「鴨仔蛋」，就讓大多數西方觀光客覺得噁心。此外，就連對顯然「天生」會讓人感到厭惡的事物（糞便或滲液的傷口）的反應，也取決於我們所處的文化背景。現代外科醫師會談論到一切開就迸流的「良膿」（'laudable pus'），這個名詞是中世紀體液醫學的遺緒。它可能帶有髒惡的氣味和質地——別管它的名稱了，光是要說出「良膿」便足以讓人感到畏怯——但它卻是外科手術樂見的景象，因為它能使病患獲得紓解。人類學家瑪麗・道格拉斯（Mary Douglas）用「穢物是不在適當位置上的東西」來總結這個觀點的問題。那些我們覺得骯髒污穢而感到厭惡的事物，主要取決於我們碰巧認為它們不在「適當的位置」上。

認為某事物「不在適當位置」的感覺，比起它是否具有客觀危險性，更能左右我們的厭惡感。我們明知某些物體不會對我們造成傷害，但胃部卻仍出現作嘔的反應，這類古怪的小毛病相信大家都不陌生。嘴裡的毛髮、熱牛奶表面凝結的奶皮，或是沾黏在鬍鬚上的湯汁（光是想到就覺噁心！）都可能令人感到厭惡。厭惡感與物體的意外錯置密切相關，難怪我們會發現此一歸類偏差的問題，恰恰是 disgust 這個英語單字發展歷程的核心。

現代英國人早期不說 disgust，當他們看見某個「怪人」或在路上碰見「女巫」，會用 abomination 來表達厭惡之意——對超乎自然秩序事物的嫌惡感。近來，歷史學家已發現當時人們傾向於用 abominable 或 abhorrent 來談論道德上令人厭惡的事物，至於腐敗或讓人噁心的東西，人們傾向於使用更古老的英語單字 wlatsome（意為令人憎惡或討厭）。再者，他們不說 ‘yuck!’ 或 ‘ugh!’，而是 ‘fie!’ 和 ‘fum!’，這或許說明了為何《傑克與魔豆》故事裡的巨人會用轟然作響的聲音吼出 ‘Fee-fi-fo-fum!’——這並非出於憤怒（有時如此被解讀），而是因為巨人的夙敵英國人的血，在他聞起來有腐臭味。

直到十八世紀，我們所熟知的 disgust 才登場，囊括了各式各樣的嫌惡反感之意。包括康德和伯克（Edmund Burke）在內的哲學家讓這個源自義大利語 gusto（品味）的單字變得普及。他們的厭惡感主要是審美反應，針對所有與啟蒙時代賞鑑精神背道而馳的畸形、混亂和醜惡的事物。不過短短幾十年，感覺 ‘abhorrence’ 就變成落伍的說法，由 ‘disgust’ 取而代之成為讓人卓爾不群、展現更高階級地位和學識的情緒。此後，disgust 成為一種膨脹的概念，其含意吞噬一切不合宜的事物——從在錯誤時機由錯誤洞口冒出來的東西，到不勻稱的花瓶，乃至於不恰當的行為等。

作為與「閾限」＊密切相關的情緒，厭惡仍帶有這種無所不包的開闊性。舉例來說，違反道德之事至今仍讓我們感到厭惡。保守的衛道人士大概不會因為私德問題被揶揄而有作嘔的感覺，但有時我們的道德憤慨確實與身體的嫌惡感有部分的重疊。一九八〇年代晚期，心理學家羅津（Paul Rozin）與尼莫洛夫（Carol Nemeroff）曾進行一項特別的實驗。他們詢問一組研究對象是否願意穿上某件套頭毛線衫——多數人都回答願意。接下來，他們宣稱那件衣服曾為希特勒所有。聽聞這項消息，超過半數的參與者做出鬼臉，並且拒絕穿上那件毛線衫，甚至面露厭惡表情，發出「呃」與「咦」的聲響。羅津和尼莫洛夫表示，這些實驗參與者似乎擔心遭到「希特勒主義」的毒素污染，因此一想到要讓毛線衫接觸皮膚便退避三舍。此類案例中，厭惡的運作方式顯然遠超過毒物等於厭惡這樣的簡單方程式。「厭惡感」的本身綻露出裂口，污染了我們的道德判斷，以及審美品味。

仔細觀察會發現，厭惡無法被簡化成單一情緒元素，或是一種隨時待命、準備迅速提供我們保護的「基本情緒」。我們用「厭惡」來描述許多不同的反應，包括打開冰箱後看見腐肉的作嘔感、皮開肉綻的傷口讓人毛骨悚然、沾滿鼻涕的手帕讓你起了雞皮疙瘩的感覺，甚至道德上對死刑的反感，或一條手工麵包的超昂貴價格讓你產生的噁心感……，這其中摻雜了多種情緒，以至於我們很難分辨厭惡感是從何開始，又是何時結束的。它可能逐漸轉變為下流幽默中教人侷促不安的一種歡欣，或成為讓某些戀物如此令人興奮的原因之一。

此外，由於太飽足的感覺會令人反感——想到還得吃下更多食物，或耐著性子多看一些電視節目等已經過度滿足的任何東西——因此厭惡往往與無聊脫不了干係。難怪有人覺得非得釘住這種滑溜至極的情緒不可，畢竟厭惡感在界限消溶而事物滑出「適當位置」時，顯得越加強烈。

※互見：**曖昧恐懼症**。

＊譯注：閾限（liminality），意指恰能引起感覺的最低強度。

驚慌 DISMAY

在吉伯特與喬治（Gilbert and George）的作品《這裡》（*Here*，*1987*）中，藝術家以倫敦哈克尼（Hackney）地區雷德利路市場的集成照相作為兩人肖像畫的背景。其中，一輛車子正笨拙地停放到車位上，彷彿打滑般不聽使喚。當時，這個地區是種族暴動浪潮及警民衝突後極為破敗荒廢的三不管地帶。

畫中的藝術家直挺挺站著，臉上是近乎驚嚇的茫然表情。那不是呼籲或憤慨的姿態（「想想辦法吧！」）而是一種無助的聳肩：「我們又能做什麼呢？」

驚慌是綜合了恐怖和癱瘓的感覺，如同驚奇或迷惑那樣令人垂頭喪氣，也如同震驚使我們掩住雙眼。dismay 最初源自拉丁文 exmagare（奪走能力或勇氣），但藉由古法語

desmaier 進入英語。從這個語源來看，驚慌與暈厥產生了奇特的聯結：源自 desmaier 的這個英文單字逐漸被用來描述某種感覺，而其他歐洲語言中的 desmaier 則變形為不省人事的意思——西班牙語裡，暈厥是 desmayo，而在葡萄牙語則是 desmaio。

狄更斯小說中，滑稽的男性和過度敏感的女性常因驚慌而暈厥。然而在十二、三世紀，那些騎士故事中的英雄人物在情緒激動之餘，照例也會跪倒在地。亞瑟王故事中，圓桌武士蘭斯洛特因為看見附有格溫娜維爾頭髮的梳子而昏厥；中世紀英雄波福在得知喬絲安的死訊後，同樣在剎那間昏倒，不省人事。暈厥無損於英雄們的男子氣概，反倒顯得深情款款，而且這些情態完全可從當時的醫學觀念中獲得合理的解釋。

中世紀醫學相信，一個人情緒高漲時，心臟會受到壓擠而緊縮，摧毀賦予身體活力的元氣。喬叟的《特洛依羅斯與克麗西德》（*Troilus and Criseyde*）寫於一三八〇年代，詩中描述了這樣一件事：這對戀人首次共度良宵，嫉妒心作祟的特洛依羅斯指控克麗西德不貞，讓她煩亂欲絕。之後，特洛依羅斯轉而為他所造成的苦惱而驚慌。他跪下來，低頭無言以對：「他能說什麼？他感覺像個死人。」這感覺是如此深刻，使他滿心傷悲。他變得精神委靡，所有情緒消失殆盡，甚至流不出淚來，最後不省人事暈倒在地。

如今因情緒激動而暈厥的案例仍偶見於醫學期刊。（愛和恐懼能造成暈厥，不過聽起來較為古典優雅的「驚慌」，則較少被列為原因。）舉例來說，那些患有司湯達*或佛羅倫斯症候群的人可能會昏倒在婚禮或醫院，但尤其出名的症狀，是當他們面對極美的或大量藝術品時的不能自已。該症候群按十九世紀法國作家司湯達的名字命名，走訪佛羅倫斯時，他發現每個街角錯綜複雜的美景在在令他深感無助，以至於「走路時擔心會跌倒」。有時候，當任一種勢不可擋的情緒倏地湧上心頭，唯一的反應只能是跌倒和待在原地不動。

※互見：**懊悔；愛**。

* 譯注：司湯達（Stendhal），法國小說家，十九世紀法國現實主義文學的先驅，以對人物的心理描寫而聞名，代表作有《紅與黑》和《帕爾馬修道院》。

無所事事的快樂
DOLCE FAR NIENTE

什麼事都不做的快樂，以及一種悠閒感受。

※互見：**無憂無慮**。

畏懼 DREAD

D

提起一三四八至一三四九年橫掃歐洲的大瘟疫，最教人害怕的想必是感受到它的逼近。威爾斯詩人格辛（Jeuan Gethin）於一三四九年間寫道，瘟疫像「無所寄託的幽靈」，蜿蜒穿行於歐陸土地。朝聖者和旅人傳播著街道荒蕪、倖存者景況悽慘的消息，城市關起大門，居民從事絕望的懺悔行動。猶太人遭歸咎在井水裡下毒，女傭則因被指控刻意污染衣物而入監。無論什麼作為都徒勞無功，對事態毫無助益。

某些編年史家說，當時歐洲各地每十個人之中就有多達九個人死亡。這類報導肯定有誇大其辭之處，不過當時許多人相信他們正在見證世界末日的降臨，目睹上帝對塵世罪惡施以懲罰。尚未罹病的人無計可施，只能等待。

論者多以為「黑死病」一詞源於使患者皮膚變色的暗斑，但黑死病更有可能翻譯自拉丁文 atra mors——mors 意指死亡，而 atra 代表黑暗、骯髒或惡運的，一種可怕的結局。

不同於恐懼或恐慌通常由立即的威脅所引發，畏懼是我們對之束手無策的威脅隱然逼近時那種冷森森的不安感。最早被使用時，畏懼是描述受到震懾以至目瞪口呆的感覺，以及臣服於上帝令人敬畏的力量。此種宗教意涵持續到二十世紀初，為此，拉斯特法瑞信徒*自稱為 Dreads，而他們糾纏的頭髮是 dreadlocks。

畏懼在某些人眼中是一種適當的崇敬，但是對其他人來說，卻是一種失敗主義。薄伽丘記述了十四世紀佛羅倫斯爆發的瘟疫，悲嘆瘟疫所引發的「獸行」與冷漠，農夫因此拋棄了他們的牲畜和農作。有人在空屋裡遊蕩，竊取食物和飲料，或者日夜流連於酒館，賭博輸光家當。在這種不祥的氛圍下，社會規範形同虛設。

在網路時代，溫和的畏懼對我們每個人來說言似乎是一種低度噪音。現今便捷的航空交通讓時疫得以迅速傳播，各種疾病的逼近比較不像是「無根幽靈」那般的漂移，而更像跳房子遊戲似的在全球亂竄。每當出現一種新的流行病——愛滋病、禽流感、伊波拉病毒，我們比以往更難無知無感。而且由於畏懼能滋長謠言和錯誤訊息，網路因此提供了絕佳的培養皿。有人因恐慌而開始儲備藥物，政府單位也在邊境實施健檢。然而，大多數人幾乎沒有選擇的餘地，只能退縮到冷酷、膠著的無可奈何狀態——並指望這些疾病別靠我們太近。

※互見：**恐慌**。

＊譯注：拉斯特法瑞信徒（Rastafarian），牙買加黑人教派，深信黑人是上帝將拯救的人。

E

狂喜	Ecstasy
難堪	Embarrassment
同理心	Empathy
羨慕	Envy
欣快	Euphoria
惱怒	Exasperation
興奮	Excitement

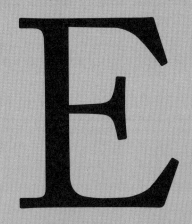

狂喜
ECSTASY

E

位於羅馬的勝利之后聖母堂深處矗立著貝尼尼（Gian Lorenzo Bernini）的雕像《聖德雷莎的狂喜》（*The Ecstasy of Saint Teresa*）。該作品描繪一名十六世紀修女的靈視，她看見以美男子形象現身的天使前來探訪，並將金矛插進她的胸口。

「這種疼痛如此強烈，我不禁放聲大叫。」德雷莎在自傳中寫道，「但同時，我感受到無限的甜美，希望痛苦能夠永遠持續下去，這是上帝給予靈魂最甜美的撫慰。」看著貝尼尼的這件著名雕塑，很難不引發不純潔的想法。當參觀者將銅板投入照明箱，展現高度感官快樂的德雷莎便活了過來。她弓著背喘息，腳趾蜷縮，癱軟在大理石基座上，彷彿落入有褶邊的蕈狀靠枕或弄皺了的床單裡。

狂喜用顫慄的愉悅使人癱瘓，它在喉嚨裡綻放，將語言降級成被塞阻的呼喊聲。ecstasy 源自希臘字 ekstasis（站在自己身外），狂喜涉及一種奇怪的矛盾：當我們透過舞蹈、歌唱或性行為使自己與身體緊緊相連時，我們也超脫了身體，同時體驗到一股沛然的無限感。狂喜感覺起來彷彿世界猛然洞開，而我們暫時被釋放。

此類經驗數千年以來一直是靈性生活的核心。中世紀歐洲的修女禁食持戒、勞苦其身，只求目睹星辰墜落和城市被毀的異象作為回報。遠在她們之前，西伯利亞和中亞地區的薩滿師便藉由旋轉起舞的方式，直到身體抽搐倒地，讓動物或祖先現身帶領他們進入靈界。一如十三世紀波斯詩人魯米（Rumi）所描述，「當你體內擁有苦行僧人的氣／你將能飄浮於世界之上且寓居於彼。」如今一提到狂喜這個字，我們最容易想到的是亞甲二氧甲基苯丙胺（MDMA）吸食者抱在一起出汗的飄飄然模樣，或者放縱性慾的場面。

在歐洲醫學界，狂喜的覺醒大約始於十九世紀中期。這時神經學家忙著依循生理學發展道路來組織我們的精神生活，將狂喜狀態從吃香的罕見情緒重新歸類到神經疾病的副產品。巴黎薩伯特里（Salpêtrière）精神病院的女性收容者是現代最惡名昭彰的狂喜案例。這些女子被診斷出罹患歇斯底里症，這種二十世紀前的心理疾病，症狀包括了幻視和幻聽、癲癇發作和四肢痙攣。歐洲頂尖醫師為此前往巴黎以便研究這些女病患，她們協助造就了十九世紀法國神經學家沙可（Jean-Martin Charcot）的事業，在他劇場式演出的「星期二講堂」中擔任被展示的主要演員。

這些女子的誇張姿態——她們的**激動恣態**——透過褪色的精神病院照片為現代的我們所熟知。其中一幅標題為「失神，一八七八」（*'Extaste 1878'*）的作品，顯然是歇斯底里開始發作時的模樣。（不過早期照相術需要被攝者長時間維持固定姿勢，因此病患會在沙可的指示下重新擺姿勢。）照片中的病患跪坐在病房床上，旁邊是弄皺的床單，她的眼睛上翻，臉上露出快樂至極的微笑。後來，沙可將她與貝尼尼的聖德雷莎雕塑相提並論，作為因瘋狂而產生的現世諷刺畫，用以譏刺一度被看重的靈性經驗。

現今神經學家會論及「美視症」，也就是一切事物都看似極度美麗、光芒四射的感覺，並說明這是腦部右頂葉皮層受損所造成。此外，「自視現象」＊中出現的自我分身，或「靈魂出竅」時從外部看見自己身體，彷彿在照鏡子，也在現今被認為是頂枕皮層或顳頂交界區受損所導致。

又或者，看見流星以及出現視覺障礙，其實是偏頭痛的預兆。以往的戀人和神秘主義者所經歷的銷魂狂喜，如今有許多已被降級成腦部的線路故障。杜斯妥也夫斯基的小說《白痴》（*The Idiot*）成書於一八六九年，正值此一轉變的開端，本身患有癲癇之苦的杜斯妥也夫斯基在書中描述和諧與喜悅、逼真的聲音和色彩，以及活著的強烈感覺，以之作為其中一個角色梅什金親王（Prince Myshkin）發病的先兆。「如果這是一種疾病，又有什麼要緊？」梅什金問道。因為倘若「在發病之前最後的清醒時刻，他有時間保持清醒而且明白地對自己說：『是的，我可以將一生奉獻給這個片刻。』那麼這個片刻的存在，當然就讓一生都值得了。」

※互見：**欣快；快感恐慌；愛**。

＊譯注：自視現象（autoscopic phenomena），從自身體內看見自己的形象存在於自身體外的視覺經驗。

E

難堪
EMBARRASSMENT

當我們在書店放了一個響屁，或者餐廳裡有人對我們唱生日快樂歌，或說了讓別人誤以為極失禮但其實無害的話語，當下那種愚蠢、窘迫的感覺，主要源自於英國攝政時期彬彬有禮到令人窒息的交誼廳。embarrassment（難堪）這個字於一七五〇年代被採用，源自古法語embarrasser（妨礙或阻止），描述發生失禮的舉措之後讓談話變得結結巴巴的拘束感，甚至癱瘓感＊。這個範疇跳脫包羅一切的「羞恥」道德維度。「羞恥」逐漸與個人自我鞭笞的長期痛苦有關，而難堪則關乎社交方面的屈辱，著重於在眾人面前犯下的小過失，或隨即而逝的錯誤。

如果你容易感到難堪，或許會羨慕那些做出失禮行為後還能若無其事的人。在公開場合被大力讚揚，或不小心批評到某位姻親，都可能讓人感到慌張，而覺得難堪甚至無所適從到有一種想從人間蒸發的感覺。但或許我們真的對自己過於嚴苛了。

根據美國社會學家高夫曼（Erving Goffman）的說法，難堪發揮了一項重要功能。會感到慌亂不安意味著我們瞭解到自己已經踰越社交規範，這是一種承諾的表態，代表我們「下一次會證明我們是值得敬重的」。加州大學近來的研究顯示，容易感到難堪的人比較具有利他精神，對此旁觀者心知肚明。在電影《你是我今生的新娘》中，查爾斯在他所說的笑話造成可怕的反效果後，用頭去撞帳篷柱。一旁的嘉莉露出微笑，不僅因為她目睹令人莞爾的英國式壓抑表現，更由於查爾斯因為出糗所做的自我懲罰顯示出他有多麼在意他所造成的唐突失禮。有鑑於難堪與維持社交禮儀順暢運作的關聯，哲學家哈瑞（Rom Harré）認為，難堪已經取代羞恥，成為主要的「順從工具」（'instrument of conformity'）。

說話結巴和眼睛死盯著地板透露出難堪的心理，而臉紅更是人盡皆知的難堪表象。難堪與臉紅發生聯結，其實是相當晚近的事。在一八〇〇年代之前，一個人只會因為謙遜和狂喜、自豪和羞恥、愛和憤怒等諸多原因臉紅。暗殺法國大革命領袖馬拉（Jean-Paul Marat）的科黛（Charlotte de Corday）於一七九三年在巴黎被處決，她被切下的頭顱據說是紅禎禎的一顆，根據巴黎外科醫師尚—若瑟・蘇（Jean-Joseph Sue）的說法，這顯然是她不服處分的「憤慨跡象」。五十年後，維多利亞時代的生理學家改寫了科黛的臉紅故事，他們宣稱這名女兇手並非因為暴怒而臉紅，而是對於她的罪行不由自主地感到羞恥。例如英國衛理公會派牧師柏澤斯（Thomas Henry Burgess）在一八三九年發表的《臉紅的生理學或機制》（*The Physiology or Mechanism of Blushing*）中所言，「真正的」羞恥臉紅有別於因憤怒、興奮或疾病的面部發紅。真正的臉紅，根據柏澤斯的說法，是上帝所灌注的道德本能，用以抑制我們的不正當行為。紅色污斑是強有力的制止物，沾染在我們的臉頰、鼻尖甚至耳垂上，將我們的罪惡感昭示出來讓大家看見。

維多利亞時代的醫師著迷於身體天生具有道德感的可能性，他們忙著記錄不尋常的臉紅樣本。他們研究臉紅的夢遊者，並交換精神病院女性病患接受私密檢查時大腿處發紅的撩人故事。他們想知道人在獨處時會不會臉紅，並熱烈討論不同種族的人是否會臉紅——如果不會，是否代表了他們天生狡詐。有一名特異的「黑人女傭」因為臉頰上的傷疤而小有名氣，當有人突然開口對她說話，或者她受到冒犯而緊張時，這個疤痕便會發紅，但臉部其他部分的顏色依舊不變。

然而，以上這種道德反射的概念在達爾文的《人與動物的情緒表現》中重新被檢討。達爾文首度鞏固了臉紅與難堪社交經驗之間的關聯——而非將臉紅歸類到羞恥或罪惡感的道德範疇。他主張，每當別人的注意力被「明確導向」我們的難堪狀態時，血液便會衝向皮膚表面，例如有人恭維我們的長相時。他還大膽主張，由於打破禁忌使我們感覺到被注意，因此臉紅可能發展成一種反射，一種阻止破壞規則的威懾力量，以協助剛形成的社會鞏固下來——這個想法被高夫曼欣然採納。

達爾文的理論向來深具影響力，但現在臉紅、難堪和順從之間的關聯開始被拆解。當代生理學家附和前維多利亞時代關於臉紅的想法，他們認為，我們不只在感到難堪時臉紅，當我們經歷突然的情緒變化時也會如此，包括恐懼、憤怒和壓力。身體在這些時刻會釋放腎上腺素，轉而使臉頰微血管擴張充塞著血液，讓皮膚布滿紅斑。在此寫照下，認為「道德臉紅」乃特意演化以阻止我們破壞規則的想法，似乎更加站不住腳了。

事實上，難堪不必然按照達爾文和高夫曼所以為的方式運作。大致而言，害怕讓自己難堪確實能將我們約束在維持社交體面的範圍內，不過難堪本身便具有破壞性。難堪可能是極為有害的，就像害羞感將我們困在痛苦的反饋循環裡。（「我希望我不是這麼容易難為情，這實在太尷尬了！」）難堪可能教人慍惱，例如在青少年（最奉守成規的族群）身上，當父母親向陌生人問路時，總讓他們侷促不安、額角冒汗。有時難堪會抑制慷慨與合作精神，例如在擁擠的公車上，我們因為害怕引起注意而忍住讓座的衝動，或者擔心看起來像是懷孕的人，其實是……。難堪固然能鞏固社會規範，但有時所引發的混亂也可能意外地使我們違反規範。

※互見：**替代性尷尬**。

* 注釋：難堪與限制／阻礙的關聯，亦可解釋「富人的窘境」（'an embarrassment of riches'）這個片語。該片語源自法語的 embarras de richesse，意指因有太多選擇而感到為難。

同理心
EMPATHY

一八九〇年代，英國小說家維儂・李（Vernon Lee）偕同其友人（可能是她的愛人）安斯特魯瑟—湯森（Kit Anstruther-Thomson）到羅馬旅遊，兩人進行了一項有趣的心理實驗。站在一件米洛的維納斯鑄像前，湯森敘述她的內心平衡出現微妙的變化，根據將這個情況全數抄寫下來的維儂・李的說法，那似乎呼應著雕像的設計。在高聳的圓頂教堂裡，湯森說，她感覺肺中充滿空氣，而在希臘古甕前，她覺得腹中有凸起的感覺。如今她們的這項實驗似乎……好吧，有點不按常理出牌。不過在一八九〇年代，這卻是根植於最前衛的心理學概念。

在歐洲大陸，Einfühlung（移情）概念被吹捧成明日之星，以純然的生理學角度解釋了觀看無生物、風景甚至天氣時的愉悅：我們的身體被預設成要模仿它們，而樂趣正是產生自這種共謀關係。李的實驗對於心理與情緒歷史學家而言尤其重要，因為她是最早讓從德語 Einfühlung 轉譯成的新造希臘字 empathy（同理心）一詞變得通俗化的人之一。

現在「同理心」代表了不同的意思，是人與人而非人與物之間情緒產生共鳴的感覺，而且根據心理學家巴隆—科恩（Simon Baron-Cohen）的說法，可以讚譽為一種「萬能解方」：「任何沉浸於同理心的問題，都變得可以解決。」憑直覺感知他人的苦惱或興奮的微弱回聲之能力，從而以能拉近彼此距離的方式加以回應，顯然是某些職業的必要條件——舉例來說，護理人員、銷售員和老師。英國學校的情緒認知課程中，孩童被教導成要有同理心，因此連同語言和數學能力在內，感同身受的能力正逐漸成為兒童發展的可預期指標。（反過來說，在描述諸如自閉症等疾病時，缺乏同理心會被引述為主要症狀。）

正如一八九〇年代移情概念的翻版，同理心有可能具備生理學基礎，成為目前最令人興奮的想法。我們是否天生就能感受到別人的痛苦和快樂？一九九〇年代義大利帕馬大學的神經科學家發現，猴子腦中的細胞不只在牠自己做出特定行為時有反應——例如吃香蕉——當牠看見其他猴子做出相同行為時，也會有反應。研究人員稱這些細胞為「鏡像神經元」，儘管它們尚未在人類身上被發現，但近二十年來，認為人類天生就能對別人感同身受的想法，已成為神經科學最具爭議性和過度宣傳的主張之一。鏡像神經元理論的擁護者，例如神經科學家拉馬錢德蘭（Vilayanur Ramachandran）就宣稱，「鏡像神經元對心理學的貢獻，將如同DNA之於生物學」，提供了闡釋全體人類行為的統一答案。哲學家、藝術家和人文學者熱情採納他的提議，鏡像神經元於是被讚譽為我們彼此深刻聯結的證據。

或許對於鏡像神經元概念的淺薄興奮，才是最有意思的一點。想要找尋某種人類共通反應的生理學證據，這樣的衝動算不上新鮮事。'empathy'一字雖起源於二十世紀初期，不過想找到一種自然本能來解釋人與人之間的友好舉動，卻可追溯到更早的時候。

重視情操的十八世紀哲學家——包括休謨、沙夫茨里伯爵（Lord Shaftesbury）、盧梭和亞當・斯密（以經濟理論更為知名）等——也認為他們辨識出一種感同身受的身體本能，如今稱為「同理心」，當時他們稱之為「同情」（'sympathy'），並從原始的身體反射中看到它存在的證據：「當我們看見有根棍棒對準別人的腿或手臂正要擊落時，我們會自然地退縮，並收回自己的腿或手臂。」

亞當・斯密在《道德情操論》（*The Theory of Moral Sentiments*）中寫道。「一旦它真的落下來，我們某種程度也會像受害者一樣感覺被傷害……我們的感同身受便是源自於此。」當今心理學家和哲學家（以及政治人物）在談起同理心時，把它當成整治日益分裂的社會的萬靈丹。對這些十八世紀的道德哲學家來說，同情這種人類內建機制的光明前景，同樣也能抗衡他們所處社會似乎越來越自私自利的趨勢。他們的觀點是對諸如霍布斯（Thomas Hobbes）等作者所持悲觀看法的回應。霍布斯主張人對於權力懷有強烈欲望乃再自然不過的事，而且應該加約束：「自然」，他寫道，「讓人類有侵略和相互摧毀的傾向」。

十八世紀對於同情的興趣促成了驚人的行善熱潮——也就是我們今日所稱的慈善事業。「善人」，在所謂「社會情感」的激發之下，開始用烏托邦式的狂熱努力對付時代弊病：奴役、童工、殘虐動物。「富於同情心的人」成立學校和醫院。「還有誰能比對我們自己和別人的不幸懷抱溫柔同情之心的人更加高貴？」一七五五年，某位無名氏作家在一篇捍衛「道德之哭」流行風尚的文章裡這麼寫道。為了別人的痛苦而長時間哭泣，如今顯得相當自我縱溺，不過這位無名氏作家卻認為這是激發行動的動力：「為了別人的苦難而哭泣……讓我們好心地加快幫助他們的腳步。」這種仁善之風短期內盛極一時，事實上卻為時短暫。到了十八世紀末期，軟心腸的「道德之哭」因其自溺而遭諷刺，'sentimentality'（「多愁善感」）這個字在現代開始獲得與矯揉造作和無病呻吟相關的意涵。

當我們回顧十八世紀社會之求助於同情心，會發現其實際效用相當驚人。而二十一世紀對於同理心的興趣，無論在生理學事實或時下流行的道德態度上，是否已經造成類似的慈善風潮？當政治人物大談「同理心政治」時，我們很難不心存懷疑：矯揉地展現同情心根本所費無幾，充其量只是妥善的年金制度或像樣的健保政策等蹩腳的替代品。然而，如果我們因為自戀而束手無策，加上受制於缺乏同情心，那麼我們恐怕只得冀望同理心就像某些人所承諾的那樣是「萬能解方」了。

※互見：**驚慌**；**憐憫**。

羨慕 ENVY

大多數文化都不乏「惡毒目光」的傳統，也就是因羨慕所引起的注視，這種目光能毒害、詛咒人，或者帶來不幸。在許多阿拉伯國家中，傳統要求不可隨意讚美漂亮或有天份的小孩：萬一你這麼做了，還得補上一句：「這是真主的意志所促成」，以保護他免於遭受羨慕眼光所帶來的惡運。

在北印度，司機會在卡車上貼著寫有標語「目光惡毒者，但願你的臉變黑。」的彩色貼紙來迴避這種情況。而在蘇格蘭，惡毒目光被認為是讓哺乳的母親和母牛奶水枯竭的元兇。羨慕之所以令人害怕，不僅是因為它引發了想盜取受讚美物品的欲望，例如美麗的眼睛、健康的牲群、豪華的住宅等，還因為它具有破壞性。當艷羨者無法獲得所覬覦之物時，他們也不希望別人擁有。

嫉妒主要是擔心自己所愛之物落入他人之手，往往被視為帶有些許浪漫色彩的吸引力，但羨慕就不可相提並論了。羨慕是一種想要擁有他人資財與優勢的欲望，是耳聞別人的快樂時所產生的一種病症，並痛苦地思忖他們何以成功。若任其惡化，羨慕就會轉變成憎恨與心懷惡意，對羨慕者和被羨慕者雙方都造成毀傷。

古愛爾蘭史詩《奪牛記》（*Táin bó Cúailnge*）講述因為一頭被偷走的牛而引發的戰爭，故事起始於梅柏皇后和丈夫艾利爾開始較量彼此的財產。兩人的財富勢均力敵，直到梅柏看見艾利爾那頭珍貴的白角牛，結果「彷彿她窮到連一個子兒都沒有」。

envy（羨慕）源自拉丁文**invidus**（羨慕的），由**in**（在……之時）加上**vidēre**（看見），這個字長久以來便與注視和觀看有關。然而其字源也提醒我們，我們所艷羨的東西以其看似完美無缺的形象誘惑著我們。大多數人有時難免落入比較的陷阱中，將自己不完美的內在拿來與別人理想化的外在表象作比較，羨慕之心正是從這樣的陌生和距離感中油然而生。身為成年人，我們多半感覺得到這是一種隱惡，它躲在慶賀別人成功的背後獰笑。羨慕是感激的對立面，感激能讓人心生善意。根據美國女性作家弗萊迪（Nancy Friday）的說法，「羨慕是人類生命中乏善可陳的一種情緒」。

她說得對嗎？精神分析學家克萊因的論文〈羨慕與感激〉（'Envy and Gratitude'）現今被視為該領域的經典。如同先前的許多精神分析學家，克萊因將羨慕定義成因為別人擁有、享受某件好東西而被激發的一種憤怒，從而產生想加以「搶奪或破壞」的衝動。關鍵差別在於克萊因不認為羨慕是一種罪惡或性格缺陷，而是生活中不可避免的一部分。

從對嬰幼兒的長年觀察中，她看見羨慕的衝動在只有幾個月大的嬰兒身上開始運作。嬰兒從原本安全無虞的子宮進入有種種不愉快感覺的世界，這些感覺中，有一項叫需求。無論父母的關照多麼無微不至，嬰兒勢必經歷未能立即獲得食物的挫折。因此，我們最早的情緒生活總是被兩種感覺所塑造：喪失，以及重新獲得令人愉快的物體（克萊因稱之為「好乳房」，亦即奶瓶）的滿足。根據克萊因的說法，當嬰兒搆不著「好乳房」時，他會理解成是父母親或照料者囤藏這件好東西，於是怒不可遏，並想摧毀將食物佔為己有的父母親，結果「好乳房」就變成「壞乳房」。當然這只是理論，而且難以明確證實。不過倘若克萊因說得沒錯，羨慕是我們成長發展過程中不可避免的一部分，那麼我們可能想知道是否應該設法擺脫它。

在覬覦別人所擁有之物的醜陋衝動中，是否存在某種珍貴的東西——它是如此有價值，以至於你寧可加以摧毀也不願讓別人佔有？有一點是值得注意的，羨慕同時還關注到不平等的問題，這是少數幾個與**不公平**有明顯關聯的情緒之一（另一種為「憤慨」）。在某些文化中，一旦食物或財產分配不公，搞破壞和發怒會被視為合理反應。相較之下，這種反應在英美往往被看成器小量狹。有一項指控令文化批評者長期感到氣惱，那便是左派政治人物被說成是在「操弄羨慕政治」。一如文學批評家詹明信所言，此類措辭意圖削弱真正的不平之鳴，暗示政治的不滿聲浪只不過是惡意的性格弱點和階級仇恨所煽動出來的「個人不滿」，藉以讓人們對財富重新分配的主張起疑。

但自一九九〇年代中期以降，神經科學家已開始認為情緒甚至支撐著我們顯然最理性的想法，幫助我們權衡抉擇，並促使我們做出決定。或許羨慕真的在政治辯論中扮演了重要的角色。相信別人擁有的東西比我們的好得多有時只是個假象，然而許多人所擁有的，確實比他們應得的少了太多。垂涎的目光和豔羨的刺痛感可能是一種情緒天線，提醒你不遠之處有不公不義之事正在發生。該如何回應，要用破壞的怒火或較具創造力的方式？當然，決定操之在你。

※互見：**憤慨**。

欣快 EUPHORIA

二〇一一年一月，出乎意料的突尼西亞暴動被手機給拍攝下來，畫面搖晃的影片開始出現在世界各地的電視螢幕。接下來數週至數月間開始延燒，抗議者湧向開羅、葉門、利比亞和敘利亞的街頭，大膽的作為目空一切，在催淚瓦斯和燃燒的汽車作背景下，高唱著「人民要推翻暴政」。

幾個月之後，當採訪攝影機紛紛撤離，人們轉而想起他們不確定的未來，參與者開始反思這場起義活動的狂熱情緒。如同突尼西亞的行動派部落客曼尼（Lina Ben Mhenni）所言，「歷經了革命的欣快感，幾個星期後，突尼西尼再度成為警察國家。」

欣快感令人陶醉，深具感染力，讓我們情緒高漲，感覺天旋地轉。它出現在戀愛之初教人屏息的頭幾個星期，或是在異鄉城市度過心情振奮的某個夜晚。一切感覺都是如此明亮而且相互暈染，世界在發光，就連氣味和顏色都以比往顯得更加強烈。但有時，這種情緒會有消退以及被蒙騙的風險。所謂有起便有落，在這個警告聲中，我們的興奮恐怕太接近兩極型疾患的狂躁症，或經濟榮景的虛張聲勢，是一種只會導向滅亡的假昌盛。

以往情況並非一直是如此，當‘euphoria’或‘euphory’這個字首度於十七世紀進入英語時，它描述的是相當尋常的肉體或情緒滿足感。euphoria 源自希臘語 eu（健全）pherein（承受），字面上的意思為安康，是今日無所不在的‘well-being’的前身。

十七和十八世紀時，當原本重病在身的患者開始對食物感興趣，並感覺自己可以下床時，醫師會將之描述為 euphory returning（重返安康）——恢復健康的第一個可靠跡象。*

一直到了過度執迷於分門別類與精神生活病理解釋的十九世紀，欣快才暗含踰越和過度的意思。一八九六年，法國醫師理博（Théodore Ribot）在《情緒生理學》（*The Psychology of the Emotions*）中用了一整章的篇幅來描述一種稱作「垂死欣快」的現象。他和其他許多醫師同僚都曾注意到，某些病人在臨終時經歷了至樂的狂喜狀態。他們開心談笑、跳下病床樂觀地安排未來的計畫，似乎忘記了死之將至。

這些病患令醫師深感困惑甚至惱怒，他們視這種突然發作的欣快——或他們所稱的「愚蠢的愉悅」——是一種退化的跡象。因為這些醫師相信，在身體真正健康時感覺安康才有利於演化，因此做出結論：垂死病人的興高采烈只不過是失常心智的錯亂展現，而病人沉緬於「病態樂趣」的傾向，一開始便是造成該疾病的起因。

認為臨終之際可能體驗到欣快而非畏懼或悲痛的概念，如今已變得不那麼普遍。一九二六年，柯瑞爾（Cottrell）和威爾森（Wilson）醫師發現，超過三分之二的多發性硬化症病患在後期階段曾經歷「充滿平靜愉悅的心情」。現在，罹患相同病症者只有百分之十三表示感受到近似心情愉快的感覺，而感到抑鬱的案例卻不斷增加中。為什麼呢？這也許要歸咎於早期（或者當今）評估心情的方法，或者，以往多發性硬化症病患的欣快感與當今這類病患的抑鬱感，皆肇因於治療方式的不同。此外，社會因素似乎也是發揮作用的可能原因，例如宗教信仰的式微，以及越來越多垂死者被篩除在臨床治療場所之外。

無論原因為何，臨死前的欣快依舊發人深省。二〇一三年初，前英國搖滾樂團 Dr Feelgood 吉他手威可・強森（Wilko Johnson）宣布被診斷為癌症末期（現已恢復健康）後，新聞媒體爭相報導他所描述的「異樣欣快」和「不可思議的自由感」，以及「活得虎虎生風」的感覺。他的訪談儘管十分振奮人心，卻猝不及防地打亂我們已經僵化的快樂概念，以及快樂何處尋覓的想法。

※互見：**狂喜**。

＊注釋：萬一你天真地想像昔日人人都帶著欣快的心情，走路容光煥發的樣子，要知道，他們有時也需要倚靠藥物。一七〇一年某本鴉片宣傳手冊的作者建議，早晨時吸食小劑量的鴉片，「可以造成欣快或生氣勃勃的效果」，文中提到罌粟能促進「快活愉悅的好心情」，並且「迅速提升性慾」——現今卻被認為會降低性慾。

惱怒 EXASPERATION

請參閱「挫折」一詞。

E

興奮 EXCITEMENT

你可能會聞到嘔吐物的味道，或者看見耳朵上沾著凡士林的壯碩男子在綁鞋帶時微微發抖。在參觀英式橄欖球賽更衣室時，你會見識到一種奇特的情緒。這種情緒的痕跡存在於讓球員鐵青著面孔步入球場的恐懼中，或者當大夥兒齊唱國歌時，球員們盈眶的淚水之中。

賽前神經緊繃的橄欖球員和臉頰凍得緋紅、坐在垃圾桶蓋上咯咯笑著滑下雪坡的一家人，或者心臟狂跳、慌張地為派對作準備的人，似乎毫不相干。但事實上，若要談到上述任何一件事，就不能不提及腎上腺素。那是腎臟上方的腺體所分泌的起動荷爾蒙，在緊急時刻讓我們做好迎戰或逃命的準備。若無腎上腺素，便產生不了興奮感。

當'excitement'（興奮）這個英語單字首度出現在十八世紀的醫學典籍時，其含意並不太像我們現在所認知的那樣，而是一種「活力充沛的心情」。當這種心情被激發時會迅速傳遍全身，遞送訊息到腦部並驅動四肢。就像目前被視為理所當然的許多感覺，興奮最早於十九世中期被理解成一種情緒。

達爾文所論及的興奮主要被視為一種愉悅感，「高昂的心情」會表露於發亮的雙眼、快速的反應和疾如旋風的想法。關於這種情緒，他最喜歡的定義是：某位孩童給他的「好心情」，這孩子告訴達爾文，就是「笑、說話和親吻」。與達爾文同時代的心理學家班恩（Alexander Bain）補充道，興奮是一種行動性的情緒，帶著打獵和戰鬥的激動感。興奮給人動能十足的感覺——就像那些活力充沛的心情，以及所向無敵和速度感。根據班恩的推斷，興奮之中可能充滿喜悅或者恐懼。

到了一八九〇年代，興奮的故事情節有了新的轉折。來自哈羅蓋特（Harrogate）的奧利佛（George Oliver）醫師，根據後來的記述，他習慣在寒冷的冬季月份對家人進行人體實驗。某次實驗中，他用牛、羊腎上腺純化的提取物替他的小兒子注射，結果驚奇地發現，男孩的橈動脈突然收縮了起來。後來的實驗證實這種提取物效力強大，能使血壓迅速飆升。十年之內，「荷爾蒙」一詞已被創造，而奧利佛所使用的物質也被獨立出來，並且當成新的靈藥販售：腎上腺素（Adrenalin）。

腎上腺素造成醫學上的轟動，用於控制外科手術的出血問題和抑制過敏反應、讓中風病患復甦，以及治療拳擊手的嘴唇撕裂傷。然而，腎上腺素不僅引起外科醫師和替拳擊手療傷者的注意。當時研究情緒及其心理效應的心理學家，也對於腎上腺素造成的急迫感、放光的雙眼和發紅的臉頰感到興趣——這些反應被維多利亞時代心理學家視為與興奮有所關聯。他們從腎上腺素發現了興奮的秘密，並且獲致一項理論，認為人類的情緒可能是一種為了應付生存危機而產生的化學反應。

當今醫學教科書往往談到epinephrine（腎上腺素），而非使用adrenaline這個名稱，還有大腦中一種名為去甲腎上腺素的神經傳導物質。但‘adrenaline’依舊是情緒語言廣為流傳的一部分，可作為能量爆發或興奮的代名詞。班恩稱之為‘excitement’的活潑輕快、激動和敏捷感，已經和這個藥物語言密不可分：我們會說‘adrenaline shots’（一陣激動）、‘adrenaline rushes’（一股衝勁）還有‘adrenaline junkies’（喜歡尋求驚險刺激的人，字面意義為腎上腺素成癮者）。這種情緒比其他任何一種情緒更涉及化學作用，也是我們所欣賞的那種。

繼腎上腺素的發現後，興奮廣泛被認為有利於健康，因為同時可收刺激與導瀉之效。如今有些人可能偏好以玩電腦遊戲來提升睪固酮、去甲腎上腺素和皮質醇的含量：它們全都能達到興奮的作用，而且沒有風險（除了或許容易發胖之外）。赫胥黎的小說《美麗新世界》寫於一九三〇年代初期，故事中說到，只需按月注射類似腎上腺素的物質，即可維持最理想的健康狀態。

「男男女女都必須不時讓他們的腎上腺受到刺激。」（控制者對野蠻人說明……），那是保持完美健康狀態的條件之一。這正是我們為何要強制進行 V.P.S. 治療的原因。」

「V.P.S.？」

「強烈情緒替代（Violent Passion Surrogate）。每月定期實施一次。我們讓身體系統充滿腎上腺物質，在生理學上這跟恐懼和暴怒完全相當，其振奮效果等同謀殺苔絲狄蒙娜和被奧賽羅謀殺，沒有任何不便之處。」

「可是我喜歡不便。」

「我們可不喜歡，」控制者說，「我們偏好舒舒服服做事情。」

※互見：**憤怒能量**。

F

愛的悲憫	FAGO
恐懼	FEAR
自我感良好	FEELING GOOD (ABOUT YOURSELF)
拘泥	FORMAL FEELING, A
感覺像騙子	FRAUD, FEELING LIKE A
挫折	FRUSTRATION

愛的悲憫
FAGO

「伊法利克人（Ifaluk）理解情緒中所飽含的豐富詩意，其中表現得最明顯的，莫過於fago的概念。」人類學家魯茲（Catherine Lutz）於一九八〇年代晚期寫道。伊法利克是太平洋加羅林群島的一座小珊瑚環礁，魯茲在與伊法利克人共同在那裡生活的期間，著迷於一種她憑本能即可辨識、卻苦無對等的英語能夠加以描述的情緒。

fago（愛的悲憫）是一種將同情、悲傷和愛的界限模糊化的獨特情感概念。那是一種對窮困者的憐憫，迫使我們必須照料他們，同時強烈感覺到有一天我們終將失去他們的失落。當我們對別人的關愛以及別人對於我們的需求是如此始料未及的勢不可遏——加上有感於生命的脆弱與短暫——種種念頭滿溢時，fago於焉產生。

魯茲認為，這些以不具侵略性聞名的伊法利克人，擁有這種與眾不同的情緒字眼來描述結合了悲傷和同情（可能有助於緩解悲傷）的感覺，此事實說明了互相關懷在他們文化中的重要性。同時也提醒我們，悲傷是每個人生活中難以避免之事。

「愛的悲憫，」魯茲寫道，「道出了苦難無所不在。但只要擁有強健樂觀的精神，加上人為的努力——特別是表現在對別人的關懷上——便能抑制苦難的肆虐。」

※ 互見：**悲痛**。

恐懼 FEAR

恐懼一向被視為最原始、基本的人類情緒。我們可以想像當雷雨大作，人類先祖瑟縮躲在洞穴裡，或者遇見逡巡潛行的可怕野獸時，呈現出當場驚呆、心臟抵著肋骨狂跳的模樣。達爾文是最早堅決主張恐懼是最原始的情緒者，他在一八七二年宣稱：「我們應可確信，自遠古以來，人類表達恐懼感的方式與今日幾乎殊無二致。」

地球上其他動物在面臨威脅時，多半也有不由自主的相同反應。這些反應是為了確保物種的存續而演化：瞪大的雙眼、更敏銳的聽力、快速的心跳加上變淺促的呼吸，或者屏息以待。這時我們要設法隱藏自己的行蹤，或是積極逃命，否則就趁著腎上腺素飆升的瞬間轉身迎戰。這種反應的確出自本能，在面臨威脅時，我們的身體會奪取控制權，強行切換到自動駕駛模式。

恐懼就是這麼簡單，但是……

擔心被父母親拋棄，與燈光熄滅後感到驚恐，甚至在恐怖中暈厥——據說伊拉謨斯（Erasmus）在看到扁豆時便是如此——這兩者之間難道沒有巨大的差別嗎？我們真的能說，當你的重要事業岌岌可危時所感受到的心驚膽跳，與汽車玩笑似地加速朝你駛來所引發的盲目恐慌，兩者是相同的？這兩個都屬於廣義的「恐懼」，不過前者包含希望和期盼的成分，而後者讓我們感到憤怒，以及因難堪而緊繃。在英語裡，我們有若干不同類型的恐懼，包括畏懼、擔心、焦慮和恐怖。但這不算什麼，澳大利亞西部的賓士比人（Pintupi）至少使用十五個不同的字眼來描述所有可怕的感覺，只有在它們發生時的特定情境下，才能加以辨識。

關於我們的這個朋友「恐懼」，無疑是一種重要情緒兼原始的救命工具，不過或許最奇特的一點是我們對它的高度懷疑。「我們唯一應該恐懼的就是恐懼本身。」美國總統羅斯福於一九三三年宣告。這句話其實是陳腔濫調，三個半世紀前，蒙田早已妙語稱道，「我最恐懼的東西就是恐懼」。

恐懼可能是我們最重要的盟友之一，解救我們免於致命的危險，可是我們卻將它描繪成鬼祟的敵人，像小偷一樣溜進來顛覆理性的思考，點燃潛伏的焦慮，或是羈絆住有目的的行動。恐懼能要人命，按照七世紀醫學手冊《奧列里烏斯之書》（*The Book of Aurelius*）的說法，與水的恐怖接觸——豪雨或滿漲的河水——可能引發致命的「恐水症」（'hydrophobia'，現今稱作狂犬病）。十個世紀之後，恐懼這個殺手依舊在外逃竄。根據一六六五年的死亡統計表，這份每週編列倫敦人口死亡原因的名冊說明，每星期有三個不幸的人因「驚嚇」過度而致死。人群的驚逃或拼命的推擠，至今仍會讓人喪命。恐懼也能讓我們感覺到自己可能會死亡，因此迫切要求我們不計代價保衛自身不受敵人侵犯，所以就連無來由的恐懼，也能讓我們擺脫毀滅和死亡。

身處西方世界的人活在「嫌惡恐懼」的社會。我們的公共空間到處裝設監視器，公共運輸系統中滿是提醒人們保持警覺的標語。可是，這些為了降低風險的反覆告誡，可能使我們反而更加緊張和焦躁。我們不停被提醒我們有多脆弱，因此，在面對全球性的恐怖威脅時，我們更容易被保證提供安全的政治辭令給打動。

使這種情勢進一步惡化的，是當代社會學家富里迪（Frank Furedi）所稱的「恐懼企業家」——利用聳動標題和惡意廣告（油炸薯片會不會讓你變痴呆？你是不是正在掉髮？你的**工作**無法讓你得到**滿足**嗎？）來炒作威脅的商業或利益團體。「它做了所有廣告該做的事：創造了可藉由購物行為來加以緩解的焦慮。」華萊士在他的小說《無盡的玩笑》（*Infinite Jest*）中這麼寫道。

不只恐懼可以被加油添醋，每天我們都有感到害怕的新理由不斷冒出來。以往我們只害怕打雷和野獸，現在不管是瀏覽報紙廣告或是搭乘火車，似乎都會讓我們注意到某些新的危險。這或許說明了為什麼我們需要多做幾次採購來應付這個問題。

※互見：**勇氣**。

自我感良好 FEELING GOOD (about yourself)

F

以往在鏡子上並沒有自我肯定或激勵的口號，來期許自己盡可能有最好的表現。一八九○年代，當'self-esteem'（「自尊」）這個用語首次被導入心理學文獻時，「自我感良好」實際上是指我們能與自己的不足之處達成和解。

哲學家暨心理學家詹姆士（William James）最早設法瞭解為何在生命中的某些時刻，我們會覺得自己比別人快樂一些。他首度將「自尊」這個用語帶進心理學領域，並研究該如何加以利用。他認為，只要我們拋開對於成就大業的幻想，並將精力投注在自身能夠掌握的事物上（精通烹煮千層麵，或者記得去酒吧和朋友相聚），便可以感覺到，當你實實在在接受本然的自我時那種難以言喻的輕鬆心情。「當我們放棄想永保青春或苗條的掙扎想法，將是多麼的愉快！感謝老天，這些幻想都消失了。」詹姆士如此聲明。其中一項快樂的副作用，是我們感覺有勇氣在未來成就更多事情，因為自尊要求我們「支持自己去做」，如他所言，這是額外的好處。詹姆士將他的洞見總結成一個優美的方程式：自尊＝成功÷佯裝

我們對於未來成就（佯裝）的看法，依據冷靜的評估，或多或少應該與我們**真正有能力做到的**事（成功）相稱。如果我們對自己的期待超過能力所及，便注定一輩子處於不適和不滿之中。然而，這並不表示每個人都不該為任何事而努力：只要更努力去獲得更大的能力（或成功），你就可以設下更宏大的目標。所以，對詹姆士來說，自尊事關仔細校準、檢查與保持平衡的問題，以確保個人抱負和成就這兩者能夠慢慢地齊頭並進。

詹姆士的自尊理論於二十世紀上半葉被遺忘，因為當時的心理學家發現安全感的議題似乎更加迫切。但由於一九六〇年代人們開始對正向心理學感興趣，新世代研究者於是重新探討「自尊」這個主題。他們暫且主張，自我感良好與承擔較多社會責任的行為之間，有著某種關聯。儘管沒有堅實的證據，但這個想法隨即引起政治人物的注意。一九八〇年代晚期，有一個政府專門小組為此成立，到了一九九〇年代，美國加州的學校被督促為學生提供建立自尊的活動。

這些活動奠基於一個概念，也就是自尊可以藉由廣泛的正面強化，利用人為的方式加以擴充。在樂見自尊也許是解決一切社會弊病的秘密法寶之餘，詹姆士的優美方程式被拋諸腦後……。結果，兒童的佯裝（未來成就）沒有被降低以匹配他們的技能，或者提升他們的技能來匹配他們的佯裝（未來成就），自尊反而變成本身的目標，必須被達成。（那些不成功的人——不合群、「粗野」、容易受挫或膽小害羞者——於是被診斷出有進一步的問題需要處理：他們缺乏自尊。）

近十年來，自尊運動已遭受抨擊，其中聖地牙哥大學心理學家特文奇（Jean Twenge）的批判力道尤其猛烈。他的研究顯示，企圖建立自尊非但無法創造更多的自尊，反而會大幅降低滿足的程度。對於自身能力的膨脹看法可能導致自戀，繼而相信——或覺得應該相信——自己「優於一般人」，因而開始與他人保持距離，最後產生寂寞感。再者，如果我們不能設法滿足膨脹的期待，可能將更容易感到不滿和惶惑。然而，如果我們缺乏尋求協助的適當能力以發展技能，我們也較難滿足這些期待：請求別人指導，的確需要一定程度的謙卑。

最重要的是，設法去獲得自尊可能使你感覺不舒服，因為這幾乎是不可能達成的困難目標。由於一九九〇年代大西洋兩岸各級學校的推廣，自尊已被塑造成一種持久的屬性，例如會彈鋼琴或說法語。然而，對詹姆士而言，自我感良好固然是可以努力獲致的東西，但它終歸是一種「情緒」（他特別稱之為「社會我」＊）。他認為自尊絕非一種持久的狀態，而是不斷地消長變化。有時我們可能覺得樂觀而且能力十足（「是的，我**搞定**那道千層麵了！」）有時當我們在工作或生活中所做的每項嘗試都失敗時，也會感覺徹底無助。

將自尊視為一種波動的情緒，而非本身即是一項成就，或許能讓我們卸下不可能達成的任務重擔。放棄贏得自尊，也許你會因此發現，你的自我感覺好多了。

※互見：**自信**。

＊譯注：「社會我」（'social self'），意指在社會情境中，別人對自己的看法。

拘泥
FORMAL FEELING, a

有時生命中最痛苦的經驗會讓我們變得出奇冷漠，還有一點呆滯。

詩人狄金森（Emily Dickinson）將之描述為一種拘泥的感覺，心情似乎因此變得拘謹而冷淡，感覺處事小心翼翼和死板板。「這是像鉛一般的時刻。」狄金森說道。但是她向我們保證，這種時刻也是會過去的。「起初有一股涼意，接著是心灰意冷——然後就放手讓它去吧——」。

※互見：**悲傷**。

感覺像騙子
FRAUD, feeling like a

一九一九年，小說家卡夫卡寫了一封長達四十五頁、滿腹牢騷的書信要給他的父親——卻未曾寄出。當時他的年紀已經三十好幾，但上學的記憶仍教他感到痛苦。他在信中語氣苦澀地抱怨他的童年耗費在鬼鬼祟祟的閃躲，感覺「像個欺詐的銀行辦事員」。學業優異獎每年都頒給這位傑出的年輕學生，讓他感到越來越焦慮，被迫更加用功讀書，只是為了「以防被揭穿」。

你的生活是在假冒中度過的嗎？你是否曾愚弄你的老闆，讓他以為你比實際上的更有才能？你是否擔心事情會穿幫？……那麼，你並不孤單。

一九七〇年代的兩名心理學家克朗斯（Pauline Clance）和殷奈斯（Suzanne Innes）曾研究過這種折磨人的經驗，他們稱之為「假冒者現象」。他們發現該現象在成功的職業婦女中尤其普遍，其中許多人相信他們的成就是出於僥倖或別人失察所導致。克朗斯和殷奈斯的某些研究對象甚至認為，他們是藉由出於無心的操弄或調情賣俏而一路獲得晉升，因此而認定成功並非憑藉他們自身的努力。如今，許多成功的男士也承認感覺自己像個冒牌貨，這在第一代專業人士或轉換職業跑道的人當中尤其常見。

感覺像騙子無疑是不愉快的經驗，讓你以為辛苦得來的收穫脆弱不堪，而且你的成就隨時都可能被奪走。但隨著倍受矚目的高成就者越來越能暢言他們的「假冒感」（近年來已有前英國外交大臣斯特勞〔Jack Straw〕和小說家安傑盧〔Maya Angelou〕自承有過這種經驗），像騙子的感覺正在被重新理解為成長過程中不可避免的痛——它不是一種我們非得屈從的感覺，而是必須學會忍受的感覺。

懷疑自己是冒牌貨的感覺至今仍不時陪伴在克勞維（Maria Klawe）左右，她是著名數學家、電腦科學家，同時是加州哈維穆德學院的校長。她表示「如果你不斷督促自己，讓自己投入新環境，便會一再出現這種感覺。」她建議的應付技巧是學會預期這種感覺，並在它來襲時試著忍受。它甚至可能是令人愉快的：代表你已經脫離舒適圈，正勇敢投入新世界。

※互見：**滿足**。

F

挫折 FRUSTRATION

請參閱「惱怒」一詞。

G

舒適愜意 Gezelligheid
高興 Gladsomeness
歡欣 Glee
感激 Gratitude
過意不去 Greng Jai
悲痛 Grief
罪惡感 Guilt

舒適愜意
GEZELLIGHEID

許多北歐語言都有一個特別的字來描述舒適（cosy，源自蓋爾語的 cosag，意指能爬得進去的小洞）的感覺，此事不足為奇。當天空下起濛濛細雨，濕氣從運河水面升起，我們便會渴望這種荷蘭人稱之為 gezelligheid 的感覺。gezelligheid（舒適愜意）源自代表「朋友」的語詞，不但描述物質環境——窩在像家一樣溫暖的地方，身旁有好友相伴（孤身一人是不可能感到舒適愜意的）——也描述感覺「被擁抱」，而且得到慰藉的情緒狀態。

丹麥語 hygge（溫暖舒適）、德語 Gemütlichkeit 都是描述意氣相投和同為夥伴的感覺，另外芬蘭語 kodikas（意為「像家一般的」）也都有類似的意涵。然而，在陽光充足的地中海區，遍查其語言，同樣結合了身體貼近與情緒慰藉含義的字彙，就難找得多了。

※互見：**固著習性；慰藉**。

高興 GLADSOMENESS

意想不到的好消息能改變情緒的天氣。不管是朋友喜獲麟兒，或者鄰居康復出院，如果有好事發生在我們所愛的人身上，那麼也會有些許的陽光照向我們，讓一切都變得稍微明亮一些（若不是這種情況，可參閱「羨慕」）。

但事情未必總是如此。**glad** 一字源自古北歐語 **gladr**（明亮或平滑之意），最早是用來描述物體閃亮亮的外觀。這層字義仍殘留在「盛裝」（'glad rags'）或拋「媚眼」（'glad eye'）等用語中。到了十四世紀，**gladsum** 或 **gladsomenesse** 也開始被用來描述精神振奮和活潑雀躍的感覺，如今我們多半稱之為喜悅。

或許因為在十八世紀時，保持快樂成為一種新的時尚，高興的含義就變得比較沉寂了。

獲得新玩具的兒童會表現出高興，但是無生命物例如鐘和聖誕佳音，也可能呈現出一種高興的情緒。高興變成與解除小憂慮或與完成瑣事有關——「很高興碰見你」、「很高興問題解決了」。

高興似乎變成一種相當鬆沓的情緒——除非它同時與代替別人感受到的愉快有關，是一種特別的同理心，使得高興成為情緒語彙裡極具價值的附加物。

快樂現已成為指涉我們精心為自己安排的東西，而高興則是意外發生的愉快插曲，以及預期之外提振精神的情緒，表明我們願意接受別人的影響，並且替他們感到慶幸。

※互見：**暖光**。

歡欣 GLEE

歡欣（glee）從來不是完全清白坦然的。

古代斯堪的納維亞人抵達英國時帶來了意指「玩笑」和「嘲弄」的gly、gliw或glew。glew也用以指稱歌曲、喧鬧和酒醉，而Chamber-glew是淫蕩行為的簡略語。受到golde和glie的驅使是不足取的，代表人過著追求錢財、尋歡作樂的生活。十七世紀時，'glee'（重唱曲）被合唱團長採納用來描述一種極為精準的無伴奏對位唱法，這個字眼本身便散發些許喧鬧的氣息，這種相當穩重的歌唱風格目前受到美國高中合唱團的青睞。不過，歡欣至今仍保有一些卑鄙的調性。

在二〇一三年一連串的維安漏洞之後，軍情六處首長想像著蓋達組織恐怖份子「歡欣地搓著手」的模樣。這種歡欣是惡意的興奮，在別人付出代價時，慶幸自己的好運。

關於歡欣地搓著手的確切起源，身體語言專家並無共識，不過他們都將它——如同眼睛放光和咂嘴——連結到期盼好事降臨，並大膽提出各種不同的演化故事。舉例來說，人類先祖在寒冷的洞穴裡圍成一圈站立，當他們準備大啖烤麋鹿肉時，會搓摩雙手讓血液循環得更快，以便取食鹿肉時手指更加靈活。或者，搓手是預期某件事情即將發生時，用來驅散連帶而來的焦慮感的一種方法。或許，搓手是嬰孩開心拍手的溫和版本。又或許，搓手源自於接受饋贈之前必須先潔淨雙手的古代風俗。

但為何它會與好萊塢電影裡的超級大壞蛋有關？（沒有人真的會在歡欣時搓手，對吧？這只不過是一種特殊情況下刻意為之的手勢。蓋達組織成員不太可能會這麼做，因為搓手這手勢在阿拉伯國家相當罕見。）答案在布爾沃（John Bulwer）一六四四年的手勢指南《手的自然語言》（*Chirologia or The Naturall Language of the Hand*）一書中找到，裡面描繪了兩種類型的搓手。其一是兩隻手掌像鼓掌般互相搓摩，布爾沃認為這種手勢與貪婪有關。其二，手勢十一：「表示清白」，模仿洗手的動作，布爾沃將之連結到洗滌想像中的血跡，這是馬克白夫人可能會做出的手勢。基於這個理由，搓手因此變得如此怡然的可惡，演員們於是藉由搓手的動作來向觀眾透露，他們所扮演的角色看似如此清白，事實上卻是有罪的。

※互見：**期盼；興奮**。

感激
GRATITUDE

感激似乎是「假的」，加州大學心理學家柳波莫斯基（Sonja Lyubomirsky）如此表示，「頂多無關緊要，最壞則淪為陳腔濫調。」然而她所做的實驗卻不斷顯示，寫感恩日誌——在一天結束時記下若干我們覺得幸運的事——能對快樂的自我評估造成可觀的差異。這件幸運事也許是鄰居幫你倒垃圾，或者你早上通勤時發現一張披著白霜的美麗蜘蛛網。又或許是飛機安全降落，或是你的母親恢復了健康。柳波莫斯基將感激被定義為「細數自己的幸運」，她的研究已經促使感恩日誌成為正向心理學運動的基石，按其中一位提倡該運動的心理學家賽里格曼（Martin Seligman）的說法，這個活動的目標旨在「使相對沒有煩惱的人，能過上更快樂的生活」。

關於感激最有意思的一點似乎是，它使不當感覺和驅使消費的欲望發生短路的現象。有意識地「細數自己的幸事」不僅不用花費半毛錢，還讓我們因已擁有的東西而感到快樂，這似乎保護了我們免於自由市場的貪婪習性。然而，情況不見得總是如此。

欣快感如何創造出股市泡沫，或者恐慌感如何導致經濟蕭條？情緒是現代經濟研究的一項重要因素，但我們並非最早設想到金融和感覺頗為相關的人。十八世紀哲學家暨經濟學家亞當・斯密是現代資本主義的肇建者之一，他經常被提及的名言是那句自由市場裡「看不見的手」。不過亞當・斯密也寫下許多有關他所謂的「心的影響」，並看出兩者之間有必然的聯結。亞當・斯密認為，感激是繁榮社會的核心情緒，他相信感激不只是一種因美好事物而心懷感謝的愉快，也會使我們產生想回報的欲望，以答謝幫助我們的人。心懷感激是想要「回報、答以報酬，因接受別人的善行而還以善報」，他寫道。他也發現這些影響會透過同情的共鳴過程向外輻射。因此，即使你只是目睹慷慨的行為，你的感激之心也會被觸發，並發現自己不由自主地想行善，以便回報這種好意。＊

在十九、二十世紀，論及情緒的哲學家和心理學家似乎對於表達感謝興趣缺缺。達爾文的《人與動物的情緒表現》一書中，並未對感激進行全面性的探討。接下來的百來年間，它也絕少出現在心理學家所羅列的情緒清單中。確實談到感激相關問題的人，似乎將之視為偏向沉重累贅的東西。例如一九二九年，哈佛大學心理學家麥獨孤（William McDougall）指出，感激能引發複雜矛盾的感覺，不光是敬畏和欽佩，還包括羨慕、怨恨和難堪。（其中某些不舒適感在其他語言裡被明確定義：在日語裡我們發現 arigata-meiwaku，意思是別人堅持要對你施恩，即使你並不想要，而仍無法推辭，按慣例無論如何你都得表現出感激的樣子。）

亞當．斯密把感激視為平等的交換網絡，麥獨孤卻認為它非常類似憐憫。他看出感激之中帶有明顯的權力位階，其中，施恩者賜予匱乏的受惠者以財富，而後者痛苦地察覺到他們無力自助。基於這個理由，麥獨孤認為感激產生了「負面的自我感」，或我們現今所稱的「低度自尊」。對於麥獨孤而言——他的著作寫於經濟大蕭條前夕——在自承窮困之下，還要平衡自己作主的欲望與自給自足的價值，是一件為難而且複雜的事。

在心理學的荒野漂泊多年後，感激目前重領風騷，但已不復往昔模樣。曾被亞當．斯密視為對感激這種情緒至關重要的「受惠感」，卻令二十世紀初期心理學家深感負擔沉重，到如今已經消退。柳波莫斯基及其同僚將感激定義為「一種驚奇、心懷謝意和欣賞的感覺」（驚奇在此特別有趣，因為它暗示不存在其他任何人為肇因）。感激的首要價值，在於將心懷感謝者的良好感覺最大化。根據柳波莫斯基的說法，細數自己的幸事確實能提升正面的心情，因為它幫助我們從任何情況下汲取快樂，阻止我們將一切為視理所當然，也抵銷了心理學家所稱的「享樂適應」效應（'hedonic adaptation'）——也就是說，當你逐漸習慣於生活中的美好事物，將之當作習以為常的經驗，那麼美好事物所能帶給我們的快樂就會越來越少。學會感激，可幫助我們翻尋好的一面，進而使生活中不可避免的失望變得比較容易忍受，並促使我們珍視已經擁有的東西（而非執迷於我們以為需要的東西），減輕羨慕和貪婪的痛苦。

上述全是寫感恩日誌所獲得的驚人正面成效。但令人好奇的是，柳波莫斯基研究中只有一次簡短提及亞當．斯密極感興趣的對等互惠原則：「據說表達感激可激發合乎道德的行為，例如助人，並有益於建立社會凝聚力。」心懷感激可能具有潛移默化的力量。不過關於感激，我們似乎已學會珍視它讓我們對自己產生好感的價值，更勝過它激發同情心的能力。

※互見：**同情；暖光**。

---

* 注釋：亞當．斯密的理論想必讓加拿大原住民部落烏特庫（Utku）人覺得頗有道理。他們不區分好意和感激的感覺，而是用一個字來描述兩者並存：hatuq。在正向心理學文獻中，該現象的一種說法被稱作「回報出去」。（paying-it-forward，譯注：此為 payback 的對立語，意指某人對你施惠後，你並不直接回報他，而是對另一個人行善。）

過意不去
GRENG JAI

在泰國，greng jai（有時拼寫成 kreng jai）這個字是指，由於擔心打擾到別人，而不願接受幫助的感覺。

※ 互見：**感激**；**內疚**。

悲痛 GRIEF

她的雙腿從齊膝處被擊斷，背上的傷痕透露出想將軀體截成兩段的企圖。這具石雕像的年代介於二萬六千年至二萬二千年前之間，描繪了一名大腹便便的孕婦，而且無疑是被蓄意破壞。她為何遭逢如此兇暴的結局？

發現她的考古學家提出一個理論：這具雕像在它所描繪的女子難產死亡後被砸毀。狂烈的憤怒是悲痛的一部分，對此我們都承認，也沒有理由以為人類先祖與我們不同。

所有情緒之中，悲痛的混亂和痛苦是如此涉及深刻的內心世界，想談論它，不免顯得剛愎自用。「我以為描述是無濟於事的，」史尼奇*在《悲劇的開始》中承認。小說中的故事從孩子父親去世開始說起，「維爾莉特、克羅斯，甚至桑尼在接下來的日子裡感覺有多麼糟……如果你曾經失去對你來說非常重要的人，那麼你已經知道這種感覺。如果沒有，那麼這是你完全無法想像的事。」不僅別人的悲痛難以體會，如果幸運的話，深沉的悲痛是我們一生中頂多只會經歷幾回的事。因此，悲痛幾乎總教人迷惘，是一種我們不太有機會排練的情緒。

我們可能感受到使人癱軟無力的震驚：「連續一整個星期幾乎一言不發，他們像夢遊者般走動著，穿越悲痛的宇宙。」馬奎斯寫道。我們也許像詩人狄金森一樣，經歷一種特殊的僵硬感，彷彿所有的情緒都被懸宕，極需找到出口。

罹病末期的親人不用再受苦，可能替我們帶來紓解，還有終於可以卸下照顧重擔的感激（這種感激中也許攙雜了羞恥）。或者，我們發現自己在事故之後開了不入流的玩笑，或在火葬過程中發出不得體的咯咯笑聲。對許多人來說，這種生氣勃勃的情緒是一種常見的解放，縱使有時會引來一絲不悅。

然而，迦納北部的科馬人（Koma）確實有這麼一種緩解悲痛的習俗：孫子在祖父母葬禮上打打鬧鬧和開玩笑，嘲弄喪葬儀式——甚至試圖綁架屍體——他們的行為替哀悼者提供了「滑稽紓解」的片刻。

但實際上，悲痛幾乎都是從葬禮結束後才開始的。在《卿卿如晤》（*A Grief Observed*）中，路易士（C. S. Lewis）寫出他在妻子喬伊過世後數月、甚至數年間感受到的「恆久暫時感」，他隨時覺得心神不寧。「似乎不值得展開任何事，我無法安頓下來。我打哈欠、坐立不安而且猛抽菸。」當我們生活的一部分從底層被抽走時，許多習慣和期待都得重新安排。路易士四處閒蕩，等待事情發生。「我開始瞭解到為何悲痛感覺起來像懸宕。」他寫道。

然而，懸宕之中還是夾雜了更嚴厲的感覺：被遺棄的憤怒和悲苦，自作孽造成不幸的那種自我責備——**但願我們不在乎**，我們想，或者至少不要**那麼在乎**。接下來，回憶的尖刺又再度引發悲痛。鏡子裡忽然閃現的影子、想像中開門的鑰匙聲，以及期待從未響起的電話鈴聲。在悲痛之中，喪失所愛的失落感縈繞不去。

妻子貝拉（Bella）死後兩年間，畫家夏卡爾的畫布上重複出現一個主題，藝術家本人從陰鬱的背景中游出來，與他幽靈般的新娘手牽著手：他托著她衰弱的形體，她的手伸向他。如果旁人將這種全神貫注視為頑固地拒絕「繼續往前走」，那麼深陷其中的人恐怕也會納悶這些幽靈是否能得到安息。

然而，作為一種感覺起來如此特異和寂寞的情緒，悲痛有其慣例和腳本，其階段指示依文化而不同，告訴我們應該如何表現哀悼。根據在九世紀集結成冊、作者被認為是先知穆罕默德的戒律書《穆斯林聖訓實錄》（*Sahih Muslim*）中，哀悼者可以為已逝者哭泣，不過驚厥尖叫、掌摑臉頰和撕扯衣物的舉動則嚴格被禁止，因為「嚎啕大哭會折磨墳墓裡的亡者」。相較之下，一九九七年戴安娜王妃死後接下來的幾個星期，英國人一改向來的含蓄，展露出激動的情緒。其中某些無動於衷、或認為布置泰迪熊和鮮花顯得濫情與感情用事的人，他們表示為此感到忸怩，彷彿他們頑固地拒絕哀悼。正如女性主義作家蘿絲（Jacqueline Rose）所言，「悲痛如此具有強制性——不僅必須被展現，它的展現還得被看見才行」。

這類儀式規範了我們該如何體驗悲痛，也規範了悲痛的進程。我們通常會提到悲痛的不同「階段」。首先是否認，然後是憤怒、討價還價、沮喪，最後是接受——往往被批注為「結束」。這個「悲痛五階段」模式可以追溯到瑞士精神病學家庫伯勒・羅斯（Elisabeth Kübler-Ross）於一九六〇年代晚期所做的研究，不過她的研究並非以喪親所感受到的悲痛作為基礎，而是對於人們面對自身疾病末期診斷的觀察。我們可能越來越懷疑這種僵固的階段演進模式，究竟能提供什麼樣的幫助（庫伯勒・羅斯本人對此並無太大的把握）。

對許多人來說，從否認進展到接受，比較像是一種來回消長的過程。另外也有人認為悲痛是一種無止盡循環的過程，是我們無法真正「克服」的事——即便我們真的學會如何與之共存。

「你無法像火車開出隧道般走出悲痛，」英國作家巴恩斯（Julian Barnes）說，「走出悲痛就像一隻脫離水面浮油的海鷗，羽毛終生被焦油所玷污。」

※互見：**悲傷**。

＊譯注：史尼奇（Lemony Snicket）為當代美國小說家 Daniel Handler 的筆名，也是他最著名作品《波特萊爾的冒險》（*A Series of Unfortunate Events*）中的敘述者。《悲劇的開始》（*The Bad Beginning*）為《波特萊爾的冒險》第一部。

罪惡感 GUILT

想像一下奧斯卡在金・薩克斯（Gene Saks）所導演的電影《單身公寓》（*The Odd Couple*）中的尷尬處境。他收留了被太太攆出家門後想自殺的友人菲利克斯。可是菲利克斯的牢騷嘮叨個沒完，他對沙發上的灰塵不時又擦又撣的，還堅持使用杯墊！他讓「離婚、破產而且懶散」的奧斯卡沒法活下去。終於，奧斯卡再也受不了，再度攆走了菲利克斯。可是菲利克斯用他那種令人惱火的方式進行報復：

> 菲利克斯：要記得不管我發生什麼事，那是你的責任。這帳就記在你頭上吧。……我或者別人會回來拿走剩下的衣服。

奧斯卡：〔擋住門〕在你把它收回去之前，你哪兒也別想去。

菲利克斯：收回什麼？

奧斯卡：「這帳就記在你頭上。」那是什麼鬼玩意？貓人的詛咒*嗎？

菲利克斯所做的報復，以二十紀最令人畏懼的苦惱之一「罪惡感」，深深影響著奧斯卡。罪惡感是現代的詛咒。

這應該是件單純的事：我們違反規範，於是帶著濕黏的羞恥感，苦惱於我們即將承受的懲罰，並感受到想像中的責備目光和隱約的批評，接著體驗到隨之而來的幽閉恐懼。這是一種難以忍受的經驗，因此我們急於修補損害。幸運的話，我們為補償所作的嘗試——無論是否笨拙——會被接受，於是罪惡感消退，甚或體驗到被赦免的陶然暢快！彌補是事情的核心，guilt 源自古英語 gylt，通常被追溯到德語的 geld（償付），罪惡感要求我們償還債務。

但事情絕非那麼簡單明瞭。道德規範並非舉世皆同，更別提賠罪所需付出的代價。以往，罪惡感並未出現在情緒名單上，因為這個字描述的是責任這個事實，而非感覺——不過悔罪以及懊悔向來得到很高的評價。

在我們的時代，罪惡感被看成一種恐怖的停滯感，以及再三出現的不安。擔心我們的罪惡感是否太過或者沒有由來，這類的恐懼縈繞心頭，因此我們固然可以說自己感到罪惡，但同時也可能暗示自己並沒做錯什麼（它更像是一種懇求：「別讓我有罪惡感！」或是想讓自己安心的企圖：「可是我深感罪惡！」）。在其他極端的情況下，會產生無法宣泄的罪惡感，是因為一開始我們就不清楚它們是如何產生的——身為車禍的唯一倖存者，或者自己獲獎，但與你同樣有才華的同事卻沒有，以及兒童想像自己須為父母的離婚負起責任。有些人承擔太少的責任，有些人卻承擔得過多，還有些人將責任強攬在自己身上。

將罪惡感視為一種可以被扭曲和度過的情緒，這種現代的看法大約出現於十九世紀末佛洛伊德著作中。它始於佛洛伊德在一八九五年所做的一個夢。當天，佛洛伊德的朋友奧圖（'Otto'）來訪，兩人討論到他們共同醫治的病患伊爾瑪。佛洛伊德診斷伊爾瑪患有歇斯底里症，相信她表現出來的是身心症狀，但奧圖報告說伊爾瑪的病情沒有好轉。這件事讓佛洛伊德感到不舒服，奧圖是否在影射他的精神分析治療法無效？當晚，佛洛伊德夢見他在檢查伊爾瑪的喉嚨，並發現裡面滿是白色疥癬，他懷疑是奧圖給予伊爾瑪的注射造成感染。這顯然是奧圖的疏忽，他沒有適當地消毒針頭。隔天早上佛洛伊德從夢中醒來，才瞭解到夢中他將伊爾瑪未能恢復的責任歸咎於奧圖。他視這個夢為「願望實現」類型的夢，原來，在心底某處，他擔心讓伊爾瑪持續害病其實是他自己的錯。

在佛洛伊德後來的論述中，罪惡感成為我們拼命想逃避的感覺——急欲保衛被完美幻想的自我（ego），傾向於將之隱藏的感覺。他認為罪惡感本身存在於超我中，屬於有意識心靈的懲罰部分，將父母親的權威——而且經常是被誇大的——要求予以內化，並一再重演這些要求（佛洛伊德稱這種內心獨白為「父親的聲音」）。後來，佛洛伊德採納了罪惡感之產生，是因為僭越了強大權威所形成的古老模型，只不過其中上帝的角色改換成兒童幻想中的怪物：生氣的父母親。隨著年紀漸長，我們的欲望迫使我們拒絕或違背這個壓迫的聲音，可是它仍然穿透進來，出現在奇特的夢境裡，或想賠罪的過度需求中。這種情況下所造成的行為之一，成為將別人送上罪惡感之旅的習性。由於我們急欲避免罪惡意識的不愉快感，因此將罪責歸咎給他人，特別是那些指出我們缺點而遭致我們怨恨的人——例如佛洛伊德（在夢中）把過錯推給奧圖，而菲利克斯（在對話中）把責任丟給奧斯卡。

佛洛伊德提出的概念，形成了談論罪惡感的新方式。懷有「罪惡情結」變成二十世紀初期流行的診斷用語，至今仍形塑了關於抑鬱和焦慮的討論。例如，心理治療的早期締造著之一阿德勒（Alfred Adler）就曾於一九二九年論及，罪惡情結乃結合了自我譴責與懺悔，努力想爭取超越生活無價值層面的優越感。他寫道，即便罪惡感本身執著於自我懲罰與責備，但其實是一種逃避的行為，避免產生具體的作用：我們只是感覺罪惡，而不去做我們知道應該做的事。阿德勒將罪惡感視為一種停滯或抑制的觀點，對於現代自我成長運動極具影響力，其中罪惡感被看成是生產力以及個人自我實現的阻礙。當你忙著彌補你並未真正犯下的罪過，便難有太多的餘裕去享受生命。

那麼，罪惡感能否被消除？對於《單身公寓》裡的奧斯卡和菲利克斯來說，一項即興的儀式道出了渴望獲得赦免的幻想。在故事最後的快樂結局中，菲利克斯用手在奧斯卡頭上比劃（「我解除詛咒」），而奧斯卡屈膝行禮以示感謝。他可能是在嘲諷，稱菲利克斯是「北方的邪惡女巫」。不過對於一個整夜開車跑遍紐約、擔心罪惡感會帶來最壞的結果，讓他一輩子陷入苦惱的男人來說，他的臉上無疑露出鬆一口氣的表情。

大多數人沒有機會上溯罪惡感的源頭，並要求當事人解除我們的罪惡感。或許我們覺得太丟人而無法與他們接觸，也或許我們擔心和他們對話無助於解決問題，反倒會撕開舊傷口，造成更多的罪惡感。所以，我們總是發現自己陷入與自我沒完沒了的對話中：「這是我的錯嗎？還是對方的錯？」「我是否該負起更多責任，或根本不需要？」讓我們有罪惡感的當事人到底是天使（「我怎麼能傷害她？她一向對我那麼好！」），還是苛刻的無恥操縱者？

事實通常介於兩者之間。認知行為治療師建議，不妨藉由畫出「責任圓餅圖」將這個平衡問題予以視覺化，這個圖可以顯示對於所發生的事，你自己該負多少程度的責任。然而，有件事其實再清楚不過了，儘管我們走進診療室是希望獲得如神父般給予的赦免，或者希望治療師能藉由儀式性的手勢消除罪惡感，但好的治療師會將他們的目標大幅下修。與其說消除罪惡感，倒不如說將它調整到與背景的嗡嗡聲相稱的程度。

想知道其他有關債務的情緒，可參閱「期盼」；以及「感激」。

※互見：**懊悔**。

＊譯注：貓人的詛咒（*The Curse of the Cat People*），恰為一九四四年的一部美國電影的名稱。

H

韓國精神
HAN

根據韓國小說家朴景利的說法，han 這種情緒普遍深植於韓國人的內心之中。她將 han 歸因於韓國長期被殖民的歷史，其特點是集體接受苦難，加上默默渴望事情能有所不同的心情——甚至夾帶一種堅忍的決心，等待改變發生。

「倘若我們住在樂園裡，」她寫道，「就沒有眼淚、分離、飢餓、等待、受苦、壓迫、戰爭和死亡。我們再也不需要希望或絕望……。我們韓國人稱這種希望為 han……我想那同時意指著悲傷和希望。」*

※互見：**捷克情結**。

* 注釋：引文出自朴景利一九九四年發表於巴黎大學的演說。

快樂 HAPPINESS

他和小女兒一起坐在瑞典城市住宅附近的一間小餐館，女孩啜飲著檸檬水，問到有關天空和骸骨的問題，而他編造出天馬行空的答案。「即便快樂予我的不盡然是旋風般的感覺，而比較接近滿意或平靜，」挪威作家克瑙斯加德（Karl Ove Knausgaard）在自傳小說《家人之死》（*A Death in the Family*）中寫道，「但這依舊是快樂。」然而不久後，古老的憂慮籠罩著他，成為他們熟悉的例行公事。這一切就是他所能擁有的嗎，他納悶，這種蒼白的愉快心情？倘若他沒有選擇書本，而是選擇了家庭，現在的生活是否也會充滿了歡樂的笑聲？「我們本有可能住在挪威的某個地方，冬天去滑雪和溜冰，夏天去划船、游泳、釣魚、露營……我們本有可能幸福快樂的。」

這是有關快樂的事，如同哲學家米爾（J. S. Mill）所言，「自問是否快樂，你便不再快樂了。」如今，快樂是一門價值以千萬英鎊計的產業。勵志書籍鼓勵我們追蹤情緒的溫度，而且應用軟體還能將某些食物和活動對心情的影響效果轉換成圖表。這種對於快樂意識的提升，正在全世界發生——自二〇〇三年起，歐盟開始量測、比較會員國人民的快樂程度，讓快樂成為政治人物熱切關注的指標，因為它已成為另一個無所不在的目標「幸福安康」的簡稱。

然而，要得到快樂的風險頗高，你很難找到一本有關快樂的書裡面沒有引用某些研究來告訴你，愉悅的性情會讓人更長壽，或者是，能享受生活的人在工作上會更成功。如果某件事情似乎是重要的，我們便想控制它，一旦想控制它，就得先測量它。可是，當我們急著衡量極其主觀且瞬間即逝的快樂經驗時，可能忘了先檢查一下所必須冒的風險。

認為快樂可以被創造或控制，是一個相當新鮮的概念。'happiness' 源自古斯堪的納維亞語 happ（僥倖、運氣或成功），十八世紀之前，「快樂」一詞常用來描述被上帝恩典照耀的感覺。雖然，它描述的是一種愉悅滿足的狀態，但它與好運的關聯更勝於處心積慮的規劃：快樂出現在當事情如你所願時，那些令人欣喜的巧合與偶發事件之中。

十八世紀間，快樂與僥倖之間的關聯似乎起了微妙的變化。一七七六年，傑佛遜在美國憲法中宣布，每個國民都有「生活、自由以及追求快樂」的權利，彷彿快樂是可以被追求、甚至被捕捉的東西。同一時間的英國，將快樂當成生命目標似乎成為受教育菁英階級的一股風尚，這使得波普（Alexander Pope）等才智之士故意這麼嘲諷快樂：「噢，快樂！我們存在的目的與目標！美好、愉快、舒適、滿足——那是你的名字！」有些歷史學家甚至將人們對快樂感興趣的現象，連結到當時牙科醫學的進步，以及此後人們樂於露齒微笑的結果。

緊跟在快樂的必要性之後的，是嘗試對快樂進行分析和編目，以便弄清通往快樂之路的障礙。其中最知名的例子，仍是過度理性的功利主義。一七七六年，同時也是美國憲法被批准的那一年，英國律師邊沁（Jeremy Bentham）編列出他那並非刻意顯得邪惡的「享樂目錄」。邊沁認為，一個合乎道德的決定，必須能增加全世界快樂的總和，他根據身為十八世紀男性律師的觀點，開列出能產生愉悅（如技巧、權力和虔誠）以及造成痛苦（如匱乏、笨拙或壞名聲）的事物名單。如果你必須做某個決定，舉例來說，考慮是否去探望年邁的雙親，你只需要考察你的目錄，將這件事情所能產生的愉悅全數加總起來，再扣除它所造成的痛苦，如果愉悅多於痛苦，那麼你便可以開始規劃行程。

近年來，邊沁的「幸福計算公式」已經遭受哲學家的抨擊。什麼事物能給人帶來愉悅顯然是主觀的，所以，以之作為一種行為準則，明顯是有問題的，因為它沒有試圖區分哪些是道德惡劣的行為（例如虐待貓狗），但卻可以讓某人感到快樂。然而，邊沁與當今「新快樂科學」的提倡者又有什麼不同呢？他們的目標都是要使快樂最大化，並用掉大量紙張來精算應該如何達成快樂這個目的。

對於邊沁的快樂議程，反應尤其激烈的是他的天才孫子米爾（J. S. Mill）。著名的經濟哲學家米爾在嚴格的功利主義原則下被教養長大，九歲時便能用拉丁文詩句說出快樂的計算。唯一的問題是，他一點都不快樂。十八、九歲時，米爾經歷了長期的精神痛苦和憂鬱。復原後（據稱是靠讀詩），米爾漸漸相信快樂比邊沁所理解的要複雜得多。他認為，即便快樂是人生的目標，但快樂卻無法被追求或緊握。就像引誘一隻貓蹲坐在你的膝頭，快樂必須被忽略、而非被誘騙：他視快樂為一種害羞的感覺，在你最意想不到的時候偷偷地出現。「讓你的自我意識、自我審視和自我質問（在另一個不同的目標上）被消耗掉，」米爾寫道，「唯有如此，幸運的話，你可能會在所呼吸的空氣中吸入快樂，而不是……以致命的質問使它驚逃。」

H

當有人問你是否(a)非常快樂(b)相當快樂，或者(c)不太快樂時，你可能納悶這些「致命的詢問」是否會將我們置於心理危機的邊緣。也許，快樂是義不容辭的，或者說，我們有權獲得快樂，又或許，我們如果得不到快樂便算是失敗了，這些概念總是讓我們感到焦慮而且不滿足。要避免此種困境的辦法之一，是完全拒絕使用「快樂」這個名稱。當代許多哲學家和心理學家，包括正向心理學運動創立者之一賽里格曼（Martin Seligman），偏好使用「欣欣向榮」（'flourishing'）一詞，而非快樂，它大約等同希臘語 **eudaimonia**（幸福之意）。

亞里斯多德的《尼各馬科倫理學》（*Nicomachean Ethics*）中最具影響力的論述說道：有意義的人生充滿痛苦，而這痛苦同時也是一種特權。雖說快樂現在已和整體的正面感覺有所關聯，不過若要過上欣欣向榮的生活，你必須實踐勇敢（這事並不容易）、同情（可能導致替別人感到悲傷），以及延遲滿足（這表示你得經歷等待的挫折）。過著欣欣向榮的生活縱或不是悠遊地在挪威游泳、釣魚什麼的，但至少根據賽里格曼及其同事的說法，會是比較令人滿意的生活方式。

或許用欣欣向榮來取代快樂的說法，最重要的結果是將快樂恢復成作為一種情緒的合理地位。近兩百多年來，快樂逐漸變成意指「從此以後幸福快樂」的情況或狀態，而非一種短暫的感覺，就像所有的情緒一樣時有時無。快樂未必總是值得嚮往的，就像《快樂研究期刊》（*Journal of Happiness Studies*）的研究者最近表示，並非所有的文化都不自覺地渴望快樂——他們的訪談顯示，紐西蘭人對於快樂特別感到不安，總抱持著「有起必有落」的態度，而密克羅尼西亞的伊法利克文化則認為，快樂與「炫耀、過度興奮，以及未盡到個人責任」有關。

如果我們重新主張快樂是一種感覺，就像詫異一樣為時短暫，或像悲痛一樣複雜，便能發現快樂的許多層次和矛盾。因為對某些人來說，快樂是不受約束的滿足，但對另外一些人來說，卻是一切「剛剛好」；另外也有人認為，快樂是一種興奮激昂的感受。此外，快樂也是一種感覺起來危險而大膽的情緒，就像是一座橫亙在一大群鱷魚上方的完美橋樑。

※互見：**和顏悅色；喜悅**。

憎恨 HATRED

一輛燒毀的汽車，以及遠方鳴響的警笛。位於巴黎市郊多種族貧民住宅區的當地青年阿卜杜勒，被信奉新納粹主義的警察毆打到不省人事。在接下來動亂中，三個朋友一起在街上遊蕩。文斯和塞伊德幻想著要報仇，而一行人中最文靜、最有頭腦的休伯特則擔心以暴制暴的後果。他說：「憎恨滋養憎恨。」並總結出在他們世界裡的幽閉恐懼。在那裡，憎恨如鯁在喉，隨即會突然發作成為殘忍且事先未經計劃的暴力。

法國導演卡索維茨（Mathieu Kassovitz）的電影《恨》（*La Haine*）發行時，適逢「憎恨」這種情緒在頭條新聞裡突顯了它的嚴重性。話說一九八〇年代，美國新聞記者首先創造了「仇恨犯罪」一詞，用來描述邊緣族群及其住家和禮拜地點所遭受的一波波攻擊。到了一九九〇年代，西歐地區因為不寬容與偏見，加上制定「仇恨犯罪法」，也經歷了類似的暴力狂潮。

在日常生活中，當我們感到氣憤、憤怒或被激怒時，可能會說我們恨某件事或某個人，（「我恨人們將食物包裝紙丟在街上！」「我恨那些不補充影印紙的人！」）。我們說，愛與恨之間的界限就像紙一樣薄。又或者，受挫的青少年在盛怒之下會厲聲對父母說「我恨你」（有時也會說「我恨我自己」）。不過近二十年來，「恨」這個字的意涵已經被限縮，主要描述一種可以客觀量化，甚至在法庭上被爭辯的偏頗態度。它已經變成一種心理狀態——部分是情緒、部分是態度，因此可視為在法律上能加以說明的事物。

憎恨與偏見之間的關聯並不罕見，而且能追溯到亞里斯多德。他認為憎恨迥異於例如憤怒或暴怒之類的情緒。他表示，憤怒是一種痛苦且為時短暫、想令某人受苦的欲望，而相形之下，憎恨則是比較抽象的概念，多半針對某種族群體或類型而發。「因為，如果我們相信某人是**某一類人**，我們便會憎恨他。」他說道。此外，憎恨是「無可救藥的」，其目的為消滅，我們不光想傷害我們所恨的人或與之爭吵，我們根本希望他「就此消失」。

然而，亞里斯多德對憎恨的定義與我們的認知有一項重大的差別，那就是亞里斯多德相信憎恨是一種關乎道德的情緒，我們天生就傾向於對行為不端者有這種感覺。「每個人都恨小偷和告密者」，亞里斯多德以此為例。有鑑於此，根據亞里斯多德的說法，憎恨並不是痛苦的經驗。事實上，它還給了人相當愉快的道德優越感。

目前的「仇恨犯罪」一詞完全顛覆了亞里斯多德對它的定義。那並非對逾越法制者的仇視，反倒是懷恨者本身的道德缺陷。許多法律學者認為，「恨」這個字在因偏見而引發的犯罪修辭中沒有實質的地位。「恨」這個字本身沒有出現在立法中，而會被使用在法律中的其實是比較中性的字眼，例如「成見」。說出「仇恨所助長的暴力」的人，是那些政府、警方發言人和新聞記者。有些法律學者說，這種情緒性語言是在刻意煽風點火，以便塑造出更為嚴厲的詞彙：如此一來，似乎更容易因其不理性的情緒（而非信念）來懲罰某人。

為此用語辯護的人則表示，最具傷害力的確實就是偏見所夾帶的情緒內涵，正是這個具毒害性的憎恨，激發了想羞辱受害者的欲望。我們能否懲罰某一種情緒？我們是否真有一種可以客觀度量情緒的尺規？憎恨縱或是法律和哲學的爭辯焦點，但對許多人來說，它同時也成為了一種代名詞，代表了社會中一切可鄙、不寬容和反社會事物。

話雖如此，可是啊……可是，即便我們當中最有教養、最值得敬重的人，確實仍繼續享受著某種仇恨的滋味。維多利亞時代批評家赫茲利特（William Hazlitt）將憎恨說成一種相當雅緻的喜好。在他的散文〈論仇恨之樂〉（'On the Pleasures of Hating'）中，描述共享的憎恨能在宴會上製造出令人振奮的同志情誼，讓與會的人團結在將別人撕碎的樂趣中。＊憎恨在自己與厭惡的對象之間清楚畫出一條對立的分界線，給人一種自己突然偉大上許多倍的感覺。「我們雖對一切感到厭煩，」赫茲利特寫道，「但不包括將別人變成嘲弄的對象，並因為他們的缺陷而開始慶幸起來。」

想知道更多法庭上的情緒，可參閱「嫉妒」；「蔑視」。

※互見：**自鳴得意**。

＊注釋：艾米斯（Kingsley Amis，1922-1995，英國小說家、詩人、評論家。）隨即明白他與拉金（1922-1985，英國著名詩人、小說家、爵士樂評論家。）氣味相投，當他發現拉金同樣也將令人討厭的人定義為「在街上發現不尋常的汽車時，**會走過去仔細瞧瞧的人**。」

提心吊膽
HEEBIE-JEEBIES, the

類似神經過敏或坐立不安，heebie-jeebies 指的是一種提心吊膽的感覺。

※互見：**畏懼**。

懷鄉 HIRAETH

威爾斯語 hiraeth（懷鄉）一詞，描述了對家鄉的款款深情，這種情愫替家鄉的風景暈染上近乎神奇的光輝。

不過，懷鄉並非一種舒適或撫慰感，而是一種渴盼，夾雜著懸念的感覺，彷彿即將失去什麼，而且再也無法復得。或許威爾斯長久被英格蘭佔領的歷史，很能說明威爾斯人何以如此熟悉這種結合了對家鄉的愛，以及感覺脆弱的情緒——現今這種情緒在歌詠威爾斯的修辭中佔有一席之地，透過威爾斯詩人的創作與觀光手冊的宣傳而聞名。

如今，懷鄉之情最常發生於移居國外者身上，當他們返鄉時感受最為強烈——而且他們知道，再次離別的時刻總是來得太快。

※ 互見：**家的感覺；思鄉**。

囤積衝動
HOARD, the urge to

一隻黃色襪子、一條沾到口紅的圍巾，夾在一束信件中的幾片玫瑰花瓣……。這些紀念物只是劇作家、詩人以及擅長勾引的女同性戀者阿考斯塔（Mercedes de Acosta）所收藏的一小部分物品，紀念她與一九二、三〇年代好萊塢名女人之間的風流情史，其中包括舞蹈家鄧肯（Isadora Duncan）、演員黛德麗（Marlene Dietrich），還有嘉寶（Greta Garbo）。

我們細心保存下來以供自己日後審視、嗅聞和撫摸的短暫存在物，是貯存我們內在生活的容器，「因為那些是我們所蒐集的不變自我。」哲學家布卓亞（Jean Baudrillard）這麼說。在經常得遮遮掩掩的戀情中，阿考斯塔積累了她的歸屬感、愛人——以及更重要的——被愛的證據。

倘若要與人維持關係是一件辛苦吃力的事，那麼這些紀念品就可以提供極大的安慰。從舊唱片到鞋子，蒐集身旁的珍寶能支撐我們在不可預知世界裡的自我意識，賦予我們一種永恆感，甚至是成就感，並用來與外界溝通我們想當個什麼樣的人。

嫉妒與佔有慾可能也是這個寫照的一部分，因為當我們覬覦某象徵身分地位的太陽眼鏡品牌，或以囤積小玩意兒為樂時，我們的對手便無法擁有它們。隨著年紀漸長，收藏品能成為展現鑑賞力的紀念物，並賦予我們聽起來重要的頭銜——明信片收藏家、貨幣收藏家，或是泰迪熊收藏家。這類收藏證明了人類對秩序和控制的需求。然而，樂於從事一件永遠不可能完成的任務，也顯露出某種有趣的任性態度。

囤積的衝動是否會失控？心理治療師經常將不計代價、緊捉住財富的欲望連結到一個人過去的被剝奪的經驗和造成心理創傷的損失。狄更斯小說《小氣財神》中，以吝嗇出名的史古基每晚上床就寢前，必定要檢查他的一日所得。一如精神分析學家格羅茲（Stephen Grosz）所言，這種對於帳目盈虧的匱乏執迷，可以解讀成一種錯置的悲傷，為了補償母親的不幸早逝，以及後來父親對他情緒上的忽略。這是一種嘗試，企圖藉由獲得金錢來重新得到再也無法挽回的事物。

極端發展的囤積衝動可能帶來災難性的後果。房間內堆成高塔的舊報紙或廢棄吸塵器，可能會實際危害到居住在其中的人。不過，這些收藏品雖帶有危險性，卻並非毫無意義。對某些人來說，這是築起障礙，抵禦敵意世界的方式，有些人則將填滿令人暈眩的空白空間，當成一種排解寂寞的辦法。

最重要的是，旁人眼中這些看似「舊垃圾」的物品，可能會讓收藏者產生真正的情緒共鳴。即便是厭惡人類的奧斯卡＊也深諳此事。他羅列出家中（他以垃圾桶為家）的無用之物：一具破時鐘、一把被丟棄的傘，還有一隻生鏽的長號。儘管他討厭人，但也不願跟劇中任何其他布偶說話，免得被另一個「同類」撞見，他也還是從他用心積累的垃圾中得到溫暖的情感連結。他最寶貴的收藏品之一是一隻破運動鞋，這是母親在他出生時送給他的禮物：他愛它，因為它是垃圾。

※互見：**好奇**；**懷舊**。

＊譯注：奧斯卡（Oscar the Grouch），美國兒童教育節目《芝麻街》中的布偶人物之一。

家的感覺 HOMEFULNESS

一八四一年七月，英國詩人克萊爾（John Clare）逃離位於艾坪森林的「高山毛櫸精神病院」，想要回家與愛人喬伊絲（Mary Joyce）團聚。他穿著破鞋步行了三天半，棲身在走廊睡覺，以路邊的青草為食。他在寫給喬伊絲的信中描述了這段旅程是多麼精疲力竭和艱辛困苦，不過當他抵達通往彼得伯勒的分岔路口時突然恢復了精力：「我覺得自己正在回家的路上。」作家辛克萊（Iain Sinclair）追溯克萊爾的旅程，用鮮為人知的 'homefulness' 一詞，來描述克萊爾當下的感受，那時他心中充滿了家的感覺。

「家的感覺」在比較不艱鉅的旅程結束時也會突然湧現。當我們度假完步下飛機，或者在每週的例行購物後帶著鼓脹的袋子轉入回家路口時，這種感覺佈滿全身，結合了紓解、歸屬感，以及漫長旅程終於結束的心滿意足。

然而，我們都知道家之所以為家，與其說它是一個安身的所在，不如說，家中的人才是我們心之所繫。精神錯亂的克萊爾忘記喬伊絲早已亡故，當克萊爾真正的妻子發現襤褸的詩人在通往諾斯伯勒的路上蹣跚而行時，她帶他回到了他們的家，並設法訓練他過上正常的生活。後來克萊爾在那裡寫到，最寂寞的事，莫過於「在家裡的無家可歸感」。

※互見：**思鄉**；**漫遊癖**。

思鄉病 HOMESICKNESS

我渴望回家，渴望看見返鄉的那天。

——荷馬，《奧德賽》

二〇〇六至二〇一四年間，超大的軍事基地堡壘營散布於伊拉克沙漠，每座帳棚裡都妝點著士兵家人的照片，以及天天送達的自製餅乾包裹。軍方心理學家深知，想家的痛苦對於士兵和參加睡衣派對的六歲兒童來說同樣真實。想家連帶引發的症狀包括恐慌、夜驚、情緒低落和注意力下降，軍方心理學家承認，思鄉在沙漠中可能造成致命的後果。

軍人思鄉的歷史由來已久，特洛伊戰爭中的英雄奧德修斯（Odysseus）受困於美如田園詩歌般的卡呂普索島長達七年，他每天坐在海岸邊想家。這位大英雄望向靛紫色的大海，滾滾的淚水濕透了臉頰。多虧有女神雅典娜的介入，他才得以脫離這種停滯狀態，打造了一艘木筏，航向家鄉綺色佳（Ithaca）。

十七世紀初期，離開家鄉而使人衰弱的情況吸引了醫學專家的注意，當時瑞士傭兵之間爆發致命的思鄉病疫情。到了美國南北戰爭期間，思鄉會引發嚴重疾病的概念被廣泛地接受，以致於北軍的樂隊被禁止演奏歌曲《甜蜜的家庭》（*Home Sweet Home*），以免問題惡化。思鄉可以是除役的理由，因為它唯一的治療方法就是返鄉。南北戰爭結束時，至少有五千人被診斷出患了思鄉病，七十四人死於鄉愁所造成的消瘦和零星的自殺案。

第一次世界大戰結束時，認為人可能因思鄉而死亡的想法早已煙消雲散。思鄉不再列為可從軍中除役的醫學根據。冒險犯難應當是吸引男女入伍從軍的部分因素（「加入軍隊，見識世界！」），因此談到了思鄉，似乎與剛強的軍隊文化相抵觸。不過軍方心理學家也承認，長期遠離家鄉可能助長嚴重疾患的發生，例如抑鬱和焦慮。他們認為，同袍之間的情誼可望讓大多數士兵順利渡過寂寞的關卡，家人和朋友的來信也有助於維持軍中的士氣，而在發給駐外士兵家屬的指南中，Skype 和臉書被說成是「生命線」。早期的瑞士傭兵不准唱自己的國歌，也不能食用讓他們想家的食物，以免觸動鄉愁。

在堡壘營則非如此，家鄉的感覺被嵌入基地結構中，裡面設有特許的經銷店供應美味的「漢堡王」漢堡，或是風味特殊的 PG Tips 茶品，暫時地販售家的替代感。這些都是會讓人想家的小小刺激物，也是緩解渴望熟悉感的最佳辦法——並且有效防止了對心愛事物的微小欲望最終演變成絕望。

思鄉也是平民生活中的一部分，儘管較不易被談及。受害者說，他們害怕因此被視為有點軟弱。有些心理學家甚至稱之為一種禁忌，認為這樣進一步的孤立，加重了原本的痛苦感和類似抑鬱的症狀。在某種程度上，歷史學家相信，思鄉的情況在二十世紀之交開始消退，大約是鄉愁逐漸不被視為一種醫學診斷的時候。此時橫越歐洲的鐵路網快速擴張，人們獲得史無前例的旅行機會，而蓬勃發展的觀光業也促使移動的欲望被視為人類的天性，以及一種對人類好奇心頌揚的方式。在這種氛圍下，離家的人不能積極享受這種經驗，簡直可以說是一種個人的弱點了。

然而，近年來有跡象顯示，思鄉可能再度被認真地看待。原因之一是，近二十年來許多小說和電影都清楚披露了遷移的經驗。對某些人來說，這是慘痛且殘酷的經驗：薩伊德*從巴勒斯坦的家鄉遭流放，他稱之為「人與家鄉之間不可治癒的強行斷裂……造成嚴重傷害的疏離傷痛。」有些人則以較為衝突的感覺——一種新的思鄉情緒——來體驗永遠當個異鄉人的生活。他們從來未能徹底歸屬於某個地方，有時突然極為想念家鄉特有的口味或氣味，接下來便承認他們無法想像——不，甚至不去想像！——回到家鄉**過生活**。

曾經返鄉過聖誕節的人都知道，要抵銷偶爾發作的想家念頭，就必須不時提醒自己，回家只會讓你感到厭煩至極！

※互見：**異鄉感；懷舊；家的感覺**。

* 譯注：薩伊德（Edward Said，1935-2003），著名文學理論家和批評家，後殖民理論創始者。

懷抱希望 HOPEFULNESS

網路留言板上，網友們表現出來的主要態度是樂觀進取；身邊的人敦促她要「保持積極」；點選健康相關建議網頁時，甚至跳出販售名為「希望」的泰迪熊廣告。當社會學家艾倫瑞克（Barbara Ehrenreich）被診斷出罹患乳癌時，她驚訝地發現醫療從業人員和她的朋友是多麼強制性地堅決要求她保持樂觀。她在著作《不微笑就死亡》（*Smile or Die*）中，敘述了正向心理學運動如何強徵希望。該運動堅信，對未來懷抱樂觀的態度與促進幸福這兩者間，存在著某種關聯。希望與樂觀已經變成同義詞，兩者都是積極的期待，它們能夠、也應該隨心所欲地被製造。

懷抱希望真的能抑制癌細胞的進犯嗎？查明一下真相或許無妨吧。此外，艾倫瑞克還引述了二〇〇四年的一項研究，結果證實持續看待癌症診斷的光明面——「發現價值」（'benefit finding'）被建議為用來保持樂觀的技巧之一——不必然對病患有幫助。對未來抱持希望，縱然能讓照料者和家人的日子好過一些，但許多病患卻發現他們因此產生疏離感，甚至罪惡感，而且無法承認和表達他們同時也感受到的恐懼與憤怒。

事實上，認為希望可以被創造、並具有建設性的想法，似乎與懷抱希望的感覺枘鑿不入。希望帶來對快樂結局的閃爍承諾，在絕望的情況下提供了些微的緩解，但是事後回顧卻可能讓我們感覺到受騙而且失望。我們會說我們的希望「破滅」，或者「被摧毀」。有時我們甚至歸咎於自己，彷彿是自己的愚蠢而非機運造成了這些痛苦：「我應該不要抱希望的！」說到底，希望總是存在於未定之天。

當我們逐漸不再期盼，當我們已然束手無策，只能靜靜許願或祈求最好的情況發生，正是希望產生之時——然而我們也知道，最壞的情況也可能發生。感覺到有希望，等同於承認我們所能控制的事情其實少之又少，「希望」使我們既脆弱又堅強。既然如此，那麼希望可以被集結並發揮作用的想法豈不是很奇怪嗎？就像艾倫瑞克一樣，我們根本無法召喚希望。

樂觀可以是一種認知態度，或是一種能夠自我培養的思維習慣。可是希望是一種情緒，它所帶給我們的體驗，著實未必完全操之在我。

※互見：**畏懼；脆弱**。

氣惱 HUFF, in a

天氣對我們的情緒能產生重要的影響。悶熱的日子讓人心情沉重，而寒冷清晨裡的一絲陽光則能提振精神。雨、雲，特別是風暴，都提供了象徵的寶庫，可以用來表達難以描述的感覺。

自十八世紀中期以降，感到氣惱是指因為真實或想像中的侮辱而怒氣咻咻，而因為驕傲和憤怒而感覺鼓脹，則是氣惱的重要成分。

然而，感到氣惱或諸如此類的情緒，可以追溯到更久遠的年代。古人理所當然地認為風能影響五臟六腑，在古希臘語中，「呼吸」和「風」使用的是同一個單字pneuma，而吹襲身體的風也被認為會穿透身體而入，在維持生命的同時，一併攪擾到體內的情緒。

古希臘悲劇詩人索福克里斯（Sophocles）所演繹的伊迪帕斯希臘神話中，當安蒂岡妮得知她的兄弟被曝屍城牆外任其腐爛，以懲罰他的叛國時，她義憤填膺地要求合乎體統的入斂儀式。此時惡風已不僅是隱喻而已：「來自色雷斯的刺骨寒風」先是為伊迪帕斯家帶來死亡，現在也激起了他女兒的反抗情緒：

依舊是出自相同的風，
這些靈魂的疾風控制住她。

想知道更多風與情緒之間的關係，可參閱「憂鬱」。
想知道其他與天氣相關的情緒，可參閱「倦怠」；「舒適愜意」。

卑微感
HUMBLE, feeling

請參閱「屈辱」一詞（這一則更加重要）。

H

屈辱 HUMILIATION

一八六三年春，林肯總統正式宣布將每年的四月三十日訂為「國家蒙受屈辱日」。他說美國已經「陶醉於接連不斷的成功……變得過度自滿，以及過度驕傲。」摧殘美國的南北戰爭是上帝用來懲罰其傲慢的手段，唯有懺悔、祈禱和禁食——全都能促進集體的謙卑感——才能防止未來發生類似的暴行。

我們幾乎沒有人願意經常受到屈辱——當然，除非是我們自找的。大體而言，屈辱是不受歡迎的一種懲罰，而非人們主動尋求的東西。如同「難堪」這種情緒，屈辱發生在眾人面前，又如同「羞愧」這種情緒，屈辱使我們不想被看見。就屈辱而言，關鍵在於它的幽閉恐懼，也就是受困在降級地位的感覺。屈辱好發於當我們變成別人輕視的對象時：例如在操場上，當所有的孩子都嘲笑你的牙套，或當你發現村子裡每個人都比你更早知道那件事。因此，現今我們談及屈辱，指的是遭到貶抑的感覺——這往往是危險的報復循環之開端。諾貝爾和平獎得主暨前聯合國秘書長安南（Kofi Annan）認為，「一切殘忍兇暴的事物，甚至種族大屠殺，都肇始於個人受到屈辱。」也因此，屈辱被稱作「情緒的核彈」，以不計代價的復仇欲望作為燃料。

這與林肯藉由「國家蒙受屈辱日」來呼籲克制驕傲的危險相去甚遠。在他發表這篇演說時，某些基督教社群正在鼓吹儀式化的悔罪行為，其舉措可能包括塗灰和穿著粗布衣裳在街上走動；或者在別人大口吃肉時，自己啃食少得可憐的過期麵包。屈辱讓你學會謙卑和恭敬，並提醒你生命的最終歸宿——在拉丁文中，humiliare（使謙卑）的字首是humus（土）。

謙卑為懷的態度至今仍為許多宗教所遵奉。舉例來說，耆那教徒信仰極致的非暴力，其實踐方式是每天提醒自己眾生平等。然而，要放棄自己的高超地位未必是件容易的事。或許是基於強行灌輸教友謙卑信念的慘痛經驗，十二世紀法國修道院長聖伯納德（Bernard of Clairvaux）警告道：「許多蒙受屈辱的人並不謙卑。有些人……會以憤怒來回應。」

我們很難精確指出屈辱和謙卑是從何時開始分道揚鑣。「人人生而自由，在尊嚴和權利上一律平等」這樣的宣示，是一九四八年世界人權宣言的第一條，而「任何人不得加以酷刑，或施以殘忍、不人道或侮辱性的待遇或刑罰。」則載於第五條。故意羞辱囚犯被視為嚴重違反人權，但要求我們要謙卑，又是從何說起呢？

今日，呼籲人們謙卑的籲求再度流行的確有理可循，不過仍舊引發了憤怒的反應。某些部落客和推文要求「核查你的特權」，這些令人鬱悶的辯論雖然遭受到批評，但他們的初衷或許是想呼籲眾人奉行某種謙卑的態度，承認我們所獲得的快樂和成就很可能來自於我們所處的社會階級、家庭、性別、種族、所在地理位置和運氣，而這些因素的重要性並不亞於努力工作。這裡所說的謙卑，並非狄更斯小說人物希普＊那種油嘴滑舌、拍馬逢迎的謙卑，或者名流賢達營造的假謙遜，而是承認我們生命中的好事未必全是自己努力的結果，部分也必須仰賴他人的貢獻。

※互見：**感激；羞赧**。

＊希普（Uriah Heep），狄更斯小說《塊肉餘生錄》（*David Copperfield*）中的角色。

飢餓
HUNGER

甜甜圈正閃閃發亮，咖啡散發出芬芳氣息——加上兩塊方糖——在你鼻孔下盤旋。你滿腦子只有蝴蝶餅的鹹香爽脆，或者冰淇淋的濃郁檸檬味。身處西方世界的我們正面臨著肥胖危機，而最該負責的元兇，多半就是美味食物的誘惑力。

然而，導致我們飲食過度的，其實往往是我們的情緒。脂肪的累積可能起因於想要保衛自己——抗拒他人的要求、避免被輕薄對待，或只是被當作洩慾的對象。食物可以作為鞏固自我的手段，以應付即將到來的壓力，或者當我們感覺到被忽略時，對自己釋出些許好意的方式。

關於生理飢餓與想得到照料的欲望，兩者間的關聯性被巴布亞紐幾內亞的拜寧人視為

H

理所當然。正因如此，他們用來代表飢餓的字眼 anaingi 或 aisicki，不僅意為轆轆作響的肚子，也指涉害怕遭人遺棄的恐懼。在一個藉由食物得到團結、並使陌生人變成朋友的社會中，餓著肚子無人理會特別能引發無依無靠的孤單感。

對拜寧人來說，聽見鳥鳴是飢餓的深刻象徵，也是他們歌曲中的永恆主題。唯有人聲消退，森林的噪音不知不覺在耳邊響起時所感受到的飢餓最為強烈：

安比瓦鳥在為我哭泣，
安比瓦鳥在為我哭泣，
她在為我哭泣，我的肚子餓得要命。
爸媽和所有的人都去了馬拉賽特。

※互見：**別離空虛；寂寞**。

心情飄揚
HWYL

hwyl，字面上的意思是「乘船航行」，這個奇妙的威爾斯語擬聲字意指生氣勃勃或是興奮的感受，彷彿乘著疾風急馳而去。

hwyl用以描述靈感乍現，或是宴會中興起的高昂興致，同時也是一個用來彼此道別的字：Hywl fawr——駕著你的帆船乘風而行。

※互見：**喜悅**。

I

惹人憐愛	Ijirashii
客至忐忑	Iktsuarpok
快感恐慌	Ilinx
不耐煩	Impatience
憤慨	Indignation
固著習性	Inhabitiveness
受辱感	Insulted, Feeling
激怒	Irritation

惹人憐愛
IJIRASHII

每天晚上，美國的某個角落，總有父母親為子女誦讀美國最著名的兒童故事之一《小火車做到了》（*The Little Engine that Could*）。這是述說一九三〇年代一個勇敢小火車頭的故事。當其他較大的火車頭都拒絕拖曳一長串的車廂翻山越嶺時，這個小傢伙卻願意試試。在咬著牙緩緩爬上山坡的過程中，它用嚓嚓的聲音說：「我想我可以，我想我可以，我想我可以。」小火車最終成功完成了任務，這個故事被認為能為兒童灌輸樂觀精神與勇氣。然而，許多成年人在孩子床邊讀著這篇故事時，很可能會感覺喉頭一陣哽咽。

看見小傢伙克服障礙，或做了某件值得嘉獎的事，日語中有個名稱就是表達因此被觸動或感動的感覺：ijirashii（惹人憐愛）。這是我們看見某位運動員排除萬難抵達終點線，或是聽聞某個無家可歸的流浪漢拾金不昧，交還撿到的錢包之類的事蹟時，可能會有的感覺。這種感覺甚至會讓人落淚，一如二戰閃電攻擊戰期間，邱吉爾看見處境堪憐的倫敦人所展現出來的尊嚴和韌性。

在某些文化中，這種結合了感傷與替代性驕傲的感覺，很可能被摒斥為一種多愁善感。然而在日本，這種感覺卻獲得相當的讚賞，被視為見證了看似易受傷的弱者是如何展現強大毅力之後的適當反應。

想知道其他哭泣的理由，可參閱「紓解」。

想知道另一個替代性驕傲的例子，可參閱「子女榮耀」。

客至忐忑 IKTSUARPOK

當訪客即將到達，一種忐忑不安的感覺頓時油然而生。我們可能不停望向窗外，或者話說到一半突然打住，以為聽見汽車的聲音。因努特人（Inuit）稱這種教人坐立不安的期盼為**iktsuarpok**（客至忐忑），這種感覺會讓他們起身掃視北極遼闊的平原，找尋逐漸接近中的雪橇。

不安地檢查手機，等待預期中對某篇文章或評論更新後的回應，或許也是一種訪客將至的忐忑？不停刷新電腦畫面，想知道等待的電子郵件是否已經送達，可能是我們連線生活中最令人分心的事情之一。然而，該歸咎的也許不是科技，而是在孤立的世界中，我們想與人接觸的欲望。

想知道由遠方訪客所引發的其他感覺，可參閱「別離空虛」。

※ 互見：**寂寞；鈴聲焦慮**。

快感恐慌
ILINX

抓起一疊鬆散的紙張，打開窗戶將它們用力拋擲出去；故意砸碎一隻精美的瓷杯；在餐桌椅上傾倒一大袋彈珠，任它們在地板上到處蹦跳滾動……這類想法給人一種特殊的愉快心情。

根據二十世紀法國社會學家凱盧瓦（Roger Caillois）的說法，任意破壞所帶來的異樣興奮，是體驗他稱之為 ilinx（源自希臘語的「漩渦」）的感覺的方式之一。他將 ilinx 定義為「給人快感的恐慌」。那是一種旋轉、墜落和失控的狀態，類似搭雲霄飛車時可能產生的感覺。

關於 ilinx，凱盧瓦將其歷史追溯到古代神秘主義者的習俗，古神秘主義者藉由旋轉與舞蹈來引發如痴如醉的恍惚狀態，藉以窺見所謂另類的真實。

現在，甚至連沉溺於製造小混亂的衝動，例如踢翻辦公室的垃圾桶，應該也會為你帶來些許的快感吧。

※互見：**異鄉感**。

I

不耐煩 IMPATIENCE

最早注意到候診室的椅子是如何被磨損的，是心臟病學家弗里曼（Meyer Friedman）和羅森曼（Ray Rosenman）的室內裝潢商。這些椅子在扶手（暗示手指在上面敲打）和座位前沿（暗示不安的扭動）處，有著材料磨損的斑駁痕跡，然而椅背卻完好如新。坐在這些椅子上，沒有人能放鬆，就算是候診期間，也沒有人會靠著椅背。求診的病患大多是成功、忙碌的中年男子，有動脈阻塞和高血壓問題，無法忍受被迫在此浪費時間而不事生產。

這些候診室的椅子最終讓弗里曼和羅森曼於一九五〇年代構思出A型人格的概念。A型人是不斷感覺到「時間緊迫」壓力的病患。他們一向事業成功、野心勃勃，而且真的「坐在椅子前沿」*——也更加容易死於心臟病或中風。（事實證明，這是極無用處的命名：儘管有諸多不利之處，但是人人仍想當個A型人，各種的A型……）。

我們在時間短缺、刺激過剩的生活中，充斥了種種倉促急迫、不可能辦到的任務，不耐煩似乎是不可避免的結果。超級市場裡長長的排隊人龍，或者無論戳幾次按鈕都抵死不來的電梯，似乎都在嘲笑我們堅持每分每秒都得有生產力，以及活出最大生活效益的要求。

真相是，等待從來不是一件輕鬆的事，這也是為何尼采寫道：「最偉大的詩人不會不屑於等待著他們的詩歌主題慢慢浮現。」impatience 源自拉丁文 pati（受苦），意指「無法忍受痛苦」。十六世紀的陳腔濫調一直延續至今，訴說著等待的時候時間會變慢（「在愛情還沒有完成它的儀式之前，時間像是撐著拐杖在走路。」莎士比亞喜劇《無事生非》（*Much Ado About Nothing*）中，自鳴得意的克勞狄奧伯爵這麼說道。當然，大家都知道，在我們得償夙願之前，這段等待的空隙，無疑也是一種美妙的折磨。

弗里曼和羅森曼辦公室裡不耐煩的病患提醒我們，在這個講求立竿見影的世界，「無法忍受痛苦」，不只是無法忍受等著被滿足，弗里曼和羅森曼候診室裡的人還與他們被迫當病患的那部分——虛弱、不明確的部分——自我在角力，必須暫時將控制權割讓給另一個人的專業和時間表，並面對未來進程中的各種不確定。

※互見：**期盼；關門恐慌**。

＊譯注：坐在椅子前緣（on the edge of one's seat），這個片語形容因緊張、興奮而坐立不安的樣子。

憤慨
INDIGNATION

她站在擁擠的大廳裡，身旁的人面露驚色。廳外傳來不間斷的抗議聲，廳內有一名男子站在小型木製舞台上，怒氣沖沖而且雄辯滔滔。廢奴主義者與女權運動要角史坦頓（Elizabeth Cady Stanton）在一八九五年回想起這一幕，「在憤怒……機智、諷刺和憤慨之下，他顯得氣宇軒昂」。

昔日為奴、完全靠自學成材的反奴役運動人士道格拉斯（Frederick Douglass），或許是十九世紀公眾生活中最重要的非裔美國人。他的演說讓大西洋兩岸的聽眾為之震憾，他的憤怒不是盲目的暴怒，而是高傲、正當的憤怒，滿溢在高貴莊嚴的辯論中。道格拉斯提倡的運動不僅表達他個人所遭逢的不正義，也回應了刻意施加於所有被奴役黑人身上的殘酷。

有人或許以為憤慨的歷史訴說著人們起身對抗壓迫的故事，但事實並非如此。實際上，在最早探究這種情緒的討論中，憤慨較常見於忙著保護自身利益的菁英份子。亞里斯多德認為，憤慨——他稱之為nemesan——最激烈的爆發，是當社會地位在我們之下的人違反了規範。因此，諸神是最容易受到影響者，每當有凡人試圖尋求天神的秘密或獲取超自然力量，他們的憤慨便油然而生。對亞里斯多德而言，憤慨是別人獲得不當取得的榮耀，或踩在我們身上詐取不公平利益時，我們所感受到的義憤。

十七世紀政治哲學家霍布斯為憤慨提供了一個稍微不同的定義：「憤慨是對於別人遭受重大傷害的憤怒」，該傷害並非意外造成，而是蓄意為之。最深刻的憤慨產生於別人表現出對正義的蔑視，特別是當權者的親戚或親信竟無視於規範時。「憤慨，」霍布斯寫道，「讓人不僅得以對抗不正義的行為人，也對抗所有可能坦護他們的力量。」或許因為霍布斯所下的定義，憤慨變成與當權者的關連甚遠，反而與生活在權威之下不受重視的人關係密切。

當代的政論家視憤慨為一種能在政治生活中扮演著關鍵角色的情緒。不同於力道可能過度強大或造成疏離、而有損民主辯論原則的「憤怒」，憤慨附帶著敬討回覆的拜帖。

想想二〇一二年，前澳洲總理吉拉德（Julia Gillard）在澳大利亞國會發表演說時的出色表現。吉拉德並未試圖掩飾個人的憤慨，她用一連串仇視女性的言論來指控對手。這場演說不但表達出憤怒的態度，同時也要求回應。當天事件的影像迅速在社交媒體廣為傳播，所引發的討論和評論無疑顯示了憤慨的其中一面：暗藏的興奮、勝利的歡喜，甚至是歡欣鼓舞。

在自傳中，道格拉斯描述第一次讀到廢奴主義報紙《解放報》（*Liberator*）的感受（他隨後擔任該報編輯）：「它對奴隸主的嚴厲譴責——忠實地揭發奴隸制度——以及強力抨擊該制度的支持者，讓我的靈魂充滿喜悅的激動。」

※互見：**受辱感**；**怨恨**。

固著習性
INHABITIVENESS

想要永久在一個地方安頓下來的衝動，感覺起來可能像是某種隱微的嗡嗡聲。即便只是想固定做某份工作的想法，也往往能替生活帶來一些迫切需要的安心和穩定感，儘管我們可能擔心自己是否有點缺乏企圖心。

根據骨相學家（phrenologist）——維多利亞早期的科學家，他們認為藉由檢視頭顱能察覺一個人的性格——的說法，渴望因循守舊是與生俱來的天性，他們稱之為「固著習性」（'inhabitiveness'），並將它定義成「喜愛持續、持久，千篇一律、永遠不變地佔有」。

「固著習性」一詞本身缺乏持續力，到了十九世紀中期便逐漸消聲匿跡，部分原因是骨相學已經喪失了科學的公信力。然而，或許這個代表樂於一成不變的字眼消失的原因，還可推及維多利亞時代人士（至少一部分）對活動力和機動性理想典範的熱烈反應，以及認為人類天生不僅有構築安樂窩的需求，也需要外出探索和漫遊。

其他關於居家的感覺，可參閱「懷鄉」；「家的感覺」；「思鄉病」。

受辱感
INSULTED, feeling

你給我聽好了。那傢伙的拳不夠重，動作遲緩。他沒有技巧、沒有步法……那傢伙只有兩個機會——渺茫的機會和全無機會。

——拳王阿里，一九七四年與大衛．福斯特（David Frost）的訪談

多虧了拳王阿里，說廢話成了拳擊藝術中如此重要的一部分。

阿里在「叢林之戰」的造勢活動裡大肆侮辱世界重量級拳擊冠軍福爾曼（George Foreman），精湛的罵人功力蔚為傳奇。如今，在比賽開打前幾個月，拳擊手們會持續在社交媒體上相互辱罵，詞鋒越利越好。他們將侮辱看成一種有效打亂對手陣營的招數，這極能說

明「受辱」是一種什麼樣的感覺。

通常是一種震驚：自己的地位突然莫明其妙下降了！前一刻你還感覺受到尊重，下一刻馬上成為被嘲弄和蔑視的對象。這種無妄降臨的侮辱最是傷人，讓我們慌張而且困窘。*不過，拳擊手發出辱人言論的原因不僅止於此，他們不光想讓對手驚慌失措，更希望能激怒對手，使對手陷入盲目的憤怒，因胡亂出拳而累壞自己。

或許，拳擊看似一種以怒氣和侵略性作為燃料的運動，但是隨便一個拳擊手都會告訴你，當開賽鈴響，你完全可預期一個發怒的選手——因為遭到奚落而被怒火淹沒——絕對是輸家。

※互見：**迷惑**。

---

*注釋：正是這種困惑的感覺，產生了法國人所稱的l'esprit d'escalier（樓梯上的機智），意思是等到離開辯論現場，踏上通往外面的樓梯時，才想出讓對手一招致命的絕妙反駁。

激怒 IRRITATION

「未來主義者」（The Futurists）是二十世紀初期義大利的一個無政府主義藝術團體，他們在觀眾席間搗亂，像跳蚤一樣刺激觀眾，直到有事情發生。甚至有人提議在觀眾席座位上撒發癢粉，讓所有人把皮膚搔到通紅。他們的目是激怒觀眾，讓觀眾放下自滿並感到驚駭、激動和惱怒。他們的宣言之一是「樂於被喝倒采」。

激怒是一種摩擦狀態。不得其法的摩擦（rub up the wrong way，該片語引申為「冒犯」或「惹惱」之意）可以是關於皮膚或情緒方面的經驗，但語言與經驗卻無法區分這兩者。被襯衫領子摩搓出來的紅疹可能造成煩躁不安感和幽閉恐懼，而肇始於欲望受挫及被阻撓的惱怒，也會讓皮膚產生不舒適的感覺，變得無法忍受他人的碰觸。當我們被激怒時，任何形式的碰觸和親密舉動似乎都顯得多餘，即便是愛人熱心關切的眼神，也會讓我們畏縮。

被激怒似乎是相當次要的感覺。當然，這種情緒十分常見，被它的指甲撓到會非常不愉快，但它缺乏憤慨的莊嚴或暴怒的輝煌。然而「未來主義者」並沒有小看它——完全沒有。他們的作品喚醒一種古老得多的感覺，箇中的刺激是有目的性而且十分重要的。

十六世紀時，動詞 irritate 單純意指激發或激起行動。勇氣可以被激發，愛也可以，身體感官也是。一七五三年，德國生理學家馮哈勒（Albrecht von Haller）發現，當他將點燃的蠟燭放在頭部被切除的青蛙後腿上時，青蛙腿部會抽動並設法避開火焰。據此，馮哈勒斷言，出於本能的運動力貯存於「應激性的肌肉」之中，而非某種無實體的「靈魂」。十年後，馮哈勒的理論被蘇格蘭醫師威特（Robert Whytt）證明為不正確。威特提出了第一個簡單的脊髓反射證據，成為十九世紀建構情緒生活世俗論述的關鍵論點。

大約同一時期，irritation 這個字開始被用來描述惱怒的感覺，通常由別人的輕蔑行為所引發：開徵新稅教人惱怒，違約背信的人也是。不過，被激怒未必總是情有可原。約莫一百年後，維多利亞時代的醫師視容易被激怒的傾向為一種軟弱的跡證，並認為這是天生過度敏感者（例如酒鬼、精神病患、藝術家和花花公子）所擁有的特殊性格。

美國內戰期間，易怒進一步被定義成一種過度和扭曲的情緒，當時醫師們描述一種稱之為「心臟神經機能病」的新疾患，其症狀包括心悸、胸痛、疲勞和呼吸短促，全都類似心臟病的症狀，但卻無生理學的病因。士兵所罹患的「心臟神經機能病」被解釋為一種身心症和神經衰弱——大約等同現今的「壓力」。根據當時的醫學文獻記載，容易被激怒的人，正是那些容易受恐怖幻想所影響的，也就是失控的人。

如今，容易被激怒與不理性之間的關聯性仍然存在。根據美國精神醫學會《精神疾病診斷及統計手冊》的說法，容易惱怒是焦慮、睡眠剝奪和抑鬱的症狀之一。當我們感覺到事情每況愈下、覺得害羞丟臉、有壓力或宿醉時，都有可能產生這種情緒。例如在親近的人想幫我們忙時發飆，或因為影印機不合作而火冒三丈……老生常談的智慧常常教導我們，自己或別人被激怒時，都別太當真，以免越抓越癢，讓問題變得更加嚴重。

「未來主義者」認為，激怒觀眾既非不理性也非無意義的行為。他們將之視為測試脆弱人性的實驗，這種用來熱身的入門體驗，可以讓觀眾更容易去感受強烈的情緒，例如懊悔、羞恥和憤怒等。對他們而言，激怒別人是目的崇高的企圖，而對我們來說，一扇被用力甩上的門，或者一句尖酸刻薄的話語，就夠我們受的了。

※互見：**賭氣**。

J

嫉妒　JEALOUSY
喜悅　JOY

嫉妒
JEALOUSY

你必須信任——你這麼告訴自己。

當你看見被匆匆關閉的電子郵件和他臉上燦爛的微笑——那笑容會不會太燦爛了點？或者是當他接到電話後，門就悄悄地被掩上了。又或者，他是那麼含糊地解釋遲歸和疲累的原因。你必須信任，可是這事讓你成天耽於空想，他調情的樣子、那個吻，還有那些美好計畫。你深吸一口氣，將這些想法從腦中驅除吧……結果，還是忍不住又開始盯著包包看（千萬別打開！）再瞧向外套（千萬別去翻他口袋！）。

我們可能終其一生都在防範嫉妒產生的效應。嫉妒主要是一種私下的苦惱，在暗地裡偷偷運作。我們明白疑心指控會讓我們顯得軟弱和器量狹窄，還可能衍生無謂的問題。因此，嫉妒以其他方式被獲知，展現在微不足道的怨恨和牢騷嘀咕中、用力甩下餐盤，或是拒絕行房。嫉妒甚至成為謀殺的動機，電唱機裡流出沙啞的嗓音，約翰・藍儂唱出無意傷人的失控情緒——他只是個嫉妒的男人。

嫉妒是對競爭對手產生猜疑的一種替代性畏懼。相較於羨慕（被定義為想擁有自己所沒有的東西），嫉妒涉及擔心失去某人，或者害怕他移情別戀的恐懼。這是一種三角關係：我（受害者）、你（背叛者），加上第三者（小偷）。這樣的背叛更加深了感覺被遺棄的痛苦。正是這種威脅感，使得嫉妒是如此讓人怒火中燒，而且嚴重危及親密關係。

我們繼承了奇異且矛盾的嫉妒史，這段歷史幾乎完全由性別所形塑。嫉妒的女人一向被視為貧乏和吹毛求疵（作品裡，這種角色永遠不會是女主角，而是與女主角爭奪真愛的死敵。）而嫉妒的男人則隸屬於比較高貴的傳統。中世紀歐洲的宮廷戀愛故事中，所謂的理想愛情與對有緣無份情人的渴望密不可分——之所以無法如願結合，通常是因為他／她已婚。情人的嫉妒讓欲望變得強烈，而且是一種真愛的標記：「不會嫉妒的人無法愛人。」十二世紀作家卡佩拉努斯（Andreas Capellanus）在《宮廷愛情藝術》（*The Art of Courtly Love*）中寫道，「嫉妒，以及由此而生的愛，隨著對所愛之人起疑而雙雙增長。」

然而，嫉妒不只在攪局者心中滋長，丈夫也可能感到嫉妒。該時期某醫學論文的作者描述，嫉妒是個人榮譽被危及時所感到的憤怒。它使身體發熱並產生能量，以提供必要的激烈報復行動所需（他們相信男人原本就比濕冷的女人燥熱，會爆發更強烈的妒火）。莎士比亞戲劇《奧賽羅》（*Othello*）中的悲劇英雄吸收了這些關於嫉妒的複雜態度：奧賽羅，這個「嫉妒的男人」同時身為英雄與受害者，也是情人粗暴佔有慾的原型；這個男人轉變成「毒物」，靈魂被「綠眼怪獸」[1]逐步侵蝕。當然，真正的受害者是奧賽羅的妻子苔絲狄蒙娜，但不知何故，奧賽羅的困境似乎總顯得更宏偉一些——也更加深刻，因為沒有真正的原因。

認為嫉妒是針對不貞而生的自然反應，這種概念透過一連串法律判案而得到鞏固。一六七〇年，約翰·曼寧（John Manning）在屋裡撞見妻子和別的男人耳鬢廝磨，結果用摺凳將那個男人痛毆致死。他被處以在手上燙烙印記——不過法院交待行刑者下手輕一些，「因為沒有什麼比這種事情更教人發飆。」三十七年後，有一名法官宣稱「嫉妒是男性之暴怒，而通姦是對財產最大的侵犯。」由於嫉妒被定義成當財產（亦即妻子）受威脅時不可避免產生的一種男性天生的情緒，於是謀殺罪順理成章被降級成過失殺人罪，還有一些因妒火中燒而行兇的男子，則全都被無罪開釋。

到了十九世紀末，認為嫉妒乃「男性之暴怒」的概念進一步得到科學主張的支持，那便是嫉妒是潛藏於所有男性——而非女性——身上的一種演化推動力。在幾乎沒有實證的情況下，演化心理學家至今仍宣稱，嫉妒為一種史前社會「內建的」特質，以便男性能保護其基因順利傳遞，但女性則無此需求。此想法之所以問題重重，在於它最早是出自維多利亞時代的科學家，而他們相信某些人——例如非歐洲人和窮人——位居較低的演化階層，因此較接近於更「原始的」情緒，例如嫉妒和暴怒。

這段矛盾歷史的迴響到了一九七〇年代仍餘音繚繞，許多藝術家和運動人士對佔有慾與愛之間的聯結提出質疑。關於受制於古怪嫉妒本能的危險，藍儂並非當時唯一加以描述的人。女性主義運動者也群起抨擊視女性為財產、並替殺死女性的男性開脫罪責的法律慣例。有人還以另類關係結構做實驗，挑戰被視為天生的嫉妒概念。嫉妒似乎開始轉變成沒有器量和令人憂心的情緒，不再是冠冕堂皇而且可以被合理化的東西。

根據法國哲學家羅蘭·巴特（Roland Barthes）寫於一九七〇年代晚期的《戀人論語》所言，嫉妒引發了四倍的困境。嫉妒的人遭受了「四倍的苦」，他說道，「因為我嫉妒，因為我責怪自己的嫉妒，因為我害怕我的嫉妒會傷害到別人，因為我讓自己變得平庸：我承受著被排斥的苦、表現攻擊性的苦、發狂的苦，以及變得庸俗的苦。」

自二〇〇九年起在英國——大約比加拿大和澳大利亞晚二十年——因配偶不貞而被激怒，不再是法庭上可被接受的抗辯理由，儘管研究顯示，對於引述因嫉妒造成「紅色迷霧」[2]為由的殺人犯，法官仍會予以同情。當然，只要戀愛關係和花心行為繼續存在，嫉妒永遠會是生活中的嚴酷現實。但我們能改變的是嫉妒的獨特地位，不再讓它作為一種可以將暴力合理化的情緒。

特別值得一提的是，因為並非只有男人才會沉溺於讓人隱隱作痛的猜忌，拼命搜尋電子郵件，想用最無辜的眼神查獲情人不忠的線索——我們大家都會。

想知道更多有關情緒和法律的關連，可參閱「憎恨」和「報復心」。

※ 互見：**羨慕；受辱感**。

---

1. 譯注：綠眼怪獸一詞出自《奧賽羅》這部作品，green-eyed 在英語中有嫉妒之意。
2. 譯注：「紅色迷霧」（'red mist'），意指一時激憤之下，判斷力遭到蒙蔽。

J

喜悅
JOY

雖然柏莎・楊已經三十歲了，有時她仍然想奔跑而不想好好走路，在人行道跳上跳下、滾鐵環、把東西拋向空中再接住，或者站定身之後沒來由地發笑。

——曼斯菲爾德，〈至喜〉（'Bliss'）

你的呼吸變得淺促，彷彿肺部遭到擠壓。眼睛放光，雙頰肌肉在臉上拉出一個偌大的微笑。你非常想展開雙臂奮命揮舞，或者拉著最靠近身旁的人起舞。你也可能雙膝一軟，眼淚跟著滾下來。不管如何表現，喜悅是一種心情激昂的感覺，而且永遠教人驚奇。joy源自古法語joie（寶石），這是一種讓人目眩神馳的情緒，如曼斯菲爾德（Katherine Mansfield）所言，

「彷彿你突然吞下當天傍晚一小塊燦爛的夕陽，它在你的胸臆中燃燒，送出陣陣小火花到身體的每顆粒子中，進入每根手指和腳趾。」

十七世紀哲學家斯賓諾沙（Baruch Spinoza）給喜悅下了絕佳的定義。身為猶太人的斯賓諾沙因為相信上帝能在樹木和石頭中被發現，因此被逐出教區，只好孤身一人在荷蘭各地漂泊，以磨製鏡片維持慘澹的生計。斯賓諾沙相信，我們的人生故事基本上不受我們控制，並將喜悅與偶然和未預見的事物連結在一起，認為喜悅會突然發生於事情比我們所能想像的更好之時。「喜悅是伴隨著過去某種念頭而來的樂趣，具備**不在我們期盼之中的**結局。」

十八世紀哲學家對於快樂的興趣勝過意外發現的喜悅，他們說，快樂是個人應自行規劃安排的東西，可以有意識地追求。相較之下，喜悅與未可知的事物緊密相關，依舊屬於可發現而非可完成的東西。謙卑、感激和驚奇——而非驕傲和滿意——是喜悅的近親。喜悅也指涉性的歡愉，特別是不期而至的那種：在羅徹斯特伯爵威爾默特（John Wilmot）的詩作〈不完美的樂事〉（'The Imperfect Enjoyment'）中，早洩贏得令人難忘的渾名「濕黏的喜悅」。

曼斯菲爾德的故事中，柏莎所經歷的是一種意外的超越經驗——後來我們會發現這可能是某種精神疾病的發展進程，現今稱之為「狂躁症」。十九世紀晚期，世人見證了各種正面積極的心理狀態轉變成精神病學的診斷症狀，不過曼斯菲爾德在描述柏莎的心情時，卻刻意避免使用術語，而是讓這種經驗不被分門別類，專注於捕捉喜悅所展現令人目眩神馳的不可預測性，它不願安靜棲息於尋常可理解的界限內。

當然，其反面事實是，喜悅很快就消失無蹤了。喜悅短暫存在的本質是吳爾芙對於該種情緒最著迷的部分，身為作家的吳爾芙並非以捕捉喜悅的能力而聞名，不過她的日記透露她在最意想不到的地方偶然發現喜悅的經驗——在擦得晶亮的門環上，或是透窗的微光中。她將喜悅突躍心頭的經驗給了一九二七年小說《燈塔行》（*To the Lighthouse*）中的蘭姆賽太太。在伺候家人用餐的平凡事務中，蘭姆賽太太突然感覺到生活無限地美好，一切都顯得理想妥適。

她像懸浮在空中盤旋的鷹，像一面飄動的旗子，沉浸在注滿身上每根神經的喜悅中。……「這無法持久。」她想。

※互見：**懷抱希望；脆弱**。

K

渴望遠方　Kaukokaipuu

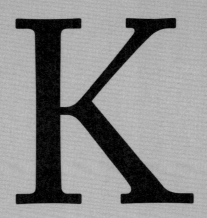

渴望遠方 KAUKOKAIPUU

有時我們會渴望前往某個地方，即使從來沒有去過。有時除了現在身處的此地，不管哪兒，我們都想去。由 kauko——遠方，加上 kaipuu——渴望，芬蘭人將這種對遠方的渴望稱作 kaukokaipuu。

※互見：**失蹤欲**；**漫遊癖**。

L

憤怒能量 LIGET
捷克情結 LITOST
寂寞 LONELINESS
愛 LOVE

憤怒能量
LIGET

它是辣椒中的烈火，湍流裡的衝勁；它讓脾氣爆發，驅使人們努力工作。人數約莫三千五百之譜的獵頭部落民族伊隆戈人（Ilongot），生活在菲律賓新比斯開省（Nueva Vizcaya）的陰鬱叢林之中，他們用liget這個字眼來稱呼一種憤怒的能量，它不僅供應燃料給人體，也供應給無生命物。（譯按：liget在本文中權譯為「憤怒能量」。）

美國人類學家蜜雪兒．羅薩度（Michelle Rosaldo）於一九八〇年代讓西方讀者開始注意到「憤怒能量」的概念。習慣上，憤怒通常被視為一種負面情緒，但「憤怒能量」的樂觀與活力充沛感令羅薩度印象深刻。「憤怒能量」確實可以煽動無謂的爭執和引爆怒火，但往往更常提供了有益的刺激與動機——讓你比你的鄰居播下更多的種子，或者待在野外打獵的時間更為持久。「如果沒有憤怒能量」，伊隆戈人告訴羅薩度，「我們便無法工作，沒有生活可言。」

一九八一年，正在從事田野調查工作的蜜雪兒因意外跌落而死亡。她的丈夫雷納托·羅薩度（Renato Rosaldo）也是和伊隆戈人一起生活的人類學家，藉用「憤怒能量」進一步的意義層面——悲痛的憤怒——來描述他的心情。隨著喪親之痛而來的「憤怒能量」據信能驅策伊隆戈人踏上獵人頭的遠征。直到他們捕獲一名敵對部落的成員，將之斬首，並將砍下來的人頭拋入叢林之後，伊隆戈人相信他們的憤怒情緒便能得到宣泄，排解失落的痛苦。

就這點而言，伊隆戈人喪親時產生的「憤怒能量」，可以說是一種企圖展開報復行動，並能藉此奪回一些控制權的情緒。

※互見：**悲痛**；**紓解**。

捷克情結 LITOST

Litost 這種專屬捷克人的情緒是出了名的難翻譯，不過捷克作家米蘭．昆德拉卻說，「難以想像沒有 litost 的人，如何能瞭解全人類的靈魂。」「捷克情結」＊描述當我們瞭解到是別人造成我們的悲慘感覺後，所引發羞恥、怨恨和暴怒交織無法自已的情緒。不同於流連不去的不滿、怨憎或沉溺在悲傷中的遲滯怠惰，捷克情結是一種積極的情緒。如同昆德拉在《笑忘書》（*Book of Laughter and Forgetting*）中所說，它是突然看見自己的悲慘所造成的折磨狀態……就像一具二行程引擎。首先出現的是被折磨的感覺，接下來是報復的欲望。

讓捷克情結的報復色彩更具特色的是，它往往帶有倔強的自我毀滅性。有時報復是容易的：如果我們被比我們軟弱的人貶抑，一句回報對方的傷人話語也許就足以恢復我們受傷的驕傲。然而當我們被具支配性的強大力量傷害時，想報復就得採取迂迴途徑。在昆德拉的小

L

說中，有個小孩因為拉錯音符而被脾氣暴躁的小提琴老師瞧不起。這在孩童心中引發了捷克情結，他精心構思出巧妙的計畫：故意重複相同錯誤，直到老師氣到將他抓起來丟出窗外。「當他墜落時」，昆德拉寫道，「這孩子想著他的老師將被控以謀殺罪，心裡感到無比歡喜。」捷克情結的目標是讓別人「看起來和自己一樣悲慘」，將注意力放在懲罰折磨你的人身上，那麼自己的毀滅便顯得無足輕重了。

儘管昆德拉相信捷克情結是人類共通的情緒，不過他指出它之所以成為捷克語中的重要主題，乃源於波希米亞飽受壓迫的窘困歷史。一九六八年，捷克斯拉夫短暫掙脫蘇聯統治，但俄國坦克隨即入侵布拉格。任何局外人都認為抵抗俄國軍隊將是徒然無功，但城牆上的塗鴉卻反映出該國民眾不肯屈服的抗拒心：「我們不想妥協，我們要獲得勝利！」昆德拉說，「這就是彰顯了捷克情結的語言，摻雜了那麼多的驕傲與乖僻。」布拉格即便落敗，仍藉此成功保留了融合反抗與希望的豐富感受。

※ 互見：**報復心**。

＊ 譯注：本文將 litost 權譯為「捷克情結」。「情結」（complex）一詞乃指多種觀念錯綜複雜結合在一起，百感交集的心境。精神分析論者以此指涉被壓抑的情緒性觀念。

寂寞 LONELINESS

乘客不間斷地上下車，未曾與他有過目光接觸。他們將錢包或雜誌遺落在座位上，偶爾也會發發脾氣。在史柯西斯（Martin Scorsese）的電影《計程車司機》（*Taxi Driver*）中，繁忙熙攘的紐約缺乏人與人的接觸，促使越戰退伍老兵畢克鄙視紐約。畢克大概不會說自己寂寞，但他知道他是孤單的，正是這種全然的疏離，最終刺激他實現了暴力幻想。

對選擇孤單生活的人存疑是一項歷史悠久的傳統。「孤獨造就無知，使我們變得野蠻，餵養報復心，讓我們傾向於羨慕別人，產生了女巫，引發世界滅絕。」伊夫林（John Evelyn）於一六六七年這麼寫道，他以諷刺的文章表達文化中對於刻意孤獨者的過度恐懼。更糟的是，孤獨助長了「精神上的通姦」和手淫，因為寂寞「除了**肉慾**之外，沒有**熱情**」。

然而到了十八世紀末，一群生來反骨的浪漫主義詩人和畫家卻故意尋求寂寞的滋味。如今我們可能會說寂寞是一種與人失去連繫的沮喪感，應該加以避免，但是浪漫主義者所稱那種描述身體孤單狀態的寂寞，卻能產生轉化人性的靈性和情緒經驗。在德國畫家佛烈德利赫（Caspar David Friedrich）的畫作《出現彩虹的山景》（*Mountain Landscape with Rainbow*，*1809*）或《霧海上的旅人》（*Wanderer above the Sea of Fog*，*1818*）中，孤獨的步行者全神貫注於周遭廣大崎嶇的荒野，他背對著觀看者，也藉此姿勢與我們隔離。在大自然中感到「寂寞」的他，眼見宏偉壯闊的風光，忘情於敬畏、驚奇和恐怖的感覺——日常生活中微不足道的憂慮，甚至自我獨立感都隨之煙消雲散。

但到了十九世紀中期，「寂寞」的意義已從描繪形單影隻，轉變成描述一種痛苦的情緒。維多利亞時代小說中那些不見容於家人和朋友、被迫在過度擁擠污穢的城市討生活的人物開始談起他們的低落情緒。這是人們首度描述自己「感到寂寞」，即便身旁有其他人在。

十九世紀末，現代大都會——而非鄉間地區——穩居寂寞的主要來源，社會學家如齊美爾（Georg Simmel）稱城市為「全然寂寞之所在」，製造出「人被關閉的門扉團團包圍的感覺」。《計程車司機》裡，畢克的孤立無援直接繼承自這個「世紀末」的（fin de siècle）神經質，對於孕育孤獨、導致瘋狂和絕望的無個性貪婪城市感到緊張不安。

在二十一世紀的英國，政治人物正疾聲譴責城市裡的「寂寞瘟疫」。攀升的離婚率、人們選擇獨居、電腦普及程度日益增加、我們文化中想當然爾的「唯我論」以及缺乏社區意識，全都遭到指責。被視為蹩腳數位替代品的社交軟體取代了可貴的親身互動（在Skype或Facebook上都難以進行目光接觸），也成了被數落的一大問題。因此，根據心理健康基金會（Mental Health Foundation）的一項調查，寂寞風險指數最高者是年輕人，而非老年人。

寂寞具有相當大的危險性：芝加哥神經科學家卡喬波（John Cacioppo）所做的研究顯示，寂寞能增加早逝的機率達十四個百分點，是肥胖的兩倍。卡喬波的研究發現，長期與家人朋友隔離會造成孤寂和冷漠感，因這些感覺而帶來想藉由電視和甜食的溫暖擁抱以進行自我治療的衝動，不僅不利於生理健康，同時也可能導致其他心理問題，例如抑鬱、焦慮和智能衰退。

但還有一種寂寞是浪漫主義者和神經科學家未曾論及的，那是一種不被瞭解的陰鬱侷促感，甚至也會出現在忙碌的家庭生活中。在日本，「繭居」是主要影響青少年和中產階級男性的一種狀態。創造「繭居」一詞的精神病學家齋藤環相信，約有七十萬名日本男性為此狀態所苦。確切的成因目前還不太清楚，不過感覺與家人的價值觀疏離，或者與被安排規劃的職業發展方向格格不入，似乎觸發了他們想完全自我孤立的欲望，切斷了與家人朋友的一切接觸，並且拒絕離開房間，有時甚至長達好幾年時間。在繭居退縮下，某種寂寞感讓位給另一種。這提醒我們，寂寞不只是迷失於曠野之中所產生的感覺，當我們被期待和欲望團團包圍時，也可能心生寂寞。

※互見：**幽閉恐懼**。

愛 LOVE

噢，我的蘇西，我們完全用不著開口，眼睛會替我們傳話。當你的手緊握我的手，我們便不需要語言了。

——狄金森，給蘇珊．吉伯特（Susan Gilbert）的信，一八五二年六月十一日

關於愛，還剩下什麼東西可以談論嗎？寫在無數紙頁上的詩句和歌曲，以及裝滿好幾座圖書館的哲學論述，都設法想表達、瞭解和定義愛。這些數量龐大的文字告訴我們，關於這個主題有太多東西可以訴說，但同時也透露了一件事：真正說得明白的，少之又少。

這種難以捉摸的情緒是如此重要，吸引所有人的注意，而且無比滑溜，沒有任何一種

（單一）解釋能清楚說明愛之為物。即便快樂共度一生，到頭來也難以說清楚「愛」到底是什麼。我們知道愛是存在的——它必然存在，否則我們怎麼仍能以對方的需求為優先，度過爭吵和錯失的連繫？一定有什麼東西讓我們長相廝守，但那是什麼？它是如何辦到的？還有為什麼如此？……正當我們設法想說出口時，這些話語隨即從唇邊溜走，只剩下落空的聳肩和微笑。「那就是，你知道的……」我們能將有關愛的詞曲灌製成唱片，但也往往被愛弄得啞口無言。

愛的失語始於愛真正開始之時。愛讓人變得口齒不清，最古老的例證之一是約西元前六世紀希臘列斯伏斯島（Lesbos）的女詩人莎孚（Sappho）所留下的詩作片段。在絮絮叨叨的談話和歌唱中，她望著她的愛人穿過房間，陷入某種癱瘓的狀態：

我遺失的聲音結結巴巴
拒絕回來
因為我的舌頭軟弱無力。

這個軟弱無力的舌頭不是隨意而發的隱喻，而是莎孚所描述的一連串生理反應的一部分。體內的火燒透她的五臟六腑，將煙霧催送到腦部，因此「我只看見朦朧一片／我的雙耳轟隆作響／汗水迅速湧至，還有一陣戰慄／撼震我的身軀。」承受不了這般濃烈的愛，她說「我離垂死不遠矣！」

「我們應該擺脫這種陳腐的表達方式。」當談及一見鍾情時那種愕然失神或作聲不得的感覺時，司湯達這麼說道。不過，他也承認「這種事確實會發生」。早期醫學傳統中，像莎乎這樣的症狀是真實存在的，而且屬於更嚴重的相思病問題的一部分。早在十、十一世紀的阿拉伯醫師，就正式將相思病的概念列入單戀、尚未圓房的愛情，或是憂鬱症的明顯表徵。

伊本·西那（Ibn Sina）稱這種激情為 al-'ishq 或 illishi，並將之描述為想與愛人完美結合的渴望——在靈與性兩方面。雖然這是一種高貴的欲望，但時間一久，它的強度會讓憂鬱的煙霧升騰至腦部，帶來精神上的混亂，並使戀人變得健忘和沉默寡言。一旦他開口說話，言語往往錯亂、不完整，甚至不知所云。

這種失語的想法一直以來縈繞在歐洲戀人的內心之中，特別是此後數世紀出現在宮廷愛情傳統中的戀人身上，或許這是西方文化裡傾倒出最多愛情的源頭之一，我們的諸多愛情成規，也可以追溯到這個傳統。

十一、十二世紀的奧克語（Occitan）男女吟遊詩人歌詠著對於無法獲得的愛人的渴望。有時正是透過無言的聲息，愛找到了最好的表達方式：嘆氣是戀人語言的一部分，打哈欠也是。與現在不同的是，打哈欠不代表無聊或蔑視，而是獻身於愛情的證明，如同十二世紀後期某位吟遊詩人的描述：

> 我鎮日不時伸展四肢，像隻用嘴喙理毛的鳥，
> 對她打哈欠。

默不作聲的表現，至今仍是我們示愛的方式之一。你可以在默許的寬宥、緊握的手和相互凝望中聽見它。你也可以在「愛」這個字當中聽見它，因為這個字眼承載了無限的意義。我們將它視為別人感覺的客觀標記，甚至是一種使關係向前邁進（或向後退）一步的咒語。

「我愛你，」電影《相見恨晚》（*Brief Encounter*）裡的亞歷克說道，「快別這麼說，」蘿拉回答，她知道事情至此已經回不去了。儘管愛一說出口便產生巨大的牽引力，但卻經常無法完整地表情達意，必須進一步被描述或說明。「我愛你，但我不是要和你談戀愛。」「我愛

你，但不是那種方式的愛。」「愛」的含意果真如此寬廣而且意味深長？而挑逗與調情背後的情緒，是否真的完全等同於建立共同生活的舒適慰藉感？我們對於忠誠老友的感覺，真的與五十年老夫老妻之間的默契，或者對神明或父母或寵物的感覺一模一樣嗎？在思索的過程中，我們好像已經遺落了一些話語……只剩下這個音節，充滿了曖昧含糊，並存在著誤解的可能性。於是，我們只好聳聳肩。

你知道的，這就是……**愛**。

※互見：**欲望**。

M

羞赧	MALU
心之所嚮	MAN
晨間憂傷	MATUTOLYPEA
怪誕恐懼	MEHAMEHA
憂鬱	MELANCHOLY
微慍	MIFFED, A BIT
物哀	MONO NO AWARE
病態好奇	MORBID CURIOSITY
喜	MUDITA

羞赧 MALU

無論我們多麼善於社交、多麼風趣、多受愛戴或多麼成功，當我們景仰的人在場時，我們多半會倉皇失措，腦中一片空白，說起話來語無倫次，而且有一股想逃的衝動。

在英語裡，並沒有一個精準的字眼可以描述這種極端難受的感覺。humiliation（丟臉）或‘shyness’（害羞）都過於粗略，而‘star-struck’* 意思較為接近，但仍不夠到位。不過，馬來西亞的杜順巴古（Dusun Baguk）人將這種感覺稱為「malu」。（譯按：本文權譯為「羞赧」）。

「羞赧」這種感覺極容易辨認，當你身旁都是地位更高的人時，你所突然體驗到的一種拘束、卑下和笨拙的感覺就是了。如果你在伴侶的父母親面前變得沉默，或者和昔日校長交談時，眼睛盯著地板直冒汗，你就可能正在經歷「羞赧」的感覺。

對印尼人而言，羞赧本身並不是可恥的事。許多西方人在被公司總裁問到個人看法時，會感受到深刻的自我憎恨，紅著臉靦腆應答，言語含糊不清。然而在印尼，羞赧是適切的反應，印尼兒童從小就被教導展現出這種「合宜有禮」的行為。

在任何情況下，羞赧這種情緒都能區分出要求尊重以及給予尊重的人。就像說「謝謝」一樣，表達羞赧潤滑了社交生活的轉輪，也鞏固了權力階級的制度。印尼人甚至相信有一種小型植物會表現出羞赧的傾向，那就是本地產的含羞草（putri malu），當它們的葉片被碰觸時，會自動下垂皺縮。

如同所有的情緒，羞赧時的順從靦腆模樣也可以是裝出來的。當某人假扮得過於沉默緊張，不敢明目張膽要求他所偷偷垂涎的某樣東西，他便被稱作「malu-malu kucing」——意思是，表現得像隻害羞的貓。

※互見：**難堪**。

＊譯注：'star-struck'，意指遇見喜歡的人如名人或電影明星時，那種完全無法自已的感覺。

心之所嚮 MAN

展開新事業、移居他城、成為作家，或是學小提琴……，我們往往難以解釋**為什麼**會想做這樣的事，只好說，我們感受到一種深切的召喚，讓我們必須這麼做。

印地語（Hindi）中將這種內心最深層的渴望稱作**man**，作為**manorath**的簡化口語，意為意圖或渴望。（譯按：以下權譯為「心之所嚮」）。

如同在你知道想吃什麼之前所感受到的飢餓，心之所嚮這種情緒隨時等著將自己塑造成某種欲望——當它成形時，就顯得異常清楚明白。「心之所嚮」這種感覺位於頭與心之間的某處，是發自內心深處的渴望，往往可以用「欲求反映出深層自我」的這種概念作為注腳。

此外，人們普遍承認這種感覺是沒有商量餘地的，根據作家塔尼嘉（Preti Taneja）的說法：「沒有人可以跟別人爭辯他心裡所嚮往的東西」。的確，有時我們內心所渴求的東西，著實無法被家人和朋友理解，但如果這就是你的心之所嚮呢？「那麼，」她說，「就什麼都不必說了。」

※互見：**欲望**。

晨間憂傷
MATUTOLYPEA

鬧鐘發出顫振聲，曙光悄悄穿透窗簾，我們一醒來便帶著悲慘的心情和壞脾氣。

這可不是「下錯床邊」（'getting out of bed on the wrong side'）的起床氣，而是聽起來重要得多的 matutolypea。

似乎無人確知這個字是何時被發明，也不知道是誰發明的。只知道它結合了羅馬曙光女神的名字 Mater Matuta，以及意指情緒低落的希臘字 lype，給予我們貴氣的「晨間憂傷」。

※ 互見：**倒胃口**。

M

怪誕恐懼
MEHAMEHA

西方心理學家向來認為恐懼是一種普通性的情緒，並將之歸結為所有人類共有的單一反應。然而，大溪地人卻區分出兩種恐懼，每種都有各自的身體反應。第一種是拼命求生時，讓人心臟砰然作響、胃腸打結的普遍恐懼，他們稱之為 ri'ari'a。而第二種是出現鬼魂精怪和其他危險的超自然現象時，心裡所產生的一種怪異感，稱之為 mehameha。（譯按：以下權譯為「怪誕恐懼」。）

有一位名叫 Tano 的大溪地人向人類學家利維（Robert Levy）描述「怪誕恐懼」這種感覺：「有時當你進到叢林裡，你的頭會開始腫脹，並感覺到身體的變化。你會聽見某種聲響，窸窣聲、吵雜聲……起了一身雞皮疙瘩，接著便想到『這裡有精靈』。」這種異樣感往往好發於薄暮時，一個人在村子範圍外踽踽獨行，突然感受到頭部像吹氣球般腫大、毛髮直豎以及皮膚刺痛的經驗。就像「提心吊膽」的感覺，或者是在溫暖的房間裡毫無由來地發起抖來……「怪誕恐懼」讓有此經驗的人焦躁不安，勇氣盡失。

「怪誕恐懼」可能像滾雪球般擴大成恐怖的感覺，不過很快便會消散，只要你終於發現那個奇怪聲響原來是壁虎在追捕牠的晚餐。然而，如果你非得在天色朦朧時外出，最安全的辦法就是找朋友同行——大溪地人知之甚詳，「怪誕恐懼」只在我們孤身一人時才會出現……

※互見：**寂寞；恐怖**。

M

憂鬱 MELANCHOLY

讓那聽了教人昏昏欲睡的甜美嗓音繚繞著整個房間。拉上窗簾，在膝上裹條毯子，感覺盈眶淚水的溫熱刺痛感。你知道這是在做傻事，會讓別人不耐煩而且生氣（別再這樣沒精打采了！）可是一旦我們的心思飄向已然的失落，很可能一發不可收拾。

倘若說藝術家、學生和藍調歌手是最容易和憂鬱打交道的人，那是因為憂鬱是需要時間好好感受的情緒。或許帶有一點忸怩、一絲造作，但最重要的是，它必須小心翼翼被解開，細細品味一層層如衛生紙般纖弱的自憐、懷舊和後悔。話說比莉・哈樂黛（Billie Holiday）唱出「包裹著糖衣的不幸」是對的。憂鬱的核心可能是失落感，但我們將它當成精美的糕點來品嚐：一種罕見的沉溺，微微的快感。唯一的風險是，我們可能會上癮。

認為憂鬱可能是附庸風雅而且具有危險性，這種看法在文藝復興時期奠立下穩固基礎，當時感受憂鬱的時尚正大行其道。根據當時的醫學理論，憂鬱是體內的一種冷黏物質，此概念源起於西元前五世紀希臘的希波克拉底學派，他將該種物質命名為melania chole（黑膽汁，或譯「憂鬱液」）。文藝復興時期的醫師相信每個人體內都存在黑膽汁，這是人體的四大體液之一，其他三種分別為血液、膽汁和黏液。每個人都處於四種體液的獨特平衡狀態，這個微妙的生態系統會影響人的一切，從健康乃至於個性。舉例來說，根據文藝復興時期作家萊特（Thomas Wright）的說法，體內膽汁過多的人會「因為任何一件小事而極度激動」，並且很快就和解，而黑膽汁比例較高的人則相反。由於黑膽汁是濃稠沉重的體液，因此憂鬱之人傾向於不活潑和孤癖，所以容易被固定和內省的生活方式所吸引。雖然他們較不易被觸怒或冒犯，但是他們「極難和解」。如同現在，大學是他們最喜歡去的場所之一。

根據早期現代醫學的看法，維持健康之道在於保持這四種體液的微妙平衡。有些事物可能會干擾這個平衡，造成某些體液遭受抑制，並使其他體液以奇怪的方式運作。引發強烈情緒的戲劇化事件就被認為會影響主掌憂鬱的體液至深，將平素的不快樂轉變成更嚴重的疾病——憂鬱症。任何人都可能屈服於憂鬱，但體內原本已有大量黑膽汁的人最容易罹病。談戀愛、父母親過世、極度失望等這類事件，都被認為會提高體溫，於是加熱被稱作hypochondria的器官中的濃稠黑膽汁，發散有毒煙霧到腦部，蒙蔽住心智並干擾生命元氣。

憂鬱發作的受害者飽受自我懷疑的折磨，產生莫名其妙的悲傷和畏懼感，迫使他們躲避同伴，甚至戴上寬緣帽以阻隔晝光。在許多方面，憂鬱像極了我們現今所稱的抑鬱，只不過有一個重大差異，憂鬱的煙霧據信也會造成幻覺。在伯頓描述該疾病的名作《憂鬱的剖析》（*The Anatomy of Melancholy*）中，他將憂鬱稱為「千姿百態的恐怖想像」。這些幻覺連同引發幻覺的煙霧讓憂鬱症多了其他的別名，包括「臆想病」，此名稱源自加熱黑膽汁的器官，以及「氣脹的憂鬱」，之所以如此稱呼，是因為除了奇怪的幻覺之外，憂鬱煙霧據信也會造成腸胃脹氣。

陰沉孤僻加上連連放屁，憂鬱人士不太可能成為引領風騷的候選者。然而，到了十五世紀，在某些圈子裡，憂鬱是相當討喜的疾病。亞里斯多德曾表示，傑出的哲學家、詩人和政治家體內含有多於常人的憂鬱。十五世紀中期義大利學者費奇諾（Marsilio Ficino）自認有憂鬱傾向，並且熱衷於接受這個想法。費奇諾認為憂鬱與天才互相關聯，因為致幻的煙霧會帶來創造性的洞察力。

也許是因為這種憂鬱天才的主張蔚為風潮，文藝復興時期學者紛紛開始以陰沉憂鬱自詡，有些甚至裝模作樣——哈姆雷特是出了名的被控訴以「穿戴悲哀的飾物和衣著」。然而，憂鬱時尚可不僅及於男性，《哈姆雷特》寫成後約二十年，出生於一六二三年的新堡女公爵柯芬蒂詩（Margaret Cavendish）這位多產的自然哲學（當時對科學的稱呼）作家，雖因故作「瘋狂、自負和可笑」而遭皮普斯（Samuel Pepys）的抨擊，但是出現在她的著作《哲學與自然見解》（*The Philosophical and Physical Opinions*）書封上的她，看起來與其說是目空一切，倒不如說是哀傷。她用半張半閉的雙眼望向讀者、緊抿嘴唇、面露沮喪，無視於身旁胖嘟嘟長著翅膀的可愛小天使。柯芬蒂詩以本名出版作品，而不像當時女性作家那樣使用化名，她的故作憂鬱，是希望讓人認真將視她為一名學者。

即便憂鬱是有智識男性或女性的標誌，但也可能帶來折磨，這是身為天才的代價。對伯頓而言，獨自散步一個小時的「甜美」憂鬱冥想，可能帶來更加嚴重的憂鬱症狀，讓他因無以名狀的恐怖而畏怯蜷縮，並且極難恢復。

在二十世紀，我們仍擔心一個無害的故作憂鬱可能越演越烈，變得更痛苦和持久——而且我們治療憂鬱的方法與十七世紀的作法，有著驚人的共通之處。

M

文藝復興時期建議用來治療憂鬱的方法讓人不太舒服：瀉劑被認為可以減少黑膽汁的含量，其中包括催吐的黑藜蘆以及吸血的水蛭。而伯頓則以書寫憂鬱作為終生的職志，「我忙於有關憂鬱的寫作，以避免憂鬱」，他這麼寫道。最終，他將他的研究視為該疾病的成因，同時也是治療解決之道。

※互見：**悲傷**。

微慍
MIFFED, a bit

這種情緒得不到頌揚，沒有協奏曲或知名畫作來描述它那姿態高傲的小小不屑。儘管顯得微不足道，但是微慍感在英國人的心理卻佔有特殊的地位。

「微慍」是受到些許打擾，多少有點被冒犯的感覺，發生於我們在地位高低的秩序中暫時亂了套——例如當我們期待一個好禮物，結果卻收到別人用過的舊東西作為搪塞，或者有人開錯了玩笑，讓我們覺得受到侮辱；又或是談話變得引起爭論，激憤隨之而生。微慍的感覺是嚴重的，儘管為時短暫。不過在外人看來，被激怒者噘著嘴唇、姿態高傲的表情，只會顯得有點愚蠢。

事實上，微慍有個至少可以追溯到十七世紀的顯赫族譜，當時說顯得 'mifty' 或 'miffy'

的態度，就是指表現出帶有怒氣或受到打擾的樣子。儘管看似古雅，微慍感應該從其微妙的深度層次加以理解：表層是劍拔弩張的防禦性外殼，內層則是被哄騙和失望的慌亂。

最重要的是，微慍感蘊含了法國解構主義者所說的 jouissance（或譯「暢爽」），也就是留給讀者大量詮釋空間的趣味模糊語意。因為，當英國人說感覺「確實有一絲微慍」時，實際上可能代表他真的非常生氣。

※互見：**曖昧恐懼症**；**失望**；**憎恨**。

物哀
MONO NO AWARE

日本平安時代（七九四～一一八五）式微之際，詩人暨侍女紫式部寫出常被說成是世界第一部小說的《源氏物語》。這個故事描寫政治的爾虞我詐，以及皇帝私生子複雜、不可勝數的風流韻事，深入探索了皇宮內院的生活。書中瀰漫著生命稍縱即逝的靜謐感，訴說著所有的生物、甚至非生物都免不了要枯毀消亡，產生一種被稱作「物哀」的感覺。

物哀的字面意義是指事物的感傷，往往被描述成對生命短暫無常的感嘆。這是一種帶有多重細微層次的感覺：隨著體認到變化之不可避免，悲傷和平靜感油然而生，還有預期著失落即將來臨的憂愁，以及知道它們必定會結束的痛快。

物哀根植於禪宗的「無常」概念，同時也和審美感「侘寂」有關。且不論它複雜且頗多

M

爭論的原理，侘寂所喚起的是只見於未完成或不完美事物身上的特殊美感。之所以美，特別因為它們的不完美是衰敗和無常的跡象，因此，舉例來說，侘寂是對於瓷瓶裂縫之美的敏感性，或者對掉落的楓葉枯乾葉緣的鑑賞力。

《源氏物語》第十章〈楊桐〉捕捉住當我們適逢無常之美時所產生的愁思。男主角光源氏穿著昂貴稀罕的綢服穿過殘敗至極的蘆葦原，在必須永別之前（他即將別娶，而她要出家為尼）去探訪他的愛人六條御息所。「秋花落盡，冬蟲悲鳴，呼嘯穿過松林的風帶來片刻的樂音。」翌晨，「被露水和淚水沾濕衣袖」的光源氏，遂這麼撒手人寰了。

※互見：**荒墟癖**。

病態好奇
MORBID CURIOSITY

為什麼當我們途經高速公路車禍現場時，會發現很難專心看著前方路面？或者，在鄉間散步偶然碰見動物屍體時，肚破腸流的景象讓我們既想看又覺得作嘔？二〇〇四年英國建築工人比格利（Ken Bigley）在伊拉克遭到處決，他被斬首的錄影畫面據說是隔天Google上最熱門的搜尋項目之一。為何痛苦、致殘、死亡和腐爛的景象，會有如此令人難以抗拒的吸引力？

當代心理學家對於病態好奇的發生原由並無真正的共識。有人說，這是因為我們生活在經過消毒的時代：死亡和受苦被隱藏在醫院簾幕內，反而使一切變得更加迷人。不過病態的好奇並非現代才有的現象，在寫於將近兩千五百年前的《理想國》中，柏拉圖敘述了某個雅

M

典貴族青年利奧提烏斯的故事。在城牆外散步時，利奧提烏斯碰見一堆剛被處決的罪犯屍體。雖然他用手摀住雙眼並且知道不該看，但他很快就忍不住跑向前，專心飽覽這幅可怕的景象。柏拉圖本人並未大膽解釋為何利奧提烏斯如此熱切地凝望屍體，不過此後有許多哲學家都嘗試理解該現象。大致而言，主要有三種理論。

第一種最為常見：見證他人受苦，具有淨化作用。舉例來說，十八世紀德國哲學家康德曾注意到人們爭相前往行刑場，帶著洶洶然的興奮之情，「彷彿是去看一齣戲劇演出」。康德認為，這並非因為他們天生就對觀看死刑犯痛苦掙扎的緊張場面感興趣，而是因為一旦令人難過的景象結束後，他們便會獲得一種「鬆弛感」。康德的理論乃奠基於更早、更有名的希臘哲學家亞里斯多德所勾勒的「淨化說」。亞里斯多德認為藉由引發恐怖和憐憫的強烈感覺，讓我們得以在事後將它們清除。亞里斯多德以擅長描繪細節而聞名，不過他所說的某種壓力的釋放也許能說明為何在看完讓人張口結舌的大量血腥場面後，離開電影院時，我們會感覺到比較輕鬆和莫名的精神振奮。

第二種理論認為，病態的好奇是一種具備某種用途的內建反射。大約正當康德有系統地闡述他的「鬆弛感」理論時，英國倫理學家亞當．斯密主張，目睹別人受苦有助於促進當時被稱為同情（sympathy）的凝聚力。當我們因為他人的受苦而畏縮時，我們不只是在享受一齣戲劇演出，同時也會體驗到其痛苦在我們自己體內的微弱呼應。「這種替代性的畏縮」，亞當・斯密寫道，「證明我們天生有將心比心的本能。」亞當・斯密的主張或其他相關版本的論述，至今仍有相當大的影響力。現今的心理學家以進化的推動力來解釋，因此當我們伸長脖子探看被送進救護車的擔架，或抬頭張望柏油路面的血跡時，我們並非可恥地從別人的不幸中獲得興奮感，而是藉此對他們的痛苦感同身受，從而強化了社會凝聚力。

另外有些心理學家主張，我們瞪大眼睛觀望是為了讓自己熟悉災難，以便做好應付威脅的準備。不管是哪一種主張，認為我們的病態好奇乃與生俱來，是一種反射而非選擇，或許能解釋這種好奇心為何難以抗拒，就像呵癢會讓人失聲尖笑，或者打呵欠的衝動無法抑制那樣。

然而，這些解釋可能也經過消毒。第三種理論與我們較陰暗的天性有關。二十世紀初期精神分析學家榮格相信，每個人的心靈中都深藏一座暗黑的貯存庫，裡面流動著我們的好色欲望、兇殘怒火和想自殺的絕望感。根據榮格的說法，我們既被這種自我的「陰暗面」所吸引，同時也感到厭惡。其吸引力如此之強大的理由之一是，心靈渴望自我完備，變得整全無缺，而非零碎片斷、部分受到壓抑。因此，榮格認為，當我們偶然發現機會以滿足我們的恐怖衝動時——例如藉由觀看受刑犯的照片——我們可能體驗到紓解，甚至圓滿的欣快感。對這種感覺的追求或許可以說明為何巴拉德（J. G. Ballard）小說《車禍》（*Crash*）中的人物，例如范恩博士和他那群災難癖朋友（車禍戀物癖），為何會藉由汽車的相撞及傷殘結果來達到性興奮。

不過對大多數人而言，病態好奇仍是一種帶有罪惡感的鬼祟樂趣。我們會允許自己偷瞄，而非光明正大地凝視；雖然想要觸碰屍體，但雙手仍緊緊插在口袋裡。參觀奧許維次集中營或原爆點可能讓我們因為該地曾發生的憾事而充滿驚慌和悲傷之情，但我們熱切的興趣也會教人感到羞恥和迷惑。

或許我們可以被迫眼睜睜看著某人死亡，但明白了我們正在侵犯其隱私時仍會感覺到矛盾，繼而驚奇，倘若僭越行為的本身具有吸引力的話。或許唯一有權利觀看疾病和苦難極端景象的人，是「對於緩解痛苦能有所作為的醫師」，蘇珊・桑塔格這麼寫道，「我們其他人都只是偷窺狂，」她總結，「無論有意或是無意。」

※互見：**幸災樂禍**。

喜 MUDITA

看見別人的微笑未必是件單純的事。我們也許路過他們美輪美奐的新家，或者聽說他們和孫子在動物園度過美好的下午，並感覺到自己的心情也跟著飛揚起來。不過，在我們的祝賀底下，似乎暗藏著一小塊羨慕的疙瘩。有時，就如美國小說家維達爾（Gore Vidal）的體悟，「光是成功還不夠，別人必須失敗。」

對於生活在西元前五世紀或六世紀的釋迦牟尼來說，喜（mudita）並不是需要爭奪的稀有資源，或者只分配給少數幸運的人，而是無窮無盡、取之不竭的東西。佛陀認為「喜」這個字代表聽聞他人幸事時所感受到的喜樂，而非羨慕或怨恨的經驗。而且，他認為喜可以被感知的事實，證明了別人的快樂並不會減少你自身快樂的存量，反倒會讓它增加。

※ 互見：**高興；共榮感；同理心；幸災樂禍**。

M

N

子女榮耀 NAKHES
驚跳恐慌 NGINYIWARRARRINGU
懷舊 NOSTALGIA

子女榮耀
Nakhes

「我不知道他們竟然製作了第九名的錦旗！」飾演十足美國式家父長傑克（Jack Byrnes）的勞勃．狄尼洛說，當時他正狐疑地審視「蓋洛德之牆」——他的猶太親家夫婦用來表彰他的女婿蓋洛德．法克（Gaylord Focker）諸多「成就」的一面紀念牆。

在喜劇電影續集《親家路窄》（*Meet the Fockers*）中，導演傑伊．羅奇（Jay Roach）從兩個不同文化的對比激盪出各種笑料，一個是蓋洛德成長環境裡充滿愛與支持的教養氛圍，另一個則是傑克所代表的粗獷邊疆開拓精神。

強調為人父母者對子女的過度驕傲或許是嘲弄猶太人的老梗，但不可諱言，每個人都從子女——甚或兄弟手足——的成就中，獲得了愉悅和滿足感。也許是你家老么第一次學會爬行，或老大學會做法式鹹派，眼見你的孩子完成某件事——任何事！——都能教父母心花怒放。

意第緒語（Yiddish）中有個特別的字眼用來表達這種感覺：nakhes，指的就是因子女的成就而產生的榮耀感。即便嬰兒學會爬行這種最微不足道的成就，也會令父母親高興得放聲大叫，將兩代人緊密結合在共享成功滋味的感覺之中。

※互見：**喜**。

驚跳恐慌
NGINYIWARRARRINGU

某些情緒成為關乎生存非常重要的一部分，因此我們細分了其中的微妙差異，並逐一加以命名。近十年來在西方世界中，我們已經為許多種類的憤怒命名。對於居住在澳大利亞西部沙漠的賓土比人來說，共有十五種不同的恐懼。

其中，ngulu 是當你認為別人伺機要找你報仇時所感受到的畏懼；kamarrarringu 是察覺有人從背後偷偷挨近時那種僵住、汗毛直豎的緊張感；kanarunvtju 是夜間惡靈來訪時，四下瀰漫讓人無法入睡的恐怖感；而 nginyiwarrarringu，則意指突如其來讓人驚跳起來的恐慌。產生這種感覺的人，通常會馬上環顧四周，想知道是什麼原因造成了這種不安的感覺。

※互見：**恐懼**；**羞赧**。

懷舊 NOSTALGIA

一首歌曲能立即讓你回憶起一段往日戀情。翻閱舊照片或許不只帶來驚奇——（瞧瞧那壁紙！當時我那麼瘦！）——還有斷絕連繫和希望褪色之後所引發的哀愁。緬懷過去讓心頭既溫暖又感傷，這種滋味往往苦樂參半。然而在不到一百年前，懷舊的幻想卻真的能要人命。

一六八八年，名叫霍費爾（Johannes Hofer）的醫科學生寫了一篇有關某種神秘疾患的論文，這種病症爆發於在異鄉作戰的瑞士僱傭兵之間。一開始，這些士兵因為想家而分心。他們先是聽見遠方的牛鈴聲，繼而陷入無精打采和悲傷的心緒，讓他們「時常嘆氣」而且「無法安睡」。接下來，他們開始出現奇怪的身體症狀，包括器官損傷、心悸，以及因而產生

「心智遲鈍」等某種痴呆。有些士兵死於該疾病，因為不飲不食而日漸消瘦，有些士兵則想方設法要回家——這是已知唯一的治療方式——結果往往因為擅離職守而被處決。霍費爾發明了一個新字來描述這種病症，nostalgia（懷舊／鄉愁）——源自希臘字 nostos（還鄉或返回）和 algos（痛苦）。到了十九世紀，鄉愁成為歐洲醫學研究的重點題目之一，而最後一名被診斷出鄉愁並死於該疾病的人，是一九一八年在法國參戰的美國士兵。

二十世紀初期，鄉愁的意涵開始轉變，與思鄉成疾的關聯逐漸淡化，取而代之的是對過往事物的渴望。如今，懷舊的幻想是令人惆悵但痴迷的時光旅行，藉由氣味、歌曲和影像將我們送進兔子洞，回到我們所嚮往的昔日生活。太多的懷舊可能讓你陷在不滿意的現狀以及誘人但不可復得的過去之間。不過，經常突如其來地與遺忘已久的記憶接上線，的確能產生歸屬感、身分意識和持續性等愉快的感覺。正如吳爾芙在小說《燈塔行》（*To the Lighthouse*）中所言，對往事的非自願回顧，帶來了「事物的連貫性和一種安定感」，就像一顆珍貴的寶石，光芒射穿我們生命中的混沌。*

近來有數量驚人的心理學研究強調沉迷於懷舊念頭的好處，認為如此可增進我們的存在意義感和社會凝聚力。心理學家魯特里奇（Clay Routledge）甚至提倡「懷舊練習」，例如閱讀舊書信或列出寶貴記憶的名單，以對抗焦慮、寂寞和無歸屬感。此外，我們的周遭環境和身體感覺也能幫得上忙，嗅覺回想是最強有力且最直接的——神經學家說，這是因為氣味訊號直接從鼻孔通往我們情緒和記憶所在的邊緣系統。

中國南方的一個研究團隊甚至注意到，懷舊情緒在天氣較冷時更加普遍，因此主張緬懷過去可能藉由提高體溫而發揮了某種演化上的效用。這麼說來，懷舊真是名符其實的暖人心窩。

在不到一個世紀間從致命疾病變成促進健康的消遣，懷舊／鄉愁已經不復昔日的模樣。

※互見：**憂鬱；後悔**。

* 注釋：廣告客戶和商人大肆利用懷舊所帶來的溫暖商機，包括杯子蛋糕、古董衣飾攤、對八〇年代事物的復古狂熱……是否已經失控了?根據專事諷刺的美國報紙《洋蔥報》（*The Onion*）的一篇虛構報導：「美國復古流行部：『我們恐怕即將用光我們的過去。』」

O

內疚 OIME
淹沒感 OVERWHELMED, FEELING

內疚 OIME

在日本，受別人照顧的愉悅是值得稱頌的，但也另有一個日文字 oime（內疚）存在。它大致的意思是：受人恩惠時所產生的極度不舒適感。

※互見：**感激**。

淹沒感
OVERWHELMED, feeling

二十一世紀初期，在困擾我們的一切麻煩當中，「資訊超載」似乎特別是現代世界所獨有的。我們載浮載沉於洶湧翻騰的數位資訊浪潮，用已經掌控局面的假象來自我安慰，但只要踏錯一步，我們便陷入拼命掙扎喘息的處境，甚至滅頂。

這種水的意象（感覺「沒頂」、「數位洪水」等）其來有自。「被淹沒」（overwhelmed）一詞源自中古英語 whelme 或 quhelm，意為「翻覆」。一開始我們或能設法浮出水面，但不久後便會有下沉的感覺——因為資訊超量而引發的挫敗感。

事實上，儘管我們的科技日新又新，但被資訊淹沒的恐懼卻完全不是這麼一回事。十五世紀末繼古騰堡發明印刷機後，廉價書籍開始充斥市場。抱怨「資訊過多」的聲音隨即出現。

在此之前，人們相信要通曉世間一切知識是有可能的。十世紀學者兼書商哥多華的盧布娜（Lubna of Cordoba），任職位於安達魯西亞的伍麥亞王朝（Umayyad）皇宮大圖書館，這是中世紀阿拉伯世界的學問重鎮之一。盧布娜是倍受敬重的博學之士，根據同時代人士的說法，她擅長寫詩而且精通數學和一切科學。這並非純屬誇大的說法，從她擔任抄寫伊斯蘭聖訓[1]的工作，以及往返於巴格達書市購置早於蘇格拉底的古代哲學家作品來看，人們認為盧布娜的腦袋裡貯存了全世界的大部分知識。

此後印刷機被發明的數十年間，作家們開始表露無力應付新資訊浪潮的心聲。「世界上有什麼地方能避開這麼一大堆新書嗎？」伊拉謨斯問道。如同我們現今所面臨的資訊超載，當時的讀者同樣擔心他們能否完全信任這些出版品。正如伊拉謨斯所言，重要的概念一旦與其他東西混成一團，「便全然喪失其益處。」其他人也有相同的恐懼，喀爾文[2]抱怨「混亂的書海」，笛卡兒則抱怨書的「數量過多」（'copia'，源自羅馬豐饒女神 Copia 之名），徒增困惑。這使他們面臨一種我們現在十分熟悉的窘境，那就是，要如何知道什麼才是重要的？他們是否該設法專注於精選名單中的經典作品而忽略其他？（即便在當時，你該如何決定選單的內容？）或許他們乾脆完全放棄閱讀，坐等靈光示現就好。

要應付這個早期的「資訊超載」問題，比較務實的辦法是發明篩選、處理和貯存資訊的技術。自從老普林尼創作出他的《博物學》（*Naturalis Historia*）後，按字母順序加以組織的參考書籍至少已存在一千五百年之久，但此時它們變得異常受歡迎。其中最龐大的作品之一是荷蘭人拜爾林克（Lawrence Beyerlinck）的《人類生活百科大全》（*Magnum Theatrum Vitae Humanae*），內容分成八冊，多達一千萬字。新的「精華錄」文類也開始盛行，例如佳言集（Florilegium）——將適於引用的言論蒐集成冊，按科目、標題安排，讓時間有限的演說者或寫信人可為其文字增添博學的優勢。大學裡教授做筆記的技巧，而筆記的歸檔系統（木板上設置懸吊紙頁的成排掛鉤，按主題或概念組織分類）也被發明出來，如此一來，一本書便無需閱讀兩次。

現在我們設法以類似的工具駕馭「資訊超載」。由搜尋引擎劃定出範圍，而從事研究的學生被教導將閱讀計畫拆散成聰明目標[3]，以便讓事情感覺起來比較容易管理。雖然被資訊淹沒的威脅感容易教人氣餒，但其中一項好處是，它迫使我們變得更擅長利用有效的方法來閱讀。盧布娜煞費苦心在圖書館裡抄寫拉丁文和希臘語文本的模樣，如今實在難以想像。

不過約翰遜[4]或許能讓我們精神一振。他似乎欣然同意，如此大量湧現的新書需要讀者賦予不同程度的注意力。他歸類出四種不同的讀書方法：「努力研讀、細讀、淺讀和好奇的涉獵。」第一種需要極度的專注力，最後一種只需粗略瀏覽，以備在咖啡館裡閒聊之用。憑藉這種務實的讀書方法，約翰遜才能免於被資訊淹沒的感覺。的確，他明白「作家或許會不斷倍增，直至找不到讀者為止」。

※互見：**困惑**。

---

1. 譯注：伊斯蘭聖訓（Hadith），內容為穆罕默德的言行錄。
2. 譯注：喀爾文（John Calvin，1509-1564），十六世紀宗教改革家。
3. 譯注：聰明（SMART）目標是指達成 specific（明確）、measurable（可測量）、assignable（可分配）、realistic（實際可行）、time-related（有時間觀念）的目標。
4. 譯注：約翰遜（Samuel Johnson，1709-1784），英國作家、評論家暨辭書編纂者。

P

恐慌	Panic
妄想	Paranoia
乖僻	Perversity
空曠恐懼	Peur Des Espaces
疼愛子女之情	Philoprogenitiveness
賭氣	Pique, A Fit Of
憐憫	Pity
郵差之怒	Postal, Going
驕傲	Pride
想得美	Pronoia

恐慌
PANIC

群眾瘋狂奔向緊急出口，在救生艇或足球看臺上死命推擠。電影《大白鯊》裡的鎮長警告說，一旦喊出「有鯊魚」，「我們就得處理恐慌的問題」。屆時克制和理性將蕩然無存，取而代之是讓人發瘋似地驚聲尖叫、又抓又踢的自我保存本能。

'panic' 一字源自希臘神話，描述曠野中旅人所感覺到的一種突如其來、莫名其妙的恐怖。事後他們才明白是碰見了半人半羊、兇野的牧神潘（Pan），喬裝成一棵樹或一塊岩石。潘主掌喧鬧的儀式，膜拜的信徒會以狂歡宴飲來讚頌他。恐慌因此變成與難以解釋的畏懼，以及被危險的集體不理性力量所擺佈的感覺有關。

到了十九世紀，恐慌成為新派思想家多所研究的現象，他們自稱為「群眾心理學家」。

塔爾德[1]與勒龐[2]將恐慌列舉為感染性情緒發揮作用的例子之一。他們相信當個人成為群體中的一份子時會退化到原始狀態，個人之間的界限變得較不穩固，而且情緒就像細菌一樣到處傳播。這些概念仍部分構成我們目前視恐慌為某種「原始」經驗的談論方式。然而值得注意的是，這些十九世紀晚期的看法出自於我們現在認為站不住腳的人類情緒生活論點：據信，最無法控制自身情緒、最易受他人情緒影響者，是那些位居演化階梯底部、所謂「較低級種族」的成員、歇斯底里患者，以及被貼上「退化」標籤的人。

現在我們不僅從別人身上感染到恐慌，我們自己也會引發恐慌。獨自一人的「恐慌發作」（'panic attack'）首度於一九六〇年代被命名，這可能是最可怕的痛苦經驗之一。你想吸氣，但沒有空氣可吸，隨著房門閉攏，心跳砰砰作響。你覺得胸口緊縮，並且知道自己正在大量出汗，惟恐心臟病發生在即，讓恐慌的感覺更加嚴重。恐慌發作是創傷後壓力症候群的常見症狀，好發於患有極端恐懼症者，不過任何人都有可能出乎意料地經歷該症狀。

同時，我們也比以往更容易產生暴民恐慌。彼此身體的湊近——在擁擠的電影院裡大喊「失火了！」那種近在咫尺的恐懼氣息——不再是必要條件。此外，有關陰謀活動的說法和謠言也能在推特上盛傳，造成搶購瓶裝水的風潮或者引起股市的震盪。保全人員在公共播音系統上說話時，仍得不嫌麻煩地用密語來指稱「火災」和「無人看管的包包」。然而更危險的，還是透過智慧型手機和筆電傳播的恐慌，在人造衛星之間跳彈，留下一團混亂和疑惑。

你曾感到恐慌嗎？如果還沒有過，可參閱「關門恐慌」。

想知道更多有關具有傳染性的感覺，可參閱「同理心」。

1. 譯注：塔爾德（Gabriel Tarde，1843-1904），法國社會學家、犯罪學家、社會心理學家。
2. 譯注：勒龐（Gustave Le Bon，1841-1931），法國心理社會學家、社會學家，以其群體心理研究而聞名。

妄想
PARANOIA

你一走進門，整個房間就安靜下來。當你路過公車站，一旁學童笑聲就戛然而止。那個重要信封已經被打開。電話裡出現奇怪的卡嗒聲。你的心跳砰砰作響，手掌冒汗，世界突然變了樣。有人想找我們麻煩。

情況真是這樣嗎？

每個人偶爾都曾懷疑自己遭到暗算，或者以為某句看似無害的話其實暗藏玄機。說到妄想的感覺（而非狀態），這種雙重不確定性正是我們設法想要釐清的。我們不光懷疑別人的動機，而且也不確定能否信任自己的動機。[1]

妄想這個字首度於西元前五世紀出現在醫學文獻中，當時希臘醫師希波克拉底注意到發燒的病患經常變得譫妄，於是用 paranoia——源自希臘語 para（超出）nous（心智）——來描述這種症狀的發作。到了十八世紀中期，舊有的憂鬱診斷結果逐漸減少，醫師們重新用「妄想」來描述「疏離的心智」所產生的錯誤感知與幻覺。

一直到十九世紀晚期，妄想才有了現代的含意，而與經常十分精巧的偏執幻想連結在一起。或多或少受到德國法官施雷貝爾（Daniel Schreber）回憶錄的啟示——他相信上帝與他的精神病學醫師勾結，想利用從牆壁發射的特殊光線將他變成女人——新一代精神病學家於是將妄想重新分類，從暫時性的神經質（或情緒）疾病歸類到永久性的精神疾病，其特徵是嚴重的錯覺。

許多原本用以描述極端精神病症狀的用語已進入我們的普通情緒詞彙中：我們會談到抑鬱、焦慮或幽閉恐懼的感覺。妄想一詞被發明、並成為被迫害幻想等相關疾病的幾十年內，開始更廣泛地被使用。那些疑心過度，或很容易以為別人想暗算或羞辱他們的人被稱作「妄想狂」。

有些作家認為這是心靈窒悶陳腐的證據。納博科夫[2]於一九五七年寫道，「沒有什麼比妄想更平庸、更中產階級。」當美國與蘇聯之間的緊張態勢升高為冷戰時，人們便經常提及是妄想讓全球規模的敵意更加惡化。在報紙上，領導者被描繪成焦躁且深具防衛心，他們的情緒隱晦難測，隨時準備壓抑或發動攻擊。在納博科夫眼中，妄想似乎顯得猥瑣頑固，但在某個歷史時期，它曾經是看似會造成世界毀滅的元兇。

據信目前妄想正在增加中，儘管我們活在人類歷史上最不具危險性的時代之一，比起我們的先祖，現代人更不可能被鄰居用棍棒打死，或者被野獸吞食下肚。然而，我們似乎比以往更加疑心別人想要傷害我們。當代心理學家費里曼（Daniel Freeman）研究了二〇〇五年七月倫敦地鐵爆炸案後乘客之間的妄想增長的情況，他認為，我們的「恐懼文化」已經促成對於威脅所生的無端神經質反應。他或許是對的，但用不理性和被蒙蔽來提醒自己，就必然可以緩和偏執的想法嗎？有時這反而讓事情變得更糟，損耗我們相信別人和自己的能力。如果我們更認真看待自己偏執幻想的內容，情況又會如何？

與妄想關連最深的兩種疾病是精神分裂症和痴呆。然而，若將病患所報告的被迫害妄想僅視為不健全心智錯亂發展的結果，可能會是相當膚淺的評斷。精神分析學家因此傾向於相信偏執的幻想存在著更多意義，而且往往視之為我們在處理無法忍受的生活層面時用上的某種方法。假使你年老獨居，而且子女鮮少前來探訪，實際上你可能更偏好相信軍情五處[3]正在過濾你的電話，而不是沒有人在乎你。以為有人在工作上故意扯你後腿，或許比承認自己努力不夠更容易被接受。或者，相信另一半正在搞外遇，比起面對兩人關係中喪失親密感的事實更為好受些。承認「我就是在妄想」，也就是正視恐懼而非責備自己和彼此，能幫助我們笑看真正困擾我們的種種事情。

對妄想持更開放的態度已在各種具開創性的醫療方法中被採納。如果你的祖母對你吐露說，護士在偷她的照片，有可能只不過是她的助聽器故障了。當我們不太瞭解別人在說什麼時，大多數人都更容易產生妄想，例如在我們不會說當地語言的異國他鄉。

然而，有時會有更複雜的情況發生，葛納[4]在照料自己的母親之後開始對痴呆的問題感興趣。她認為，痴呆症病患傳達給照料者的某些顯然為妄想的故事，若能將它們當成是病患試圖利用過去的經驗來弄明白現在令他們迷惘的經驗，這樣會比較好理解。葛納建議別質疑他們所說的話，而是進入這些故事的精神中，以便為病患和照料者雙方創造更和善與支持的經驗。

罹患痴呆的初期階段常要經歷令人恐慌的混亂。不過，大家同樣都得應付日常生活中的曖昧不明，這正是使人疑心大作之處。或許我們傾向於用雙重含義和惡意企圖來解釋別人輕描淡寫的幾句話，這證實了我們對自我形象的低劣評價。但也許妄想的感覺主要在提醒我們活在一個未必總是清楚明朗的世界，我們全都必須不斷面臨挑戰（「只有妄想者能存活下來」）。

妄想以及人類想像力最教人驚奇的其中一個層面，是能讓我們在沒有關聯之處看出有意義的關聯，就像在不相干的隨機字句之間創造出連結，或者從雲中看出哭泣的臉。

※互見：**曖昧恐懼症；異鄉感；想得美**。

1. 注釋：就像某個老掉牙笑話所說的，就連妄想狂也有敵人。
2. 譯注：納博科夫（Vladimir Nabokov，1899-1977），俄裔美國作家，傑出的批評家、翻譯家、詩人，《羅莉塔》為其知名小說。
3. 譯注：軍情五處（MI5），英國情報及國家全安機構。
4. 譯注：葛納（Penny Garner），痴呆症基金會（Contended Dementia Trust）的創辦人和臨床主任。

乖僻 PERVERSITY

理性越是嚇阻我們朝邊緣走去，我們反而越有想要靠近的衝動。

——愛倫坡，〈悖理的惡魔〉（'The Imp of the Perverse'）

這是愚蠢至極的故意唱反調。不理會銀行結單，或任由菜餚腐敗，或是在最後期限逼近時出門飲酒作樂。我們知道自己是唯一會因為這件事而受罪的人。然而，在乖僻佔了上風的時刻，我們很難不趾高氣昂。

早在佛洛伊德之前的五十年，這種任性的欲望就可追溯到潛意識的幽深之處。美國恐怖故事大師愛倫坡想出一個更加撩人的想法：有一種名叫「悖理的惡魔」的淘氣小惡魔，會誘使我們做出最自我毀滅的舉動，引誘我們忽視責任，哄騙我們認罪，或引導我們走向懸崖邊緣，慫恿我們往下跳……

想知道其他有關被惡魔植入的情緒，可參閱「倦怠」和「恐怖」。

想知道其他有關想往下跳的原因，可參閱「虛空呼喚」和「捷克情結」。

空曠恐懼
PEUR DES ESPACES

B女士用家具塞滿公寓房間，她發現窩在用椅子和櫥櫃堆成的兔洞裡讓她感到安心。當她不得不外出時，巴黎巨大的廣場和林蔭大道讓她覺得喉頭一陣緊縮。更糟的是跨越橋樑的光景：從此端到彼端，想像自己陷入流動的人群和交通車潮中，頓時感到頭暈目眩而且開始顫慄，並堅信每個人都在注視著她。

十九世紀晚期是恐懼症的時代。心理學家似乎每週都能診斷出新出爐的恐懼症。截至一九一四年為止，恐懼症名單已經超過一百條，從完全可理解的「死亡恐懼症」（thanatophobia）到無比奇特的「十三恐懼症」[1]。這些案例之中，在公共空間裡感到恐怖的恐懼症是最知名的一種。一八七〇年代晚期，法國心理學家杜索爾（Henri Legrand du Saulle）診斷出他的病人B女士的症狀為「空間恐懼」（peur des espaces）：一種由開闊的公共空間所引發的恐懼。在德語中，相同的症狀被稱作 Platzangst（意為「廣場恐懼」），而佛洛伊德稱之為 'locomotor phobia'（「運動恐懼症」）。大約同時期的精神病學家威斯特法爾（Carl Otto Westphal）所提供的名稱，在今天最廣為使用：agoraphobia（空曠恐懼症，字面意義為「害怕市場」）。

對於公共空間的恐懼感之所以於十九世紀晚期浮現，部分原因是城市生活展露了新氣象。歐洲現代新城市所具備的商場長廊和宏偉火車站成為被大肆吹播的進步象徵，按理說，這可以替有幸居住其間的人創造出敬畏和自由的感覺。然而，對於作家諸如齊美爾和稍後的班雅明[2]來說，新的都市景觀卻帶來了寂寞和疏離——以及有太多選擇的迷向感。在聯軌站和橋樑附近感到恐慌，但在住宅區卻覺得比較安全，這是空曠恐懼症獨有的特徵，因此該疾病似乎最主要是針對現代化事物所產生的不安反應。

自從一個世紀前空曠恐懼首度被描述，如今我們對它的瞭解已有些許改變，也產生各種不同的附加理論。演化心理學家主張，人類先祖天性上會避開無法躲避掠食者的開闊空間，因此相信空曠恐懼症如今只算是一種小毛病，是不再有用處的本能突然顯現。倫敦大學學院和南安普頓大學研究人員將空曠恐懼症連結到內耳的問題——協助控制空間定位與平衡感的前庭系統出了差錯。他們認為，前庭系統衰弱的人在缺乏視覺線索作為參考時很容易迷向，例如在空曠的機場或擁擠的人群中，這可能解釋了在開放空間中的暈眩感。

女性主義批評家將注意力放在空曠恐懼症更常在女性身上被診斷出來的事實（已知患者中，女性大約佔百分八十五）。他們提醒醫療人員，有些女性持續體驗到公共空間令人生畏的感覺——之所以覺得不舒服，是因為她們被人盯著看，或者感受到威脅，因為性侵言語以她們作為攻擊目標，因此她們有足夠理由對公共空間心生恐懼。在此脈絡下，空曠恐懼症也許不盡然是一種錯覺或疾病，而是對敵意世界的合理反應。

想知道其他與空曠恐懼有關的情緒，可參閱「幽閉恐懼」與「囤積衝動」。

1. 譯注：十三恐懼症（triskaidekaphobia），對數字十三的恐懼。
2. 譯注：班雅明（Walter Benjamin，1892-1940），德國猶太裔哲學家、文化評論家。

疼愛子女之情
PHILOPROGENITIVENESS

十九世紀初期流行以檢視頭顱隆起的狀況來推測一個人的個性特質，這種新科學稱為「骨相學」。維多利亞時代，英國各地的客廳裡，人們熱衷於撫摸彼此的頭顱，希望解開靈魂的秘密。骨相學家認為，他們能推斷出其中一項聽來頗為古怪的特質——「疼愛子女」。

例如施普茨海姆（Johann Gaspar Spurzheim）和康伯（George Combe）等該科學的初期倡導者，將這種特質定義為「父母之愛的強烈衝動」。有的學者則認為，這是一種養育幼小脆弱生物（無論可愛寵物或嗷嗷待哺的嬰兒）的欲望，一半是情緒，一半出於天性。

以下是量測的方法：將兩根手指放在頭顱與頸背交會的凹陷處，向右上方移動手指約一英寸。有沒有摸到隆起處？如果有，你便擁有疼愛子女的明顯骨相。萬一隆起的部分相當大，而你正好為人父母，那又怎麼解釋？這時，骨相學家會建議你應該自我克制，別放任嬌寵小孩的衝動——說白了，不是怕你慣壞他們，而是為了你自己著想，以免你變成「物質義務的奴隸」。*

※互見：**「撒嬌」**；**「子女榮耀」**。

* 注釋：為免讓你感到納悶，骨相學如今已經完全破功。

賭氣
PIQUE, a fit of

因自尊心受傷而引發的強烈怒氣，迅速導致為求展現尊嚴的反應，例如威脅著要辭職，或怒氣沖沖地離開遊戲現場。

※互見：**「氣惱」**；**「受辱感」**；**「微慍」**；**「報復心」**。

憐憫 PITY

古雅典法庭與我們現代的法庭不太相同，他們的法官和陪審團等著被催淚。在探討修辭學的手冊《論創造力》（*On Invention*）中，西塞羅*建議訴訟案件中的被告可以運用引起憐憫的技巧。他建議「顯露出謙遜的表情」並且「像回想起逝去的愛人那般哭泣」，提醒陪審團「他們也有小孩」。只不過，感動了法官和陪審團，並不保證能無罪釋放。「沒有什麼東西，」西塞羅警告，「比淚水乾得更快。」

同情涉及自願陷入別人的苦難中，而憐憫則比較像隔岸觀火。對古希臘人而言，憐憫暗示著權力的不對等：憐憫他人者也具備赦免或寬恕，以及給予施捨的能力（英語的 'alms'「施捨」源自意指「憐憫」的希臘語 'eleos'）。哲學家亞里斯多德對於憐憫也有相當正面的

P

看法，他認為憐憫的眼淚會帶來被淨化和排泄的愉悅感。

在信仰基督教的中世紀歐洲，憐憫成為奉行虔誠的重要部分（事實上，當時的憐憫與虔誠是同一個字，有piete、pietie、pyete等不同拼法）。大約自一〇〇〇年代起，藝術家不再將耶穌基督描繪成英雄人物，而是形銷骨立地懸掛在十字架上。這些祭壇裝飾品和聖像是禮拜的重要部分，鼓勵虔誠的信徒「以哀悽的心情注視祂」，為祂所受的苦和他們自己的錯誤而滿懷悲傷。

然而，這些流淚的古希臘陪審團的優越感和反覆無常並未全然被遺忘。對十八世紀哲學家如康德來說，憐憫是對匱乏者的貶抑，將他們置於低下的地位，是一種蔑視的態度。到了二十世紀，茨威格（Stefan Zweig）的小說《危險的憐憫》（*Beware of Pity*）中提出了對這種情緒的重要批判。書中那位必須仰賴輪椅的女主角描述道，被憐憫就像被人扼殺、窒息、處於下等地位：「你今天的氣色看起來真好，你走得棒極了……」但最重要的是，這是短暫的，還帶著幾分戲味：「你以為我笨到不知道你在這裡扮好人，很快就會覺得無聊？」

同情心遭到壓抑的說法並不常見——欲望和憤怒是我們較熟悉的候選者——不過歷史學家澤爾丁（Theodore Zeldin）表示，「打從開天闢地以來，同情向來是最令人感到挫折的情緒，更甚於性。」別人的苦難可能難以見證，這是許多人在達到憐憫的程度時就突然止步不前的原因，讓自己保持在安全距離之外。或許提供實際幫助所需付出的努力讓我們感覺吃不消，所以我們用一滴眼淚安慰自己，然後繼續過活。又或許，我們對於別人的脆弱或殘疾感到厭惡，無法忍受這種雖然發生在別人身上，而自己其實也無法面對的遭遇。

於是，憐憫成為一種自我保護的方式、一種自我抑制，免除我們承擔責任的不舒適感，或擺脫更深刻的情緒連結所造成的痛苦。或者，如茨威格所言，「那根本不是同情的同情，只不過是本能地避開與自己心靈格格不入的受苦罷了！」

※互見：**自憐**。

＊譯注：西塞羅（Cicero，106BC~43），古羅馬政治家、演說家和哲學家。

郵差之怒
POSTAL, going

一九八〇年代，美國發生一連串致命的集體射殺事件，肇事者是心生不滿的郵局員工，此後‘going postal’一詞便被美國人用來描述在工作場所爆發的怒氣。

有些精神病學家將發生在美國的集體射殺事件——其中‘going postal’是早期版本——視為一種與文化相關的症候群。同類疾病還有其他的例子，全都有各自的明顯類型與可供辨識的行為。

在新幾內亞的戈巴族（Gurumba）之間，**guria**（字義為「變成野豬」）這種病只好發於二十五至三十五歲之間的年青男子。這些男子的病因被認為是遭到祖靈噬咬，造成出汗和顫抖，以及跑遍整個村莊偷取毫無價值的物品，並用刀子威脅婦女和老人（但不會有人受傷）。接下來，患者會跑進森林，三天之後返回，野豬附身的跡象完全消失，也全然不記得其間所發生的一切。

可以與之相提並論的是馬來西亞的 **amok** 或 **amuk**（殺人狂），意指一種精神錯亂的狂暴發作，讓英語有了 **'running amok'**（「發狂」）這個片語。這種病症同樣被臆測為靈魂附身所導致，其發作通常是因為受到侮辱或屈辱，在歷經一段時間的強烈抑鬱之後，終究爆發成怒不可遏的橫衝直撞。這類病患會殺死路上遇見的任何人，最後再自殺或者恢復神智，完全不記得或不明白曾經發生過的事。

想知道其他與文化有關聯的症候群，可參閱「漫遊癖」。

※互見：**暴怒；不滿**。

驕傲
PRIDE

你不妨參觀一下收藏在大英博物館的伊蒂雅皇后（Queen Idia）頭像。

該件以黃銅鑄造的作品精美絕倫，於十六世紀初期在古貝南王國被製作，流露出平靜尊貴的氣質。她的眼皮低垂，下巴和雙唇堅挺，從表情中看不出欲望或勝利的歡喜，既非有所欲求，也非沾沾自喜。這座頭像描繪一名看起來泰然自若、甚至嫻靜的女性，但對自身的成就感絕無一絲懷疑。伊蒂雅是奧巴西吉（Oba Esigie）的母后，而奧巴西吉自十五世紀晚期開始統治貝南王國[1]直到十六世紀初期。伊蒂雅是貝南社會中最具權勢的人物之一，擁有身為軍事戰略家的威望，並在文化鼎盛之際負責主持宮廷儀禮，因而倍受敬重。無怪乎她強烈感覺到自己的價值。

對大多數人而言，驕傲的消長是必然的現象。驕傲是一種滿漲的感覺，具有外形和輪廓，在我們克服某項障礙或精通某件困難的事情之後突然增長。當我們得到某個獎項的肯定，或看見子女成長茁壯，驕傲會讓我們飽滿欲裂，淚水隨之潸然而下。但在這種淚汪汪的時刻，我們的內心——可能時常感覺到不一致——似乎被渲染上顏色，每個隱藏的角落都閃現出紅、橘和藍色光芒。羞恥感使我們想隱藏自己，可是當我們感到驕傲時，我們會允許自己被看見——縱使只是暫時的。

奇怪的是，我們也將驕傲視為一種會讓人失去理智的情緒。哲學家區分出假的和真的驕傲——即便這種說教口吻惹人討厭（誰有資格說孰是孰非？）不過這種區分確實有些用處。就算是哲學家所稱「真正」的驕傲，我們也得謹慎以對。此外，為何世界上大多數宗教都將驕傲視為一種罪惡，背後其實有許多原因。

驕傲可能讓人看不見自己的侷限，使我們因過度膨脹而犯下古人稱作「傲慢」的罪，這是敗亡的前兆。驕傲可能不具妥協性，稍受到刺激便起身還擊。不過「假的」驕傲——有人稱之為「假朋友驕傲」——則不同，它發生於當我們以為是自我支持，但其實是脆弱的自我防禦。這是一種使我們拒絕接受幫助或抗拒道歉的驕傲，也是無法承認不足和損失的驕傲，因此讓人很難認識到較為真實的自我——也就是那個不完全、不滿足而且匱乏的自我。這是最常見、最不可信賴的驕傲。

在艾莉絲・孟若[2]的短篇故事〈驕傲〉（'Pride'）中，沒有名字的敘述者聽到他唯一的朋友隨口建議他，動個簡單的手術就能修補他的兔唇，這讓他怒不可遏。他所感受到的是憤慨嗎？或者是被要求改正自己某些「缺陷」的不舒服感？隨後，故事中敘述者真正的困境浮出檯面：「她說得沒錯。可是我要如何解釋，我就是沒辦法走進診所，承認我希望得到我不曾擁有的東西？」

二〇一〇年，大英博物館館長與奈及利亞詩人和劇作家索因卡[3]會晤，談到包含伊蒂雅皇后頭像在內的貝南青銅像金屬製品收藏。索因卡談起他欣賞這批銅像時的感人經驗：「這些收藏增進了驕傲的感覺，因為它們讓你瞭解到非洲社會確實曾經產生過一些偉大的文明，建立起了不起的文化。」將非洲描述成未開化落後地區的殖民宣傳論述是如此有效，就連一八九七年進入貝南宮殿的英國士兵發現它的金碧輝煌後，竟無法贊同這些華麗的雕塑和飾片是在當地所製作。他們認為他們盜走的是貝南軍隊先前從歐洲掠奪而來的戰利品。

面對如此的文化忽視，要發展對自身歷史和身分的驕傲似乎是一種苛求，而這就是二十世紀試圖提升各種自豪感的遊行節慶——同志的驕傲、黑人的驕傲、殘疾者的驕傲——所在意與想培養的驕傲。索因卡看見貝南青銅像的反應同時說明了感到匱乏與驕傲的經驗：因為有時唯有當我們能承認被剝奪，才能再度感受到自己的完整。

想知道更多有關自尊的情緒，可參閱「滿足」。

1. 譯注：貝南王國（Kingdom of Benin），位於現今的奈及利亞西南部。
2. 譯注：艾莉絲・孟若（Alice Munro，1931~），加拿大女作家，二〇一三年諾貝爾文學獎得主。
3. 譯注：索因卡（Wole Soyinka，1934~），奈及利亞作家、詩人和劇作家，一九八六年獲得諾貝爾文學獎，成為首位獲得該獎的非洲人。

想得美 PRONOIA

一種臭美的自戀，以為大家都想幫你忙的妄想。

※互見：**感激**。

R

暴怒	Rage
後悔	Regret
紓解	Relief
不情願	Reluctance
懊悔	Remorse
責備	Reproachfulness
怨恨	Resentment
鈴聲焦慮	Ringxiety
競爭	Rivalry
路怒	Road Rage
荒墟癖	Ruinenlust

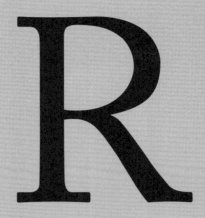

暴怒
RAGE

暴怒的發作猛烈而反常，它表現出來的模樣是雙眼暴突和手腳狂甩。暴怒之餘，我們總忍不住口出惡言、大聲嚷嚷，無法像掩飾嫉妒或暗懷怨恨那般地加以隱藏。我們會突然怒不可遏、情緒激昂，一發不可收拾。憤怒可以被合理化，憤慨有其正當性，但暴怒卻是不理性的瘋狂狀態。

近二十年來，我們見識了各種形式的暴怒大量激增，包括馬路上的激烈衝突（road rage）、搭飛機時大鬧脾氣（air rage）、超市走道上的氣急敗壞（trolley rage）、在辦公室激動咒罵（mouse rage），甚至當你拆不開物品外層包裝時所引發的怒氣（wrap rage）。當然，它們可能還有許多詼諧的綽稱。我們如此不嫌麻煩地分辨這麼多種不同的暴怒，說明了我們與不可控制的暴怒之間關係並不單純。相較之下，我們並沒有花費相同的力氣去區別不同形式的思鄉或疑心。突然大發雷霆的能力令人著迷，同時也教人害怕。

現代生活的壓力和挫折或許正導致了越來越多程度不等的狂暴行為：暴怒的來源越多，可區分的類型也隨之增加。而之所以要去說明與歸類狂烈的怒氣，至少有一部分是因為這種情緒在英、美兩國越來越難以被接受。美國心理學家為暴怒創造了一種新的「傘形診斷」（umbrella diagnosis）：陣發性暴怒疾患。只需要三次在衝動之下發作的侵略行為，每次都對激怒你的人或事物有「極度不成比例」的反應，便可診斷為陣發性暴怒疾患。要搆得上暴怒的資格，你的怒氣爆發必須是突然發作而且完全失控，並且涉及破壞或砸毀「價值超過幾美元」的物品，或者是傷害或試圖傷害某人。據此估算，陣發性暴怒疾患的案例可能遠比現有統計來得更加頻繁普遍。解決之道何在？由於暴怒發作被歸咎於血清素濃度偏低，目前的建議是服用抗憂鬱藥物來緩和憤怒。

然而，沒有暴怒的社會將是什麼模樣？政治理論家漢娜・鄂蘭（Hannah Arendt）——她創造了「邪惡的平庸性」這個著名的話語——發現這個想法令人恐懼。在論文〈論暴力〉（'On Violence'）中，她主張「唯有在有理由懷疑情況可被改變而未被改變的地方，暴怒才會產生。

唯有當我們的正義感被冒犯，我們才會以暴怒作為回應。」暴怒慾力沸騰的強度更甚於熱烈且條理分明的憤慨，對鄂蘭而言，這是對不正義情事的自然反應。嘗試去「治療」一個人的暴怒，幾乎等同使他喪失人性，這將剝奪受害者起而反抗的能力，讓社會失去改變的契機。

為了正處於青少年期的子女沒有把東西收拾好；或者你的伴侶**再度**舊事重提；又或者為了花費一整天時間等待卻仍未到達的快遞而暴怒，這些似乎是可笑的事。這些事情在當下**感覺起來**可能像是不正義（儘管也許不像鄂蘭所想的那種），但它們其實微不足道，而且我們在事後幾乎一定會後悔。然而，這些暴怒卻是身為人和活在世上不可或缺的重要部分，倘若我們沒有偶爾因滑鼠或推車或包裝紙而大發雷霆，那麼也就不可能有革命和暴動的產生了。

※互見：**惱怒**。

R

後悔 REGRET

我們都知道流連於愁悶的思緒是不好的，那只會讓你停滯不前。（隨它去吧！活在當下！）可是「後悔」有如此誘人之處，替已經破滅的事物描繪出尚有可能性的氛圍——即便似乎只是用「如果那樣會如何」來做暫時性的修補。後悔之情讓我們能夠體驗倘若發生另一種結果的幻想（「但願我回了她的電話」、「但願我省下那筆錢」），它以逆轉我們所做的決定，或是不讓意外發生的誘惑來逗弄我們。基於這個理由，儘管後悔是一種鮮少讓人舒服的情緒，卻也夾帶著閃爍不定的愉快，以及縱使短暫但方式卻很奇特的紓解。

在過去，「後悔」並非現在我們以為的這個意思，英語 regret 源自古法語 regres（意為傷心或失望），到了一四〇〇年代——此時這個字似乎首度進入英語中——「後悔」描述了喪失親友或地位的悲痛。有一項重大的差別在於，在當時，後悔也是一種表演，往往能夠加重程度地表達哀傷。「做出後悔的樣子」（regrettes）可以是虔誠但喧鬧的行為，例如守靈時的哀悼和葬禮上的哭泣。

十六世紀的歷史學家將之與新出現的一種自我內化的概念結合，於是後悔開始固著成帶有自我責備意味的現代語義：指稱你在回顧那些你希望不曾做過或曾做過的某件行為時，私自所感受到的苦惱。正是從這時候開始，這種暗地受折磨的威脅（而非將來的懲罰），成為父母親和傳教者偏好的恫嚇手段。「因為這種行為將造成極度的苦惱」，喀爾文教派的國會議員勞斯（Francis Rous）於一五九八年發出警告，「並且讓你心中充滿悲哀和深刻的後悔」。

如今，後悔依舊穩居為一種個人情緒經驗。然而仔細審視便可發現，後悔早先與失落之間的連結仍然揮之不去。如同心理學家哈登（Alice Haddon）所言，我們所感覺最痛苦的後悔往往是與自我意識最不一致的那種，例如自認為勇敢的人尤其後悔沒有把話說出口，而以嫻熟自詡的股票交易員則不甘心接受造成顧客慘賠的操作結果。這是一種失落——痛苦的失落。因為我們最緊握不放的部分，通常是建立用來抵禦過往的失敗或被批評的部分。父母親或老師難免脫口說出一些刺痛我們的愚蠢言論：那些個讓人覺得你懶惰或者不擅長交朋友的笑話。如果你曾努力想證明他們是錯的，那麼在看見有利他們的證據堆在眼前時就會感到痛苦。基於這個理由，後悔往往與我們被委派或自創的角色遭到剝奪糾纏不清。

後悔常被說成是沒有意義的。回顧有什麼用呢？的確，後悔有時無濟於事，一如罪惡感和自憐，而且可能對更長、更艱辛的贖罪過程造成阻礙。但是，這並不代表後悔必然是件壞事。史丹佛大學商學院研究人員表示，自責傾向較深的人能成為更好的管理者，因為自責是伴隨著高度責任意識與從他人錯誤中學習的能力而來。

此外，設法去瞭解為何我們對某些錯誤深自後悔而對其他錯誤卻置若罔顧，可能也是有價值的，因為這突顯出我們對自己所抱持的看法，以及我們不可能達成的標準。

後悔——和度過後悔——從而能幫助我們發展出更具適應力和韌性的自我期許。最重要的是，承認了是某個決定使我們後悔，便提醒了我們注意那個將終生困擾我們的矛盾心理：我們是否本該預知後果？也許吧，可是沒有人是無所不知的，況且誰能料到我們沒有選擇的那條路潛伏著什麼樣的惡龍？

當下看似無法被撫慰的失落，事後多半有其他的收場方式。也許我們能自我調整去適應後悔，也許我們能從中學習。但後悔不同於放棄或接受，它終究是一種希望發生不同事情的欲望。它動搖、嚙蝕著我們的內心，讓我們想像事情或有不同結局的可能，以相當奇特的方式，夾帶一小顆希望的寶石。

※互見：**憂鬱**；**懷舊**。

R

紓解 RELIEF

「你介意我哭一下嗎？」她問。

現在是聖誕夜凌晨三點，大家都睡覺去了。年長而富有的女演員海倫娜和她達觀的朋友以撒克一起坐在錦緞沙椅上啜飲干邑白蘭地。以撒克打起盹兒，而海倫娜則帶著幾分醉意、幾分感傷，她想找人說說話——談談她的子女，以及他們的債務和缺乏信仰的問題，談談歲月的流逝和年華老去。她問朋友可不可以哭。

以撒克睿智地點點頭，伸出一隻手臂摟住她。在這種熟悉的動人場景中，他們平靜地待了片刻，要等眼淚流出來。她抬頭望，快速眨眨眼，嘆了口氣。她發出一些推擠的聲響，彷佛正設法從不聽話的淚管裡硬擠出一兩滴眼淚。她像打氣筒般上下挪動身體，可是眼裡仍然沒有半點濕潤之氣。

「不，天哪，我辦不到。眼淚就是不下來，我得多喝些白蘭地。」

她喝了口酒。然後嘲笑自己的荒謬——最後是這個笑聲帶來她所渴望的紓解。柏格曼（Ingmar Bergman）電影《芬妮和亞歷山大》（*Fanny and Alexander*）中的場景利用了關於哭泣的一個古老概念。按古羅馬詩人奧維德（Ovid）的說法，「哭泣帶來些許紓解，使哀傷得以消除並被淚水帶走」。

當我們談到紓解的感覺時，往往是在描述兩種不同經驗中的一種。其一純粹是身體感覺的紓解，排泄掉不舒服所累積起來的緊張，例如打噴嚏、打嗝、排便和性高潮。其二是有驚無險和倖免於難時所感受到的紓解，隨之產生的是另一種爽利的排泄：「唷呼！」例如當你以為要被關在門外，結果卻找到了鑰匙；或者擔心了一整個星期後，醫生最終告訴你一切沒問題。第二種紓解是心理學家所稱「以預期作為基礎的情緒」（也包括失望和滿意）的其中一種。這些情緒倚賴我們憑藉著想像力，隨著時間前後比較不同真實情況的能力。關於紓解的研究結果顯示，這兩種紓解形式（身體紓解和有驚無險的紓解）擁有共同的基本結構：當實際上或預期中的痛苦消退時所感受到的愉悅。

哭泣於兩者之中都扮演了它的角色。經過焦慮的漫長等待後，許多人在聽到好消息時會哭泣，讓眼淚成為有驚無險之餘所感受到紓解的一部分。然而，假使哭泣不僅讓你眼睛酸痛，內心也變得平靜和異常輕鬆，那麼你可能以為是哭泣使你重新提振精神——因此，哭泣就像打嗝和性高潮，而眼淚本身即是一種卸除身體緊張的排泄物。

眼淚能帶來紓解是一個古老的概念，可追溯到亞里斯多德的淨化理論。「肥皂之於身體，就像眼淚之於靈魂。」有句猶太諺語如是說道。這個概念的現代版本認為，當眼淚流出淚管時，也沖散掉荷爾蒙或毒素，讓我們感到輕鬆或解脫。可是當我們哭泣時，所排泄掉的只不過是以毫升計的液體，因此這確實不太像是可能的原因。如同神經科學家普洛文（Robert Provine）所言，「倘若眼淚能降低壓力，那麼流口水和排尿就堪稱是導泄淨化的尼加拉瀑布了。」箇中必然有比單純水力學更加複雜的原因。

事實上，紓解鮮少是純粹放鬆或安心的感覺。在高速公路上倖免於難後，隨之而來的是讓心臟狂跳的腎上腺素飆升。某項長期計畫結束時，完成任務的紓解感可能還攙雜了些許失落。作為一種情緒，紓解是如此飄忽不定，而且具有瀰漫性，會以各種喬裝的樣貌出現。或許紓解的真實意義正是存在於這種比較複雜的體驗中。想想當你吐露一個秘密或認罪後讓自己卸下重擔的感覺，或者某個朋友答應協助我們準備面試，或陪我們一起去看醫生，這些作為都能減輕我們的擔憂。此類經驗之所以使我們變得輕鬆，與其說是焦慮得以宣泄或表達（寧出勿入！）倒不如說我們從而感受到被傾聽和被瞭解的安慰。就這層意義來說，紓解無關乎沖泄掉什麼，而在於我們的感覺終於被看見。

想知道更多有關哭泣的情緒，可參閱「同理心」。

※互見：**悲痛**。

R

不情願
RELUCTANCE

承諾。

話說我們得有所承諾。雜誌和自我成長書籍敦促我們勇於冒險嘗試。要果決，弄明白你想要什麼，然後好好說清楚。這其中，沒有空間留給那個要你稍微踩一下煞車的微弱聲音，聽聽橡膠墊片在輪胎鋼緣上刷出的颼颼聲響。沒有躊躇不前、忘了護照、或拖延打電話的空間，沒有空間留給一種像「不情願」這樣不肯給承諾的情緒。

此種矛盾心理正是飛行員愛蜜莉亞·埃爾哈特*於一九三一年二月七日早晨與帕特南（George Putnam）結婚時的感覺。「你必須再一次明白，我是極不情願結婚的！」她說道。這不是最後一刻忽然怯步的爭吵，而是兩人之間反覆發生的對話。愛蜜莉亞不想像被收縮膜綳緊束縛那般扮演恭順妻子的角色，她想要飛行。

根據各種流傳的說法，他們的婚姻相當幸福。愛蜜莉亞的不情願，善盡了婚姻預警系統的功能。「我希望你瞭解，我不會要求你為我遵守任何中世紀的忠誠規範，同樣的，我也不會認為我必須受你約束。」她寫道。而且她替自己設置了一具逃生降落傘，設法得到承諾：「一年之內如果我們在一起不快樂，你得讓我走。」五年之後（一九三二年），愛蜜莉亞成為第一位橫越大西洋的女飛行員，卻在第六年香消玉殞。她失蹤的遺骸長眠於太平洋海底某處，彼時她的婚姻依然完整。

想知道矛盾心理的其他好處，可參閱「不確定」。

* 譯注：愛蜜莉亞・埃爾哈特（Amelia Earhart，1897-1937），美國女飛行員和女權運動者，第一位獨自飛越大西洋的女性飛行員，在嘗試全球首度的環球飛行時在太平洋上失蹤。

懊悔 REMORSE

一名年輕人坐在木工檯上，一灘血流淌到了底下的地板。踢了母親一腳之後，他的情緒失控無法自已，於是砍斷自己的腿。這幅威尼斯藝術家維瓦里尼（Antonio Vivarini）的作品完成於一四五〇年代，現今收藏在紐約大都會博物館。畫中的聖彼得跪在斷腿前方，試法予以醫治，而兩名婦人——其中一個或許是男孩的母親——在背景處焦急地絞著手。

瞭解到我們傷害了別人，是我們所能體驗到最難受的感覺之一。懊悔在最初狂暴的怒火平息之後到達，這時我們所說或所做過的既成事實變成了硬塊卡在喉嚨裡。不同於後悔的煩亂和窒悶，懊悔來得又兇又急，不僅充滿恐怖，同時還夾帶著愛，那是想與被我們傷害的人維持舊好的欲望。

根據精神分析學家克萊因的說法，兒童時期當我們擔心傷害到自己的父母親時——在童年幻想裡，他們似乎比大多數人更容易受傷，而且具有殘酷的懲罰能力——懊悔能展現出最極端的樣貌。因此，懊悔無疑可定義為一種想要**做**點什麼事情的迫切欲望，去賠罪以及嘗試去療癒被我們傷害的人。因為懊悔不同於羞恥——對自己何以是如此的憎惡——懊悔涉及某件已經**做了**的事情，並催促我們去改正它。就這層意義而言，懊悔既讓人痛苦無比，也充滿了努力和希望的餘地。

懊悔雖說是過時的字眼，事實上，它在現代卻難得地比以往更出風頭。我們現今生活在所謂的「道歉時代」。從政治人物如布萊爾（Tony Blair）和陸克文（Kevin Rudd）因前任者所犯下的暴行正式道歉，到南非成立真相暨和解委員會，公開道歉的想法根植於「表現懊悔能協助受害者療癒」的概念。我們似乎深信懊悔能撫慰苦痛，因此每當有醜聞爆發，我們便疾聲要求悔罪，並且在看到某位國會議員辭職下台或某位名流在談話節目的沙發上拭淚時，便感到一定程度的滿意：因為受損傷的是我們對他們的信任。

可是，在上述每個案例中，道歉似乎也是不夠的。或許是懊悔的「表述行為」層面讓它的真誠度容易遭到質疑。道歉，借用哲學家奧斯丁的理論，既表達出某件事，也**改變了**某件事。小時候我們就被教導要「真心誠意說對不起」，因此得知懊悔的戲劇效果就能代替真實事物。布萊爾果真對十九世紀保守黨政府的所作所為感到懊悔嗎？或者他的道歉只不過是北愛爾蘭和平進程棋局中高明的一著？況且，為了個人不曾犯下或無需負責的罪行感到懊悔，這樣有道理嗎？南非真相暨和解委員會所提供的免起訴誘因，是否鼓勵了無人有感的悔罪被表達出來（若非如此，為何過程中需要加害者出面？）我們想要的是感覺起來真心誠意的懊悔：「他沒有懊悔的樣子」是罪犯因態度令人心寒而被判入監服刑的總結：他沒有感覺的能力，甚或不覺得有必要表現懊悔，坐實了該名罪犯沒有人性的硬心腸。然而，如果懊悔根本不是一種情緒呢？

懊悔究竟是情緒或心智態度——或兩者皆然——曾是十三、十四世紀歐洲詳加辯論的問題。中世紀的懊悔文化熱烈激昂，慣於淚灑當場展現哀傷和落魄模樣。在祛除瘟疫和饑荒的遊行中，善男信女被告誡要在基督呈垂死狀的聖軀前哭泣，自我鞭笞身體，並和大家一起發出懇求赦免的哭聲，以便向上帝展現深切的悔罪之心。

強烈激動的懊悔也是中世紀法律審判過程中重要的一部分。一四九七年十一月七日，賴特夫婦（Christopher and Isabella Wryght）在愛子於火災中喪命後，被控以疏於照料兒童的罪名——

當時如同今日，這都是重罪。他們來到達拉謨（Durham）的法官面前受審。法庭紀錄透露了這對夫婦「非只適度悲傷地認罪，而是淚流滿面、嚎啕大哭。」他們的哀慟至極被法官視為真心懺悔的證據，並且感動了法官，使他願意大悲慈悲。賴特夫婦沒有被收監入獄，而被判以苦行贖罪：只穿著連身裙，光著頭、赤著腳並攜帶一根半便士蠟燭，連續四個星期日繞行阿爾弗頓的教堂，全程接受鞭笞。

然而，在展現高度情緒性的懊悔流行文化中，也有學者認為最好將懊悔視為一種心智態度而非情緒。中世紀神學家例如大阿爾伯特（Albert the Great）及其弟子阿奎那就主張，真正的懊悔是一種殊異的精神美德、自動想要贖罪的欲望，以及願意經歷痛苦的懺悔過程，以求滌除罪惡感。他們也對於穿著苦行剛毛襯衣或接受鞭笞作為懊悔重要部分的概念感到無法忍受。對他們來說，展現真正的悔罪並不是憑藉著嚎啕大哭的舉動，而是促使一個人賠罪的理性態度。重要的是，唯有在平靜的心境下，懺悔者才能估算除罪所需的適當懺悔程度。基於這個理由，例如維瓦里尼畫中年輕人所展現的強烈情緒，並不適用於真正的懊悔。就像我們可能拼命想賠罪，結果反倒惹出其他的麻煩，或讓別人感覺更糟。中世紀神學家擔心，過度的懊悔將導致不相稱的行動，最後造成更多傷慟。

因此，對於中世紀學者而言，懊悔是一種精密的計算，不能在衝動的當下進行，而必須以平靜、克制的方式來完成。這麼說來，或許下一次當我們審視某位名人或政治人物泛著淚光的雙眼時，應該問的不是我們是否真的感受到他們的懊悔，而是他們是否認真想過懊悔這回事。

※互見：**罪惡感**。

責備 REPROACHFULNESS

有些人足夠勇敢，敢公開指責發表種族主義言論者，或是教訓公車上不讓座給長者的陌生人……想像這種事令人相當滿足，讓我們因為自以為是而感到得意洋洋。

然而，在這個道德規範似乎難有共識、情感可能被傷害而動機可能遭到誤解的世界，我們甚至才剛起心動念想改正錯誤，接下來就會馬上出現讓你打消念頭的後悔徵兆。所以我們只好滿足於用帶著批評意味的小小嘲諷來表達我們的責備：冷峻的目光、嘖嘖作響、嘆氣和喃喃自語。

這樣的交流鮮少能造成想像中的悔罪或立即性的行為改變。我們為此所做的努力頂多不被注意到，或者更糟的，是反而換來對方的責難。（「如果你想說什麼，就當著我的面說出來！」）

最教人惱怒的莫過遭受到責備，任誰都不喜歡被指出錯誤，也不喜歡有人以為他們有資格評斷別人。因此我們帶著想訓斥別人的搔癢難耐和滿腹的挑剔不滿在城市中生活，成為內心獨白滔滔不絕的創作者，或是擅長低聲咳嗽和壓抑內心怒火的專家。

※互見：**微慍**。

怨恨 RESENTMENT

怨恨，是我們的「親和性」所形成的後果，它是困在迴圈裡沒有出路的憤怒。怨恨，是當我們由於被噤聲，而無法說出所受的傷害、屈辱或挫敗時被壓抑下來的憎恨，它是由於依賴而造成的傷。時間一久，被隱藏的憤怒變得緊實，沉入靈魂最黑暗的所在，最後藉由懷恨、慍怒、教唆、對抗和懲罰等小動作發出微光。

怨恨是我們最靜默、醜陋的情緒之一。怨恨作為一種無聲感受的概念相當古老，它的中世紀前身「積怨」（rancour）被理解成悲苦和未遂的報復心。怨恨造成惰性的消瘦、有害的腫瘤和惡臭的氣味（拉丁文 rancore 賦予我們現代的'rank'〔有惡臭之意〕一字）。在利帕（Cesare Ripa）的《德性象徵》（*Iconologia*）——一五九三年為藝術家而發行的一本浩繁的手冊，描述該如何呈現超過一千兩百五十種激情和人格類型——裡，怨恨是蒼白、淺薄的情感類型，其所保留的憤怒造成「靈魂的潰瘍」，並使皮膚瘺管裡充滿了具有傳染性的毒素。

擔心怨恨會在身體留下痕跡的恐懼至今仍困擾著我們。在一九五〇年代的美國開始受到矚目的身心醫學院，將怨恨與消化問題和胃潰瘍連結在一起。他們主張，唯有在安全和療癒的關係中將埋藏的憤怒宣泄出來，才能擺脫造成怨恨的災難性影響，這種想法延續至今。

然而，如今讓怨恨變得如此不討喜的原因，不光是它與身體症狀的關聯令人不安。怨恨似乎也逐漸變得悲苦貧乏，成為一種「翻騰攪動」和「被埋藏」的情緒。懷有這種情緒的人是行動鬼祟的窺探者，他們沒有足夠的勇氣展現自己真正的感覺，而躲在被不公平對待的感受中享受一種偏頗的樂趣，不願告訴別人問題所在，惟恐問題因此獲得解決。

這種將怨恨視為猥鄙情緒的看法，在德國哲學家尼采的作品中被表達得再明白不過，尤其是一八八七年的《道德譜系學》（*On the Genealogy of Morals*）一書中。尼采發展出一種怨恨的概念——他使用法語 **ressentiment** 一詞來說明現代生活中一切窒礙和瑣碎卑微的事物。他認為歐洲文明起源於英雄的黃金時代，該時期讚頌高貴的暴怒和迅捷的報復心（他稱之為「主人道德」）。而到了羅馬帝國的某個階段，這個「主人道德」開始式微，其位置被一種不同的態度給取代——「奴隸道德」。尼采表示，羅馬帝國奴隸在主人的輕蔑待遇下受苦，卻因為害怕遭受報復而無法表達他們的憤慨。他們將復仇的衝動埋藏起來，偶爾在小小的惱怒和怨恨中加以發洩。

根據尼采的說法，這種隱藏憤怒和否認的態度正是怨恨的特性，而且猶太教以及往後的基督教教義都使怨恨長存於讓他們甘願在塵世受苦，並期盼來世獲得補償的願景之中（因此尼采認為《聖經》是怨恨的終極表現）。作為一種歷史主張，尼采的說法幾乎沒有證據基礎，但用來描述一種執迷於補償、而非行動的情緒，卻一直深具影響力。

當代知名的理論闡釋者之一哲學家齊澤克（Slavoj Žižek）曾挑釁地主張，恐怖主義是出於「變態」的怨恨。他不同意自殺炸彈客擁有尼采說的那種「英雄式」情緒——把他們的行動看作是為了表達暴怒，或因渴望讓他人一起承擔（他的痛苦），甚至是為了復仇——齊澤克對自殺炸彈客的行為給予負面評價，認為那是出於道德上值得懷疑的怨恨反應。

日積月累的怨恨可能變得扭曲執拗，然而，暫時埋藏憤怒有時卻是最明智的選擇。對照於一有憤怒立即猛烈爆發，怨恨是經過沉澱而且深思熟慮的，它耐心等候，對逐步升高的態勢踩了煞車。有些文化具備長期受壓迫的經驗，知道公開報復可能會招致災難性後果，遂將這種長年懷抱的怨恨及其所造成的奇特影響，看成他們情緒生活中的獨特組成部分。他們長年耐心忍受煎熬，同時幻想著要報復並一再地失望，在情緒地景中蝕刻出累累傷痕。這正是為何尼采相信，儘管他對怨恨深惡痛絕，但唯有培養怨恨感，「人類的靈魂才會變得深刻」。

※互見：**憤怒**。

鈴聲焦慮
RINGXIETY

擁擠的車廂裡響起電話鈴聲，你發狂似地翻找手機。在鄉間散步時，你突然像從皮套裡拔槍般迅速掏出手機，你確信感覺到一股震動，卻只發現可悲的空白螢幕。根據創造ringxiety這個字的心理學家拉勒米（David Laramie）的說法，「鈴聲焦慮」是一種低度的焦慮感，它讓我們以為聽見電話鈴聲，即使實際上並沒有鈴聲響起。證據是——在這個講究立即溝通的時代，隨時準備與人接觸的狀態正快速成為一種預設值。

※互見：**期盼**；**畏懼**。

R

競爭 RIVALRY

他毫不費力就偷走你的地位，讓你火冒三丈。他漫不經心的奚落言語，還有吸走所有注意力的方式，讓你感覺臉頰發紅、手掌緊貼著桌面。當別人恭賀他最近的成功時，你迫不及待想要打斷。你開始自吹自擂，甚至說謊！你討厭他的詭計多端，可是更痛恨他比你還會耍陰謀，讓你驚慌失措、被哄騙，流下刺痛雙眼的挫折淚水。唯一比這個騙子更糟糕的事情是他和你有血緣關係。

競爭是否是身為人類不可避免的部分？佔有慾和嫉妒、想要超越的欲望，以及害怕落後的恐懼，是否都是人類心理的實況？十七世紀政治哲學家霍布斯便如此認為。他主張，人性在本質上是帶有競爭性的，而生命是「每個人彼此對抗的鬥爭」。

十九世紀的演化理論似乎鞏固了這種視生命為爭奪有限資源戰爭的看法。其中最極端的觀點認為，因疾病或貧窮而衰弱乃至無法獨立生存的人，只不過是生命戰爭中不可避免的傷亡者：「他們如果死亡，是再好不過的事。」史賓塞（Herbert Spencer）寫道，他是最早創造出「適者生存」一詞的人。但「適者生存」往往被錯歸於達爾文所創，儘管他本人採取較審慎的觀點，以英勇的猴子和有愛心的甲殼綱動物為例，他主張更勝一籌的同情與利他行為對於生存而言也同等重要。

十九世紀末期，新的進化論影響所及，引發了兒童心理學家對於兒童喜好競爭與嫉妒心的興趣。兄弟姊妹之間可能存在敵意，這想法可以追溯到《聖經》中該隱和亞伯的故事。不過當兒童心理學家開始研究「手足競爭」（'sibling rivalry'，一八九三年被賦予這個名稱）現象時，他們將之視為一種天生的本能——一場在小宇宙中為求生存而拼命排擠他人的競賽。

二十世紀初期，或許部分基於擔心家庭結構的崩解，對於手足競爭的焦慮大行其道。撰寫兒童教養手冊的人將兒童描繪成愛嫉妒且詭計多端、不擇手段，因此建議父母親必須加以抑制，以免下一代因怨恨而性情扭曲。家庭人口數減少使得問題更形惡化，因為資源（注意力、愛、食物）的公平分配變成只是理論上可行，但其中的匱乏益加明顯。亞瑟・米勒

（Arthur Miller）在一九四九年的劇作《推銷員之死》（*Death of a Salesman*）中，質疑競爭終究帶來回報的概念。赫比和畢夫兩兄弟一開口就免不了爭吵，而他們的父親威利・洛曼對於過度擁擠的城市生活則感到絕望：「競爭令人發狂！」

如今的兒童教養手冊比較不關注手足競爭，或許我們已經視之為次要問題。自從蘇聯解體後，大多數西方世界政府已漸次相信——不管正確或錯誤——鼓勵私人企業和自由市場機制會讓社會變得更有效率和繁榮。兒童心理學家似乎有樣學樣，主張些許的競爭將有助於兒童成長茁壯。劍橋大學的休斯（Claire Hughes）教授認為，兒童在思索最能激怒手足的辦法時，展現了相當的智謀和創造力。她將競爭連結到能增加幹勁和靈活性，甚至提升情緒智商，因為想要勝人一籌，就必須瞭解先我們自己的行為如何影響他人的感覺。

文藝復興時期的人文主義者蒙田對此想必不會訝異。在論文〈論偉大的不利條件〉（'Of the Disadvantages of Greatness'）中，他認為為了力爭上游會考驗我們的策略性思考能力，有助於培養諸如勇敢和韌性等美德，並且讓我們有機會品嚐極端的情緒——嫉妒、勝利的歡喜、憤怒和報復心。那些「不費力氣就讓一切臣服於他們之下的人」，他寫道，「是在滑行、而非步行，是在睡覺、而不是在生活」。

當然，這個例子的論點在於要實際參與才有意義。正如蒙田所理解到的，一旦你攀上成就的頂峰，生命就變成難以忍受的乏味。

※互見：**憤怒能量；自鳴得意**。

R

路怒 ROAD RAGE

不耐等待交通號誌變換，或者偷偷搶佔停車位。想到有些用路人並未好好遵守規則，有些駕駛於是勃然大怒，開始進行報復。我們常聽聞開車的人相互數落對方的不是、用車頭迎面衝撞對方，甚至爬出車外揮舞鐵棍示威等這類事件。

「路怒」（road rage）一詞最早在一九八〇年代晚期由新聞權威人士提出，起因於美國公路上突然爆發的暴力事件令人憂心忡忡。如今在大西洋兩岸，這類狂亂行為已普遍被認定是危及道路安全的因素之一。

在交通繁忙的路上開車無疑讓人感到壓力，但這便是造成侵略性舉動的唯一原因嗎？更重要的原因恐怕是開車時，我們暫時被解除了抑制。在車內，我們覺得彷彿隱藏了起來，而且受到保護，好像戴上面具或穿上了全套盔甲。

另外，當我們在網路聊天室裡漫遊或者發表言論時，情況也是相同的：少了目光接觸，我們比較難以察覺情緒上的暗示。這使我們較不容易將駕駛認同為其他人類，而進一步允許偏執或敵意的感覺填滿這個空白。當然，尷尬的畏縮表情、表達歉意的微笑——以及很重要的，片刻的目光接觸——大有幫助，能使憤慨的感覺煙消雲散。然而當我們坐在各自的車內時，我們鮮少有機會進行這些接觸。

在已成為現代經典的某個利社會行為（發表於二〇〇五年，關於能促進社會凝聚力和情誼的行為）研究中，心理學家海利（Kevin Haley）和費斯勒（Daniel Fessler）發現，巧妙地展示眼睛的圖象，能使實驗參與者表現出更寬厚、誠懇的舉止。後續的實驗已經證實，如果在自助餐館的誠實投錢箱、資源回收筒附近、甚至慈善網站上展示眼睛的圖象，人們便會表現出更負責任的行為。

不妨想想，假使我們替車子畫上眼睛，是否就能因此減少馬路上的暴戾之氣？

※互見：**屈辱感**；**妄想**；**暴怒**。

荒墟癖
RUINENLUST

忍不住被頹圮建築和荒廢之處吸引的感覺。

※互見：**病態好奇**；**物哀**。

S

悲傷	Sadness
滿意	Satisfaction
懷念	Saudade
幸災樂禍	Schadenfreude
自憐	Self-Pity
羞恥	Shame
震驚	Shock
自鳴得意	Smugness
不公之憤	Song
詫異	Surprise
疑心	Suspicion

悲傷 SADNESS

有人握住了你的手，說道：「發生了可怕的事。」

震驚之餘，其他的東西開始到來——沮喪、精疲力竭的感覺。心情低落、四肢無力，再沒必要保有活力、生氣或試圖改變事情……這些都結束了。悲傷可能讓我們啞口無言——還能說什麼呢？——或者，我們會藉由言語和淚水來尋求慰藉。無論它因何出現在我們生活中，悲傷是最近似放棄和接受的情緒之一。悲傷的情緒出現在發生不可挽回的事情時：當我們失去某件東西或某個人，不可能失而復得，而且無計可施的時候。

悲傷一詞源自古英語 sad（饜足），而且帶有拉丁文 satis（滿意）的言外之意，從它最早的幾個化身看來，向來與感覺充足、滿溢有關。「我孑然一身，」《艾克塞特書》（Exeter Book）的謎語詩中，疲憊的盾牌自陳：「為鐵器所傷／承受劍擊，飽經戰鬥。」在這層意義上，悲傷不被理解成一種消沉或低落的情緒，而是幾近無聊的過度飽和狀態。

悲傷在文藝復興時期是極受歡迎的主題，一如現今的「快樂」。該時期醫師與哲學家最感興趣的是悲傷和重量之間的關係。當時的醫師認為，引發悲傷的原因是某種稠密物質，也就是稱作「黑膽汁」的體液過多，其重量壓迫到身體，並使悲傷者變得笨拙，繃沉著臉、步履遲緩。但這種物理上的重量也被認為造成性格的沉重——因此悲傷等同於更清醒、果敢和堅定。新教神學家主張，由於悲傷實際上使人變得更重，所以讓人謙卑——humble源自拉丁文**humus**（土）。他們描述了一種特殊的悲傷類型，稱作「神性悲傷」，這是隨著在上帝面前承認個人的性靈弱點和微不足道而產生的一種有益的悲傷。

去熟悉陰鬱的心情也被廣泛視為一種情緒訓練，作為學習韌性的功課。在寫於一五三九年的醫學論文暨早期自我成長手冊《健康城堡》（*Castell of Helth*）中，英國律師埃利奧特（Thomas Elyot）力勸讀者熟悉別人的悲傷，以此變得更能忍受自己的悲傷。他滔滔敘述悲傷的成因——從兒童的不知感激到工作上無法晉升。就此意義而言，早期現代人之熟悉常態性的悲傷被視為一種預防措施，以抵抗更嚴重的悲傷形式——憂鬱疾病或引發自殺念頭的絕望。

我們很難想像當今的勵志書出版商會對埃利奧特的《健康城堡》有太大的興趣。該書羅列了一堆人們應該保持陰沉鬱悶的理由，這不可能讓它登上暢銷書排行榜。不過，我們或許必須**學習**悲傷的藝術——如何體驗它的多種滋味，還有如何忍受悲傷，這種概念確實在現代引發了迴響。

有些人擔心我們會逐漸忘記如何悲傷，其中包括了精神病學家霍維茲（Allan Horwitz）和威克菲（Jerome Wakefeld），兩位是《悲傷的失落》（*The Loss of Sadness*，2007）一書的作者。他們在書中探討許多人所公認的抑鬱「時疫」。他們不認為這與二十一世紀較高的生活壓力有關，反倒相信被診斷出有抑鬱問題的人數攀升，其實是過度診斷的結果。而診斷過度的原因，則是不當描述了廣為採用的美國精神醫學學會《精神疾病診斷及統計手冊》中的重大抑鬱性疾患所導致。他們並非主張抑鬱不存在：它確實存在，而且從它顯示為懶散的冷漠到帶有毀滅性的茫然和絕望這點來看，抑鬱的確能使人衰弱。只不過，有些人被診斷為抑鬱，但其實他們只是悲傷，而這種過度診斷是唯一能夠說明抑鬱案例驚人暴增的理由。

《精神疾病診斷及統計手冊》第一版於一九五二年發行，時值心理健康的診斷因缺乏一致性而遭致越來越多的批評。為了避免關於心理疾病成因的理論性爭辯——這是腦部化學作用、社會不公義，抑或家庭創傷所導致？——《精神疾病診斷及統計手冊》僅論及症狀，全然不提來龍去脈。然而，這意味著病狀和強烈情緒之間的舊有區分（傳統上會將如憂鬱等疾病與常態性的悲傷加以區別）被抹除了。任何人如果經歷了九項症狀中的五項，時間至少長達兩個星期，就可能被診斷為重大的抑鬱性疾患——即便病患的心情沮喪、食慾不振、失眠等等皆有合理的解釋，例如失業或關係結束。較早期版本的《精神疾病診斷及統計手冊》確實包含一則「悲傷條款」，申明兩個月之內失去親愛之人者，不可診斷為抑鬱。

但頗有爭議的是，二〇一三年發行的最新版《精神疾病診斷及統計手冊第五版》已將這條例外刪除，如此一來，可理解的悲傷與無由來悲傷之間的區分便已抹除——至少在診斷分類上。這件事情不只關乎診察室裡的判斷，該手冊對於何謂抑鬱的描述已滲透到學校的健康教育中，也出現在公眾資助的健康網站和雜誌文章。隨著自我診斷的機會增加，加上家庭全科醫師診療時間緊迫，想要找尋臨床診斷的欲望似乎日漸高漲。有了這種對「要給出一個答案」的重視，使我們無法接受悲傷乃人活著自然必須承受的結果。

想要驅散不好的感覺有什麼不對嗎？或許沒有。但時下首選的抗憂鬱藥物——百憂解（Prozac）和其他 SSRI（選擇性血清素回收抑制劑）——確實存在著副作用，而且未必總能見效。

更重要的是，將悲傷視為一個需要加以醫治的問題，日後可能致使我們無法應付相關問題。當代心理治療師歐巴契（Susie Orbach）認為，過度開藥具有侵蝕的效果，傳達出「痛苦無法被承受、度過和容忍」的訊息，並且剝奪了我們認知悲傷可以豐富生命的能力。「這是我們對於人之所以為人所必須遭遇的逆境而作出的反應，也是我們挺過這些感覺的能力，而且從中獲得成長，是生命成熟不可或缺的一部分。」她這麼寫道。當悲傷被抑鬱的診斷所遮蔽時，我們更不願意承認自己感到傷心難過，惟恐它妨礙我們的成功，或者擔心被心理疾病向來附帶的污名給玷染。這般的壓抑悲傷，極可能使情況惡化。

悲傷以其飽足和接受的感覺、以其平靜甚至冷漠，乃是與抑鬱不同之物，而且是生活中重要的一部分。悲傷是一種歷程，在失落或失望之餘，我們透過它打起精神以適應新的生活。悲傷在我們休養生息時保護我們，並賦予我們力量。如同十六世紀眾所周知的，如果我們視悲傷為陌生不熟悉的東西，那麼我們將更缺乏調適的彈性——而且更加容易因悲傷所引發的嚴重後果而遭受到傷害。

※互見：**悲痛**。

S

滿意
SATISFACTION

珊蒂拋下她的絨球：「你這個冒牌貨和騙子，但願我從來沒見過你！」丹尼低頭不語。但精心安排這場僵局的麗柔則相當興奮，她的眼睛發光，臉色燦爛。電影《火爆浪子》（*Grease*）中的營火場景展現了影史上最棒的微笑之一：無比高興、面露輕蔑表情，而且極度自鳴得意。麗柔如願地報了仇。

我們因各種理由而微笑：愉悅、歡樂、懷疑。另外還有挖苦的微笑，以及像赤郡貓[1]的露齒而笑。不過有一種微笑的歷史特別有意思：滿意的微笑。它可能充滿勝利或滿足感，令人氣惱的得意或諷刺和挖苦人（這種微笑是義大利人稱作 **'il sorriso di chi la sa lunga'**〔「知情者的表情」〕的一部分）。但無論是什麼構成這些心滿意足的微笑，它們似乎在十八世紀的法國開始被關注，這時巴黎人——短暫地——學會了如何微笑。

這場「微笑革命」的起源可追溯到一群活躍於中世紀的自然哲學家。他們相信自己活在「光明時代」，從教會贊助發展的知識陰霾和壓迫下解放出來。這些哲學家表現出自由、好問和快樂的樣子，而對他們來說，微笑正好是用來迎接世界的理想情緒。「人必須笑看一切。」伏爾泰如是說。事實上，坐鎮法蘭西喜劇院門廳的伏爾泰雕像便帶著一絲淘氣的表情（儘管他本人認為那是一隻「殘廢猴子」的獰笑）。這並不是一個因欲望而苦惱，或者被懷疑折磨的人，而是一個好奇和沉著自信的人，頗有現今勵志大師所說的「自我實現」的感覺。不過那些創造出偉大啟蒙巨著——三十五冊《百科全書》[2]——的賢哲，將之稱作「滿意」或「內在的滿足」。

英語 satisfaction（滿意）源自拉丁文 satis（足夠）facere（做），起初意指償付債務或履行義務，尤其是指抵銷某項罪惡的適量贖罪苦行。至少，這是《百科全書》裡所列舉出的主要意義。不過，其作者也討論了作為一種情緒的 satisfaction。他們認為滿意的感覺來自以適當方式運用自己的技巧，而不滿或坐立不安則源於擁有某些能力或興趣卻無法自由駕馭。在這層意義上，這些十八世紀的討論預示了今日我們對於「工作滿意度」的關注。對這些啟蒙時代的作者而言，運用個人能力所獲得的滿足感是一種「秘而不宣的樂趣」，也是「最令人愉快的情緒」。

身處於一七八九年導致法國大革命的社會動盪中，有些法國貴族開始拋開宮廷的僵化習性，服膺哲學大師們的態度。更早世代的上流階層在肖像畫中向來緊閉嘴唇，一副讓人捉摸不透的模樣——或許他們擔心露出發黃的爛牙根，又或許害怕被認為有失體統，因為繪畫中只有農場工人和僕人會張大著嘴。

然而到了一七八〇年代，微笑開始點亮了凡爾賽的牆壁。微笑是進步與財富的象徵——因為只有最富有的人方能享受當時牙科醫學發展所帶來的特權，在微笑時露出最新發明的瓷牙。然而，無論哲學家或貴族，巴黎人欣賞他們自鳴得意的微笑並沒有為時太久。直到一七九二年發生九月大屠殺，巴黎暴民殺死了數以千計可疑的保皇黨份子，他們更常被描繪成放聲大笑的模樣。

約一百五十年後，在一九五〇和六〇年代，走在任何一座美國城鎮的街道上，頭頂上的廣告看板總少不了燦爛的微笑。牙科技術的進一步提升無疑助長了廣告主利用微笑來販賣產品的意願——而美國人的頌揚歡樂，可能也助長了一臂之力。微笑的家庭主婦提供對於滿意人生的憧憬——特別是對性生活的滿意；而這就是我們在《火爆浪子》原始海報中所見到那種特有的滿意微笑。

丹尼鬱鬱然噘起嘴，而珊蒂穿著她那反叛的「壞女孩」裝束現身，綻開雙唇，露出一排珍珠白的完美貝齒，供所有的人欣賞——以及羨慕。

※互見：**自鳴得意**。

1. 譯注：赤郡貓（Cheshire Cat），小說《愛麗絲夢遊仙境》中的角色。
2. 譯注：《百科全書》（*Encyclopedie*），書中探討科學與世俗思想的巨幅內容，由狄德羅和達朗貝爾負責編輯。

S

懷念 SAUDADE

據信葡萄牙人於十三世紀首度學會談論一種稱作 saudade（懷念）的情緒。當時正值地理大發現時代，船舶從里斯本的港口揚帆而去，前往非洲和南美洲，留在家鄉的人日日眺望著海平線，渴望愛人返航。女吟遊詩人在詠頌男友的歌曲中抒發她們的 soidade（即 saudade 更早的拼寫法），滿懷惆悵的歌詞表達出思念遠方愛人的苦悶，以及對昔日快樂的留戀。如今，人們說起「懷念」的感覺，不僅針對遠在他鄉的人，還包括遙遠的地方，甚至錯誤寄託的事物。

懷念的意思是，對遠方或已逝去的人或事物的憂鬱渴望。這種渴望流連不去，在表面之下悸動，抱持希望之中還夾帶了一絲哀傷。其間存在一種模糊的思念，但交織著放棄與回憶昔日歡樂的愉悅。

有些情緒與某種特定的藝術形式關係緊密，以致我們無法想像兩者分開的模樣。例如憂鬱與藍調、國家光榮感與國歌。十九世紀初期，「懷念」在法朵（fado）音樂中找到它的現代形式。fado 一字意指「命運」，法朵音樂誕生在里斯本阿爾法瑪（Alfama）區的卵石鋪面巷道，那裡是水手和娼妓的大本營。法朵音樂受到被放逐巴西的皇室及其隨從於一八二〇年代所帶回葡萄牙的非洲巴西音樂所影響，如泣如訴的吉他聲加上思慕的嗓音，喚起貧窮、失落和愛人不忠的經驗。據稱，法朵也能滌淨歌者緬懷舊情時苦樂參半的憂鬱。

所以，吟唱法朵的寫法是「matar saudades」，字面意思為：殺死懷念。

※互見：**懷舊**。

幸災樂禍
SCHADENFREUDE

對於別人的不幸所感覺到的意外興奮，是人們私下偷偷享受的美妙樂趣。當然，看見吃香到令人氣憤的朋友遭殃，我們也會盡力裝出難過的樣子。但是在同情的背後，確實洋溢著一股興奮之情，讓我們的眼睛閃現光芒，嘴角抽動。

希臘人承認在聽聞別人受苦時，他們偶爾也會感到一陣突如其來的快樂，他們稱這種感覺為 epichairekakia（字面意為因不幸而欣喜），而羅馬人的 malevolentia 賦予我們當今所使用的「惡意」（malevolence）一詞。如今，Schadenfreude（幸災樂禍）——源自德語 Schaden（傷害）和 Freude（愉快）——成為最廣泛被使用的詞彙，意指從別人的惡運所獲得的不厚道樂趣，有別於更直截了當的蔑視或洋洋得意。

羅馬詩人兼哲學家盧克萊修（Lucretius）相信，因為看見別人掙扎而感到愉悅，並非道德破產的跡象。他寫道，我們喜歡安全待在岸上，看著船隻在驚濤駭浪中翻騰，不是因為我們天生樂見別人受苦，而是因為「知道自己可以免於這樣的不幸，是件令人愉快的事」。其他人的壞消息——離婚、被解雇——能讓我們感到寬慰，是因為事情沒有發生在我們身上。那是一種「若非上帝的恩典，我們便差點無法倖免」的快感。一如艾麗絲・梅鐸（Iris Murdoch）所承認的，即便只是點頭之交的朋友過世，也能讓我們產生近似欣快的感覺，突然心頭一熱，慶幸自己還活著，感到「興高采烈……那是一種原因尚待查明、卻覺得一切都異常美好的感覺」。

但事實上，我們之所以渴望看見別人遭逢不幸，存在著各式各樣的原因。競爭是其一，還有羨慕、怨恨、好玩、消遣……許多人承認當我們看見毫不費力就成功的同事被老闆責罵時，我們會感覺到可鄙的愉悅。看見我們的競爭對手丟人現眼著實令人心滿意足，因為我們認為或者錯以為，如果別人的聲望下降，我們的聲望便會上升。我們喜好聽聞名人出糗的八卦，也是基於類似的原因。假使雜誌的銷售可作為判斷依據，那麼我們似乎樂見富人和名人的身體瑕疵被看見，包括他們身上的脂肪團和塌鼻子、下垂的肚腩和肥腫的腳踝。當浮誇的政客做了見不得人的事被活逮時，我們的開心簡直無法克制——哇，他這跤跌得真慘

S

呀！——因為好歹有這麼一次，情勢總算翻轉了過來，輪到我們感覺到優越！不僅因為我們嫉妒或垂涎他們的權力和成功，我們還怨恨自己賦予他們如此的重要性，部分的我們想見到他們被處罰，這麼一來，我們**自己的**地位便能得到修補。

幸災樂禍看似同理心的相反面，但即便是對別人不幸所感受到的替代性悲傷，也可能不知不覺轉變成憐憫的樂趣，甚至是一種自鳴得意。而且，我們都知道有人就是喜愛大災難，只要不是發生在他們身上（他們往往是緊要關頭最有用處的人，因為他們不會因為難為情或過度同情而癱瘓）。所有那些驚險刺激可供說嘴的戲劇化場面、接不完的電話、成箱的酒飲和衛生紙，以及大肆搜刮別人家醜的機會都能使他們分心，因而不必過於深究自己的問題。

如同古老的諺語「同病相憐」所言，別人的不幸讓我們感到安慰。極少有人願意承認在聽聞別人做錯決定、他的配偶誤入歧途，或者孩子忘恩負義時，自己會有興奮的感覺。這讓我們因此知道，希望落空的不只我們，其他人也是。

※互見：**好奇；病態好奇**。

自憐
SELF-PITY

他意氣消沉、生著悶氣，瑟縮在角落，頭部垂落在閃亮的拉絲金屬製膝蓋間。在道格拉斯·亞當斯的《銀河便車指南》中，偏執機器人馬文所搭載的程式是最新的真人個性（Genuine People Personalities, GPP）技術。他對於太空旅行夥伴的惱怒程度，只亞於他堅信自己遭到虐待和誤解的強烈憤懣。

德國哲學家舍勒（Max Scheler）寫道，自憐需要富於想像力的絕妙技巧：我們必須藉由想像中的雙重身分，站在自身之外。一個為自己感到難過的人——或機器人——看待自己「彷彿是別人」，舍勒寫道，並且鄙視這個無助者，為**他們**不公平的可憐處境一掬同情之淚。藉由像這樣將自我一分為二，自憐似乎是一種相當有益的情緒：當事情不順遂時，一半的自我可以感覺到比另一半的自我更為優越，享受著憐憫別人所帶來的紓解。

有時自憐只不過是一種短暫使人感到愉快的沉溺，我們每個人都有權享受。一但覺得無聊，我們便起身脫離。但有時就像馬文一樣，我們會深陷於不公平的感覺，而且被它們給孤立，因為自憐使我們的視野變得幽閉窄近，以致無法想像別人的觀點，難以看出他們也正在奮力掙扎。這時，位居於憐憫核心的蔑視便會真正顯現出來：我們不僅厭惡自己，看不出事情有改善的希望，同時也無法忍受其他任何人。

感到挫折的家人和朋友用盡各種技巧，試圖將他們所愛之人從沉溺多時的自憐情緒中拉拔出來。通常，這些技巧是「看看你有多麼幸運！」的主題變奏，但坦白說，那只會讓人感覺更糟。近年來，利他行為的相關研究建議我們採行一個可能有效的技巧，那就是鼓勵你所鐘愛的偏執機器人，對陌生人（或外星人）隨機展現小小的善行，這麼一來，他們或許會重新發現他們的「同情肌」（compassion muscles）——同時也找到給自己的些許善意。

※互見：**同情；憐憫**。

羞恥 SHAME

古希臘哲學家暨傳記作者普魯塔克（Plutarch）將羞恥稱為「我們靈魂所能承受的最大震撼」。而對哲學家沙特而言，它感覺起來像「內出血」。當我們未達自己設定的標準時——我們不時如此——難免感受到對自己的鄙視。沒有人是完美無缺的。當我們犯法被逮、作弊被抓，或者以見不得人的方式享受性愛被撞見後，一想到要面對家人或朋友，頓時覺得抬不起頭來：「從今以後我要如何／注視上帝的臉？」在密爾頓（John Milton）的《失樂園》（*Paradise Lost*）中，亞當嚎啕哭喊，「遮掩我吧，你們這些松樹！／你們這些柏樹，用繁不可數的枝幹／將我隱藏起來。」

罪惡感通常被視為一種內在經驗，其特徵是**聽見**良心的聲音，而羞恥則更常與社會譴責感和害怕**被看見**的恐懼有關。當我們想要從自己及別人的目光下消失，便知道自己感到羞恥。羞恥使我們變成逃脫大師。私底下我們愁眉苦臉，蜷曲在鴨絨墊子下，但是在公開場合中則頑強挺立，迎向別人的目光，希望以燦爛而僵硬的笑容藏住苦惱。幾乎沒有其他東西比起羞恥本身更加教人感到丟臉。

一九四〇年代，文化人類學家潘乃德（Ruth Benedict）對「罪惡感」和「羞恥」文化做出區分，這個論點至今仍深具重要的影響力。天主教的罪惡感現象眾所周知，而潘乃德主張所有的基督教社會都是典型的「罪惡感文化」，其成員若逾越道德規範，會被鼓勵去感受一種內化的私密罪惡感。對照之下，潘乃德相信「羞恥文化」——她認為日本為其典型——乃透過公開的屈辱和放逐來維持現狀。她認為在羞恥文化中，群體利益高於個人利益之上，未達預期行為標準的人被認為不僅為個人、同時也為整個家族帶來不名譽——或羞恥。

現今人類學家公允地指出，這是將一整個文化化約成單一情緒而過於簡化的論述。然而，新聞記者或其他人在試圖理解名譽殺人或儀式性自殺[1]背後的心態時，有時仍太快導向「羞恥文化」的概念。因此，羞恥本身似乎成為罕見的舶來品，彷彿只有難以駕馭內心熱情的外來移民才會體驗到羞恥，或者具備強烈的羞恥感。但這並未真正反映羞恥在西方文化中的地位。感覺到羞恥，一如魯西迪（Salman Rushdie）所言，「不是東方世界獨享的屬性」。

事實上，潘乃德錯將基督教描繪成受罪惡感支配的宗教：在英國和美國其實都有藉羞恥以示懲罰的悠久傳統。舉例來說，在十九世紀奉行清教徒規範的新英格蘭[2]，藐視社會群體嚴格道德規範的人會被公開懲處，以加重他們所承受的恥辱。一八六七年，有一對婚外偷情遭逮的男女雙雙被帶到市場，男的接受鞭刑，女的則被迫「站在鞭笞柱前……好讓她某種程度承受其罪惡所帶來的羞恥」。羞恥至今仍被用作一種懲罰方式。檢查線上信箱時，你很難抗拒螢幕角落裡閃爍的聳動標題：畏縮流淚的名人圖像配上「我的吸毒恥辱！」或者「裸露！」的標題。在照片可以即時傳播的文化中，羞恥——及其相關的公開事件，也就是道歉——很有可能逐漸成為重要性更勝以往的社會控制手段。

當然，你大可不必為了從室友的皮包裡拿走一張鈔票被撞見，或者與已婚鄰居被捉姦在床而被迫感到羞恥。我們當中有人符合大家所認定的理想標準，但大多數人並非如此。我們多半懷有一絲未達標準、不全然光明正大的感覺——因而自覺可鄙，並學會隱藏我們所謂的「缺陷」，以及因這些缺陷而感受到的羞恥。

過去三十年來，承認並尊重差異已成許多歐美國家政治辯論的重要主題，造成看待性別、性、種族、體能，以及其他生活層面（絕非全面性的）的態度產生了轉變。自從一九六九年的石牆暴動[3]後，男男女女每年在「同志驕傲」的旗幟下遊行。其前提清楚明白：在面對不寬容時，唯有被看見，我們才能感覺完整。

後起的性別理論家質疑該活動對於驕傲的強調，懷疑它是否漂白了同性戀生活中似乎更加尷尬、甚至不光彩的其他部分。他們因此發起了「同志羞恥」運動，在諸多討論之中留下了一項寶貴之物：人們願意將羞恥視為有價值的情緒，而不是向來認為的會造成損傷的有害情緒。情況可能是這樣：在面對非難時，若要打造身分意識，就必須承認羞恥的存在——甚至加以讚揚。因為也許只有當我們允許自己關注自己的羞恥感，理解其轉折與變化，我們才能看清自我，並發現我們以種種數不清的方式期許自己扮演的那個人，在真正的自我面前徹底粉碎。

※互見：**屈辱**。

---

1. 譯注：儀式性自殺（ritual suicide），例如日本武士的切腹自殺。
2. 譯注：新英格蘭（New England），美國東北部六州的總稱。
3. 譯注：石牆暴動（Stonewall Riots），發生在紐約格林威治村石牆酒吧的一連串自發性暴力示威衝突，常被視為同性戀者首度反抗性別弱勢群體受到迫害的實例。

震驚
SHOCK

一九一四年九月，從前線返回的一批士兵首先表現出後來被稱作「砲彈震驚症」（'shell shock'）的症狀。針對他們「說話結巴、語無倫次」，加上抽搐的臉和踉蹌的步姿，醫師設法摸索其病因和治療方法。根據開創風氣之先的英國心理學家麥爾斯（Charles Myers）的說法，這些奇特的症狀是由於近處有砲彈爆炸，衝擊撼震了士兵頭蓋骨周遭的腦部，造成微小的損傷所導致。其他軍方心理學家則認為，在壕溝中生活的壓力——包括不間斷的恐懼和持續的創傷——磨損掉這些士兵的恢復力，造成他們屈服於歇斯底里症，一種帶有多項身心症狀的情緒疾患。無論病因是哪一種，砲彈震驚症都可能使一個世代的年輕人淪為蹣跚結巴的失魂傀儡。

震驚——源自法語 choquer，意指被擊打或搖動——是因突發且不受歡迎的事物而呆愣住的情況。碰撞、攻擊、始料未及的消息……這一切都可能使得以世界為安全場所的看法一夕翻轉。隨著懷疑和不理解的浮現，震驚迅速轉變成失語和麻木。有人說這是一種心理麻痺，有助於我們度過可怕的經驗。然而當止痛的藥效逐漸消退，使我們震驚的事物依舊會發出迴響，出現在我們的夢境和習慣中，甚至改變我們期待別人回應我們的方式——有時會持續終生。

認為有害的震驚能造成深刻且持久的心理傷害，這種想法是相對新的概念。當‘shock’這個字約於四百年前首度在英語中被使用時，原本是軍事術語，用以描述長槍手的碰撞或軍隊的衝撞：在莎士比亞歷史劇《理查三世》（*Richard III*）中，一場即將發生的戰鬥被描述成‘shocke of armes’。直到十八世紀，人們才開始說他們的心靈遭受猛烈的攻擊，彷彿身處戰場。以往稱作「感到驚奇」或「驚恐得要命」的說法開始變成「震驚」。實際上，當時還有些人以容易受震驚而感到得意。

十八世紀見證了我們在醫學方面對於身心的革命性理解，其中部分要歸功於倫敦醫師兼解剖學家威利斯（Thomas Willis）首創的研究。他仔細解剖被絞死的罪犯屍體，並表示人體並非靠奇異的體液來賦予生命，而是藉由皮膚下方精密的神經和纖維網絡構造。這個網絡系統輸送生命元氣往來於腦部，轉而使身體其餘部分能夠活動，讓眼皮因恐怖而突張，或臉頰因愉悅而緋紅。外界的事物也透過這些纖維入侵體內：神經——特別是那些包覆心臟的索狀構造，當時稱作「心弦」（'heartstrings'）——據想像，在緊張狀態下會抖動，即便最輕微的碰觸也會振顫共鳴。

由於威利斯的研究成果，醫師們開始不再以體液平衡的語言，而是用個人的神經狀態，來談論強烈的情緒反應。婦女、藝術型男子以及上層社會階級，他們的身體不曾從事粗重勞動，被認為擁有特別纖弱或敏感的神經系統——這在當時是可取的特質。基於這個原因，他們被認為具備更優越的審美敏感性、更高的道德感，以及推測他人感覺的能力。

但是這些敏感的類型也得小心：一件意料之外的消息或看見某種可怕景象所引發的震驚，可能會使他們的身體各種感應發出極為強烈的迴響，緊接著造成神經錯亂。在歌德一七七四年的小說《少年維特的煩惱》中，男主角正是因為聽聞愛人與別人訂婚後引發震驚，而陷入心智混亂的漩渦中。他將這個經驗比喻成暴雷的猛烈攻擊，更糟的消息是，它在喜悅的場合中降臨：在此情況下，「我們的感官已經洞開以便於感受，因此更快地吸收刺激。」

如今，醫師早已不再用「砲彈震驚症」來描述心理層面的傷害，而是用「創傷後壓力症候群」這個說法。現在'shock'（休克）在醫學上最常見的運用，是描述由於失血或過敏反應所引發危及生命的狀況：血壓下降、呼吸淺促、皮膚冰冷濕黏。

二十世紀的醫學將休克定義成純粹的生理反應，讓我們現在有更多的彈性以較平常的意義談論情緒上的震驚。司機或隔壁鄰居的粗魯可能使我們感到震驚，轉而變成困惑的憤慨。這是受驚駭之餘的反感，對所預期的事嚴重被混淆時產生的不理解：**他們怎麼能做這種事？**致使我們張口結舌，設法消化這項消息。對於十分自豪於容易被震驚的十八世紀藝術家和知識份子來說，這種反應似乎是他們所樂見的。現今的藝術家反倒希望能震驚他們的觀眾——藉以顯示他們不容易被震驚。

想知道其他與軍事有關的情緒，可參閱「思鄉」。

※互見：**恐懼**；**悲痛**。

自鳴得意
SMUGNESS

英國文學中幾乎沒有其他人物像艾瑪．伍德豪斯*這般自鳴得意。「美麗、聰明而且富有」，能帶給她最大快樂的，莫過於她自身的傲人成就。她尤其津津樂道於近來成功撮合了一對佳偶，「許多人都說威斯頓先生絕對不會再婚，」她說，「但是我替他們作了媒，並且證明我是對的。」她繼續洋洋自得，「我安排了這場婚姻，而且有幸玉成此事。」直到奈特利先生再也吃不消：「你只是剛好瞎矇中了，能拿來說嘴的也就只有這件事。」然而艾瑪的沾沾自喜沒完沒了：「而你呢？連瞎矇中的樂趣是什麼都不知道，真可憐！」

自滿讓人滿面紅光，叮鈴！吵贏了架，叮鈴！當對手落敗，瞬間感覺高人一等的愉悅——附帶額外的嗤之以鼻，叮鈴！叮鈴！叮鈴！……無怪乎自鳴得意是如此教人難以抗拒

S

的感覺。

自鳴得意使人露出勝利的獰笑，是充滿錯誤和道歉的世界的一小片綠洲，佔盡所有便宜的短暫片刻，這樣的感覺就好比一顆漂亮、光滑、擦得閃亮亮的鈕扣（'smug' 或 'smugge' 最初的意思是擁有整齊漂亮的外表，直到十九世紀中期開始帶有自負的含意）。

自鳴得意是如此難以抑制的美妙感覺，你會以為我們每個人成天都想帶著這種感覺四處走動。可惜的是，自鳴得意的樣子，無論到哪裡都惹人討厭。

※互見：**快樂**；**憎恨**。

* 譯注：艾瑪·伍德豪斯（Emma Woodhouse），珍·奧斯汀小說《愛瑪》（*Emma*）中的女主角。

不公之憤 SONG

最容易被察覺的輕慢態度，莫過於「不公平」。一份比較小塊的蛋糕，或是遺產的分配，都能悄悄醞釀起沸騰的怨恨。「這樣不公平！」的嚎啕哭喊似乎顯得孩子氣，使得心力交瘁的父母必須以核分裂物理學家的精準度，小小翼翼監視兄弟姊妹之間的巧克力豆分配。然而，成人由於發現所收到的少於應得的一份而感到不快，也是生活中極為常見的事。

生活在太平洋群島上的伊法利克人十分樂意承認他們的「不公之憤」（song）。「不公之憤」是他們用來表達某種特定憤怒感的名稱，那是當有人違反伊法利克價值體系的一大原則，拒絕適當分配時所激起的感覺。如果獵到海龜的人沒有按完全相等的份量來分配狩獵成果，或者自顧自抽菸的女人忘了給別人也抽上一口，遭忽視的人絕不會掩飾驚慌或克制他們的譴責。

我們這些生活在資本主義自由市場經濟世界中的人，倘若為了遭到忽視而生氣，大概只會顯得小器巴拉，或者更糟的是被回嗆：「自己去獵你的海龜吧！」然而在伊法利克人的世界裡，「不公之憤」被視為完全正當的反應，並且在高度仰靠互相依賴與合作的文化中，扮演了確保日常生活順暢運作的重要角色。

※互見：**怨恨**；**競爭**。

詫異
SURPRISE

一八七二年時，達爾文已是名滿維多利亞時代的博物學家，由於演化論而倍受讚揚。他描述了在倫敦動物園爬行動物館親自做的一次古怪實驗。他站在養了一隻致命鼓腹蝰蛇的玻璃箱前，突然將鼻子湊到玻璃板上，「打定主意不退縮，如果這條蛇發動攻擊的話。」當然，憤怒的鼓腹蝰蛇隨即撲向玻璃，達爾文連忙後退了好幾步。

事後他承認，他被這件事給「逗樂了」。如同二十世紀初期的笑聲理論家柏格森（Henri Bergson）所說的，達爾文知道我們的身體在舉止失措時會顯得滑稽，縱使我們努力控制。根據柏格森的說法，當身體進入自動運作程序，我們的動作就會變得可笑，即便自己都會這麼認為。

詫異是最突然且短暫的情緒之一，由某種我們對之完全未做準備、倏忽令人吃驚的事件所觸發。詫異來得急也去得快，沒有人可以吃驚得非常久（儘管他們有時如此聲稱：「教我詫異的是你的行為……」）。詫異徹底擄獲我們，引發一連串的反應：雙眼突然瞪張、瞳孔放大、眉毛上揚，以及下巴鬆落。這是我們與生俱來的反射反應——就連子宮中的胎兒也會對巨大聲響做出莫羅氏反射（Moro reflex），也就是驚跳反射（startle reflex）。

倘若說，震驚使人靜默且當場呆滯，那麼詫異往往熱鬧得多。詫異使我們向後驚跳、撞翻家具、失手掉落物品，或者忍不住倒抽一口氣或驚聲尖叫。當朋友從沙發背後跳出來替我們慶生時，我們會感到詫異（還有高興！）而出乎意料收到的稅單則讓人大吃一驚（外加厭惡！）＊

哲學家笛卡兒在羅列「原始情緒」名單時，任何突然發作的壓倒性情緒都被稱作「詫異」。「驚奇，」他寫道，「是一種靈魂突如其來的詫異。」喜悅、憎恨甚至愛都會帶來詫異感，導致四肢抽搐、心臟緊縮。正是這種全身遭外力控制的感覺，使詫異如此令人迷惘、不由自主。有人喜好神魂顛倒的感覺，但也有人認為感到詫異有失體面、教人難為情，甚至感到憤怒。關於詫異，最特別的或許是它所引發的感覺錯置——我們察覺到身體不如想像般聽憑指揮。身體的自動反應使我們顯得可笑，一如柏格森所主張的，而缺乏控制也讓我們緊張不安。

所有情緒都包含了非自願的層面。我們的許多感覺諸如憤怒、喜悅和厭惡，都在未經我們的允許下產生——而且通常在重要時刻產生——此事實正是它們既惱人又迷人的部分原因。這種情緒不服從的時刻特別讓達爾文著迷。為何安全置於玻璃箱內的蛇會讓我們詫異地向後跳？或者在黑暗中受驚嚇時，我們會閉上眼睛？達爾文想知道這些不必要的情緒反應是否為古老的殘餘物，從遠古時期就遺留下來的情緒習慣？彷彿很久之前，我們的身體便學會以某種方式來感覺，而且簡直如被迫般表現出這些更早期的景況。

達爾文的理論質疑了「情緒表達出部分內在自我」的概念，他反而認為人類的感覺是由巨大力量所形塑，這些力量無遠弗屆，遠超過個人生命界限。他告訴我們，我們的情緒並不全然歸我們所有。我們固然可以高興地以為自己是身體的司機，但我們其實更像是搭乘身體走一段路的乘客。

※互見：**恐懼**。

＊注釋：有些語言區分了二者的差別：在伊法利克語中，rus 是不愉快的詫異，而 ker 則是會令人快樂的詫異。

疑心 SUSPICION

你確定你說的不是妄想？

T

高科技緊張症	TECHNOSTRESS
恐怖	TERROR
關門恐慌	TORSCHLUSSPANIK
苦悶	TOSKA
勝利歡喜	TRIUMPH

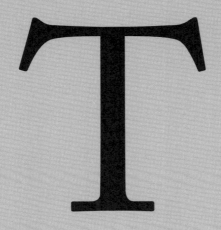

高科技緊張症 TECHNOSTRESS

希臘哲學家亞里斯多德表示，當我們察覺到被不如自己的人藐視時，比較容易勃然大怒。事實上，他進一步認為，如果你遭地位較低下的人侮辱，你絕對有權利大聲嚷嚷、咒罵甚至毆打他們：這是唯一自然的反應。

如今我們比較不容易看見因階級問題而引發的憤怒，但我們也許應該要這樣的。這可能正說明了為什麼電腦和其他電子裝置會激起如此糟糕透頂的反應。它們理應服侍人類，讓我們的生活過得更輕鬆，可是，這些任性的電子奴隸大多時候好像是它們在當家做主，逼著我們跟它們協商談判、乖乖合作、拜讀它們的操作手冊……。亞里斯多德地下有知，肯定要氣壞了。

其他關於有情緒的機器，可參閱「自憐」。

※ 互見：**不滿；暴怒；鈴聲焦慮**。

T

恐怖 TERROR

「燈光一暗下來，你便感覺到背後有東西。你聽見它，它就貼在你耳邊呼吸。但當你一轉身，卻什麼也沒有……」被問及恐怖的特性時，史蒂芬・金這麼回答。

恐怖之為物，比受到驚嚇更為強烈、比畏懼更為立即，而且比較無關乎血污和令人作嘔的事物。恐怖的感覺存在於看不見、難以確認的威脅中，讓人全身僵硬、動彈不得。十九世紀義大利醫師莫索（Angelo Mosso）致力於探究不同的恐懼形態所產生的生理反應，他觀察到士兵身處恐怖情境時，即便最大膽的人也不會想到要逃命，彷彿自衛神經被硬生生地切斷，只能待在原地面對他們的命運。

十八世紀晚期的浪漫派詩人和哲學家著迷於恐怖的主題。瑞士畫家菲斯利（Henry Fuseli）

以為，任何嚴肅的藝術家都應以恐怖為標的。「斧頭、車輪、鋸木屑和染血的床單，僅僅是令人作嘔。」他寫道。相較之下，恐怖——如中世紀「奇妙恐懼」的概念——才是一種高貴甚至具備淨化力的情緒。他的畫作《夢魘》（*The Nightmare*，1781）中有一個小妖精，蹲坐在無生命跡象的女子胸口，圓圓的雙眼瞪向畫布之外，據信會讓觀看者喘不過氣。

然而，能引發恐怖感的不只限於妖精和惡魔。根據哲學家伯克的說法，遼闊的山景能困擾行人，在他們心中激起「恐怖和驚奇」的強烈情緒。一如華滋華斯在〈序曲〉中所言，這些「龐大威武、不似活物的形體，攪擾了我的清夢。」

乍看之下，這種富於詩意的遺產有許多已在當代政治辭令中被漂褪了色彩，恐怖成為政治辭令中極為核心的角色。「我們不禁懷疑，難道美國人未來都要活在恐懼之中？」九一一恐怖攻擊事件後，美國總統布希在美國參眾兩院聯席會議上表示，「有人說恐怖時代來臨了。」布希這番談話與一九三三年羅斯福首次就職演說大異其趣，羅斯福提出告誡：「我們唯一需要恐懼的，就是恐懼本身。」談論「反恐戰爭」，會使得它的威脅感火上加油，或許這就是演講稿撰寫者提出這句話的意圖。

你得知了是恐怖（而非恐懼）在威脅你，你可能感覺受到驚嚇和不知所措。面對躲在暗處、無影無蹤的暴力手段——包括隱藏在信封或網站裡的病毒——採取自衛措施似乎徒勞無功，於是，恐怖使我們呆若木雞。這時我們就像莫索所說的那些被嚇壞的士兵，變得默不作聲而且動彈不得。也因此，我們發現自己已經無力爭辯，即使別人願意為我們主持公道。

※互見：**畏懼；恐懼**。

關門恐慌
TORSCHLUSSPANIK

「關門恐慌」是描述當我們發現時間即將告罄時，所產生的激動和焦躁感。隨著截止時間逼近，心跳噗通作響，頸背刺痛。可是我們卻在此時感到為難，眾多的選擇教人迷惑，惟恐做出錯誤的決定。生命，以及大量的機會，正從我們身旁悄悄溜走。

德語 Torschlusspanik（「關門恐慌」）這個字於中世紀時被創造出來，描述的情境是：眼看著橫衝直撞的軍隊步步逼近，城堡大門即將關閉，旅人和牧羊人連忙拋下財物，奔竄過護城河上的吊橋，投向安全的所在。

如今，一扇就要關上的大門多為隱喻之意，不過那種拼命向前衝的盲目恐慌未曾稍減。德國人最常用「關門恐慌」一詞來描述女性被生物時鐘滴答聲催促的可怕經驗。在報紙駭人

T

聽聞的消息和助孕廣告的推波助瀾下，生育恐慌讓最明智的人也不禁窘迫難安。

然而，關門恐慌亦可指涉因為截止時間逼近而做出草率魯莽、感情用事的決定，或者由於東西似乎數量有限，而且店門關閉在即，一時衝動就買下一雙鞋，或趕在最後一分鐘下注賭馬。這正是為何德國人會以「關門恐慌就像個差勁的顧問！」這句話，來提醒自己要作出明智的決定。

※互見：**恐懼**；**恐慌**。

苦悶
TOSKA

情緒生活與地理景觀大有關係。崎嶇不平的山野荒地讓浪漫主義者愛上寂寞和恐怖。許多北歐居民頌揚溫暖舒適的感覺，因為那是對抗平坦地形和濕冷氣候的解藥。

在俄國，toska（苦悶）這種情緒據說是從歐洲大平原吹進來的，從庇里牛斯山到烏拉山脈，挾帶一種令人發狂的「不滿足感」，以及永不饜足的追尋。納博科夫認為，「苦悶」無疑是俄國人的情緒，講的是「靈魂的悶痛、無法渴望的一種渴望、病態的憔悴，以及無以名之的心神不寧。」

如同許多這類情緒，「苦悶」同樣可分成幾個層次。數個世紀以來，哲學家和詩人將苦悶連結到宏偉有如形而上學般的「苦惱」，但「苦惱」這個字也是俄語的日常用語之一，傳達對每日通勤的倦煩或心碎的思念。

※互見：**倦怠；無聊；渴慕**。

T

勝利歡喜
TRIUMPH

人類發出的某些聲音，聽起來更像是動物的叫聲：呼叫、鳴叫和尖叫。對海盜而言，響徹全船的恐怖尖叫聲聽起來怪異而恐怖，比起九尾鞭[1]或戴維．瓊斯[2]的死亡喉鳴聲，更教人毛骨悚然。然而，對於失落男孩（Lost Boys）來說，這種聲音是可以馬上被辨識出來的，因為這是他們的首領彼得潘每解決掉一名海盜後所發出的歡呼聲。

當我們擊敗對手，得意洋洋的心情使我們忍不住跳上桌子振臂揮舞，或興高采烈一把抱住親愛的人。運動場上最具感染力的，莫過於勝方隊伍的支持群眾所爆發出來的吼叫聲和吹哨聲。想要克敵制勝的強烈欲望以及獲勝後的興奮激動，區分了人與機器的不同，展現了世界西洋棋王卡斯帕羅夫（Garry Kasparov）和 IBM 超級電腦「深藍」的差異。

然而，這些歡呼中也含有某種侵略性，與古代軍隊凱旋歸來的喝采聲相應和。對征服者來說，光有勝利是不夠的，還得狠狠羞辱對手一番。西元前九世紀，亞述國王阿淑爾納西爾帕二世（Ashurnasirpal II）下令沿著他的卡魯皇宮周遭的岩壁雕刻石飾帶，以慶祝他的軍功。石飾帶上刻了受侵略國的人民從藏身處被拖出來，以及官員在一旁監督礦場裡戴著鐐銬幹活的囚犯，或者清點屠殺之後被砍下的人頭畫面，所有圖象都由被俘的國民自己動手雕刻。這些圖像——如同羅馬人的勝利——描繪出勝利歡喜中最殘忍的部分：想要更進一步貶抑失敗者。

不過，這或許是要付出極高代價的，勝利的歡喜並非沒有風險。「我忍不住要歡呼……當我對自己感到滿意的時候。」彼得潘承認。突如其來的榮耀讓他覺得自己所向無敵，因此當彼得潘從海盜手中救出虎蓮公主時，溫蒂明智地用手摀住他的嘴。如果他吆喝得太大聲，會洩露大家的行蹤……

※互見：**自鳴得意**。

1. 譯注：九尾鞭（a cat-o'-nine-tails），分成九股的鞭子，作為刑具之用。
2. 譯注：戴維·瓊斯（Davy Jones），傳說中的人物，起源和身分眾說紛紜，或說為幽靈船「飛翔荷蘭人」的船長，或說為深海的魔鬼。

U

倒胃口　UMPTY
不確定　UNCERTAINTY

倒胃口
UMPTY

波金．法蘭普的心情非常不好。＊爺爺用喇叭所吹奏的靜謐曲調聽起來還是太大聲了。他想用來洗澡的水太冷，他每天走的地板太不平整，而他早餐吃的麥片粥有太多硬塊、也太黏稠了。

「你還好嗎？」媽媽問。

「不，我覺得很不好。」他氣沖沖回答，「我覺得一切都不對勁，有點噁心，真是糟透了。我覺得倒胃口。」

「什麼是倒胃口？」媽媽問。

「我就是倒胃口。」他告訴媽媽，「這個早上讓人吃不消。我受夠了，我要去院子裡自

U

個兒倒胃口！」

等波金到了院子，他的妹妹波西和小弟普托看見一朵小灰雲頑固地在他頭頂上盤旋。他們試著藏起這朵雲，對它吹氣，甚至唱歌給它聽，但無論做什麼都無法移走它。直到發生一件跟喇叭和胡蘿蔔有關的離奇意外，波金才咯咯笑了出來，結果那朵小雲越升越高，最後就飄走了。

倒胃口：一切都「太多」，而且全都不對勁的感覺。

已知唯一的解藥：笑。

※互見：**晨間憂傷**。

＊注釋：《法蘭普一家》（*The Flumps*）是一九七〇年代的兒童電視動畫系列，內容講述住在英格蘭北部的毛茸茸圓形生物「法蘭普」一家人的家庭生活。波金感覺倒胃口的那一集，名稱是「雲」（'The Cloud'）。

不確定 UNCERTAINTY

一切都如此不確定，這正是令我感到放心的事。

——朵貝・楊笙[1]，《木民谷的冬天》（*Moominland Midwinter*）

迷路不再是個問題。如果懷疑走錯街道，你可能馬上掏出手機，透過衛星定位找尋所在的位置。有許多應用程式能告訴我們火車是否誤點，還有網站替我們預報可能喜歡的電影或書籍。有了大量激增的新科技，我們似乎越來越不需要碰運氣了。可是，我們也許想知道因此而錯失了什麼。

「不確定」往往被界定為一種不愉快的情緒經驗，一種我們有意規避的經驗。在人生最大的交叉路口上感到疑惑，可能是難以忍受的事，但再怎麼上網搜尋，也無法告訴我們是否該辭職或者生孩子，反而不斷得到一堆這個那個的建議而猶豫不決，讓我們陷入幽閉恐懼和氣憤之中。無怪乎一種想藉由創造出可靠構造物來克服不確定性的欲望，被視為人類進化的一項優勢。

雖說事物的可預測性暫時使我們得到紓解，不過猶豫和疑惑仍舊是我們生活架構中的一部分。每個人偶爾都會因為未來之事不可確知而感到掙扎，但即便最先進的理論物理學家也無法給予我們答案。根據海森堡（Werner Heisenberg）的測不準原理，在任何時候都不可能知道一顆粒子的大小和質量，因為每當你想要測量某個粒子，其他的粒子就會跟著改變。倘若這就是次原子宇宙的景況，你大可相信我們每天的生活也是如此：「我該買番茄嗎？可是這樣就也得買花椰菜。但是她喜歡花椰菜嗎？」等等。

自由、意外發現新奇事物、異想天開、創造性……這些都是不確定所帶來的愉悅。不知道結果能給予人無限的快樂，此所以我們還繼續在讀謀殺懸疑小說，以及初戀感覺特別強烈。

根據許多藝術家的說法，想發現答案的欲望必須加以抗拒——「不知道」才是可貴的。

U

只有「能安於不確定、神秘和疑惑，不急於搆觸事實或理性的人」，詩人濟慈[2]這麼說道，「才能真正自由地創造和探索。」

允許自己迷路，或許你也會瞥見那種自由。

※互見：**期盼**；**好奇**；**恐怖**。

1. 譯注：朵貝・楊笙（Tove Jansson），以瑞典語寫作的芬蘭作家、小說家和插畫家。
2. 譯注：濟慈（John Keats，1795-1821），英國浪漫主義詩人，其抒情詩尤其優美，著名作品有《夜鶯頌》、《希臘古甕頌》等。

V

報復心 Vengefulness
替代性尷尬 Vergüenza Ajena
渴慕 Viraha
脆弱 Vulnerability

報復心 VENGEFULNESS

V

用精采的反駁來教訓某人的自鳴得意，看著不久前還滿臉責備之色的傢伙突然張惶失措、啞口無言，讓人愜意至極。是的，以牙還牙帶來光榮的滿足感。每當我們的驕傲因侮辱而受傷，或者某個疏忽讓我們困惑或驚呆，是報復心讓我們有機會扳回一城，重拾喪失的尊嚴。即使復仇只發生在想像之中——越是怪誕和過度越好——仍然能達成修復的效果。「丟臉，」哲學家邊沁寫道，「不在於受到侮辱，而是屈服於侮辱。」

有個想法一度在歷史學家之間流行起來，他們認為以前的人比現在的人能接受「報復心」這種感覺。深具影響力的歷史兼社會學家伊里亞思（Norbert Elias），在一九三〇年代完成有關中世紀歐洲「開化進程」的著作，他認為「中世紀的人野蠻殘忍，容易與人突然暴力相向。貴族之間醞釀著私人的夙仇，而如帽販、裁縫、牧羊人等升斗小民，同樣動不動就抽出刀子。」

但是，當今歷史學家描繪出另一番不同的景象，他們認為，儘管自行動手懲治對手這種事在十二、三世紀的英國往往事關個人榮譽，但其程序仍有嚴格的規範。私下報仇的規則，要求處罰的分量必須與罪行的輕重相稱（比較古老的以牙還牙、以眼還眼等形式……），這麼一來，不但受害者能感到滿意，也不致引發沒完沒了的報復循環。在這個背景下，報復的情緒涉及兩個過程，其一是想要糾正錯誤的迫切欲望，另一則是思忖適當懲罰的理性衡量。

然而到了十六世紀，法官和朝臣們輕易將報復心說成任性危險的事。隨著法律體制的管轄力擴及整個英國，官方懲處的方式在道德上被視為更加優越，於是私人之間的仇殺變得不可取。哲學家依循此方向，「復仇是一種野蠻的正義，」培根（Francis Bacon）說，「有更多的人性流露，就應當有更多的法律將之剷除。」

這些想要詆毀報復心的努力奏效了嗎？伊莉莎白女王在位後期及詹姆斯一世初期，在劇場裡大受歡迎的「復仇悲劇」對於法律為私人復仇提供適當手段的效力抱持懷疑。基德

（Thomas Kyd）的《西班牙悲劇》（*The Spanish Tragedy*）於一五九二年首演，是此類戲劇形式的始祖之一，在劇中，法律被視為無能且不值得信任：宮內司法官希埃洛尼莫在遇見陳情者要求協助處理他們的案件時，當場「將文件撕碎」，他的舉動實際等同撕毀了法律條文。因此，當希埃洛尼莫的兒子遭謀殺後，他不出所料地將事情攬在自己手上，策劃了一場報復行動，就像復仇悲劇中由受冤屈的角色所籌謀的許多計畫一樣冗長又複雜。復仇陰謀背後的謹慎思考，以及常見的行動推遲，與憤怒的突然爆發正好相反。報復行動終究是血腥而混亂的，然而報復心卻非如此，它更加地深思熟慮，而且最終多半是在冷靜中策劃而成。

人們至今仍對報復心抱持著分歧的態度。當然了，我們應當克服想要報復的欲望，因為報復心最大的受害者就是自己，這種老生常談的道理大家都明白。或者就像培根所說的，「謀求報復，使得自己原本可以痊癒的傷口遲遲無法癒合。」

我們雖對報復的衝動懷有戒心，但有時也偷偷地被它們吸引。否則我們為何津津樂道於那些都會傳奇——在窗簾褶裥裡縫入明蝦[1]、剪掉薩維爾街[2]高檔定製西裝的衣袖？也許，我們對於膽敢依循報復衝動、快意恩仇的人有一種莫名的欽佩——看看我們自己，就算不是強忍著吞下侮辱，也只是乖乖遵從合法的程序，或許真的蒼白軟弱了些。

想知道另一個不合法的情緒，可參閱「憎恨」。

※互見：**怨恨**；**受辱感**；**滿意**。

---

1. 譯注：根據網路傳言，一名被拋棄的女子，在與情人同居的房子窗簾摺襉裡縫進蝦子，數日後蝦子發出惡臭，逼得她的情人因為找不到臭味的來源，只好把房子給賣了。

2. 譯注：薩維爾街（Savile Row），位於倫敦的薩維爾街是定製西裝的發源地和聖地。

替代性尷尬
VERGÜENZA AJENA

電視選秀節目的參賽者昂首闊步走上舞台，開始吹噓自己的歌聲……然後唱起了「我會活下去」（'I Will Survive'）。

你的臉皺成一團，腳趾蜷縮！你想把電視機丟出窗外（實在看不下去！）但你還是忍不住回頭瞥視。西班牙語稱這種可怕的折磨為 **vergüenza ajena**（替代性尷尬）。

這是一種替代性的屈辱，通常的對象是陌生人。* 你可能會有替別人感到尷尬的經驗，例如當政治人物訛讀一個重要的名字，卻堅稱他們是對的，或者自以為是的諧星開了一個冒犯觀眾的玩笑，結果搞得全場鴉雀無聲。一旦肇事者明白自己犯了錯並且臉紅時，我們便視之為某種形式的道歉。因此，替別人感到極度尷尬，是專為厚臉皮、妄自尊大的人而設的感受。這些人似乎感覺不到應有的羞恥，所以我們只好代替他們大量供應，然後報以嘲笑來懲罰他們的雙重失誤：一是他們所犯的錯誤，二是不明白那是過失。

「替代性尷尬」是自相矛盾的。它既是對逾越應有行為規範的無情懲罰，嘲弄與排擠兼而有之，同時也展現出同理心：要為別人的處境感到難堪，我們得設身處地替他們著想。這些相伴的質性見於群體優先於個人的文化中——所以語言學家認為，是西班牙人為此一情緒命名。

在西班牙，擔心喪失個人尊嚴或驕傲的恐懼尤其明顯，甚至連共食盤裡剩下的最後一塊食物都被稱作 el de la vergüenza（帶來羞恥之物），任誰取用都會覺得有愧。然而，那也是一種同情的凝聚力十分深刻的文化。就此而言，替別人感到尷尬不僅突顯出對於得體和恥辱的敏感，也突顯出團結之樂。

西班牙並非唯一擁有專門詞彙來描述這種感覺的國家。德國人稱這種感覺為 Fremdschamen（他人的羞恥）；芬蘭人稱之為 myotahapea（共享的羞恥），而荷蘭人則說是 plaatsvervangende schaamte（位置交換的羞恥）。我們雖然看電視時也會渾身不自在地罵嚷，但替別人感到尷尬仍是一種無以名之的樂趣——或許正由於在英語裡無法輕易描述，這感覺更加讓人難受。

如果對此主題有興趣，不妨參閱「幸災樂禍」。

※互見：**同理心**。

＊注釋：當我們目睹朋友或親人（父母親尤然）拙劣的舞技或歌藝時，心裡會油然升起一股難為情。但這與「替代性尷尬」是不同的——這股戰慄感的由來，是因為我們惟恐別人知道我們跟他們是同路人，恥於承認彼此的關係。

渴慕 VIRAHA

我在我們第一次的結合十分羞怯，他體貼熟練地百般奉承，我語帶甜美輕柔的微笑。他解開我臂上的絲衣，噢，我的朋友！讓他熱情地與我交歡，我全心貫注在愛慾之中。

十二世紀晚期印度奧里薩（Orissa）王國的詩人賈亞狄瓦（Jayadeva）寫下了史詩《牧童之歌》（*Gita Govinda*）。長達十二章的詩句並非給人閱讀的，而是在佔有神廟膜拜核心地位的火炬旁供吟唱和舞蹈之用。這首歌曲表達了源自梵文bhaj（分享、愛戀）的bhakti（宗教虔誠）核心信條，作為印度教宗教生活的引導途徑，也是四世紀至九世紀間遍及印度次大陸的一種氣氛狂熱高漲的敬神方式。宗教虔誠的概念著重於努力與神達成精神上的親密關係，而且往往藉由情色愛慾的語言來表達精神方面的奉獻。

《牧童之歌》敘述多情牧羊童戈文達（Govinda，克利須那的化身之一）與牧牛女拉達（Radha）之間的愛戀關係。當拉達發現了戈文達不忠，她躲在森林藤蔓植物之間，懇求她的朋友幫忙贏回天神戈文達的心。她的精美詩句充滿了情慾，回想到兩人初遇時的激烈交歡，並渴望能撫摸現已不在身邊的戈文達。這些詩句濃縮了一種梵文稱作viraha的感覺，通常被轉譯為「渴慕」，指的是分離或遭遺棄期間所感受到的特有愛意。渴慕乃性愛與浪漫愛情的其中一個層面，形塑人類經驗的九種主題之一，是一種沒有愛人相伴的不完整感，以及渴望重聚、享受狂喜滋味的固著心理。

「渴慕」讓人想起其他浪漫熱戀的表述形式，不光只在性愛方面——例如奧克語吟遊詩人的詩歌，或葡萄牙法朵音樂所傳達的那種無法被安慰的渴望。但是兩者的差別在於，「渴慕」同時也是一種與宗教有關的感覺，而且終究是樂觀的。整整十二章的《牧童之歌》——其間克利須那瞭解到他的不忠是個錯誤，也經歷了對拉達的渴慕，最後兩人重聚——象徵靈魂找到其精神的歸宿。

「渴慕」常被拿來對照基督教二分的「肉體嗜慾」和更高層次的「精神之愛」。但實際上，即便基督教作家也確然與上帝近乎淫猥地結合在一起。「猛擊我的心，」鄧恩（John Donne）在他獻給聖靈的其中一首十四行詩中懇求，並且「姦侮我」（'ravish me'）。

※互見：**愛**。

脆弱 VULNERABILITY

V

請輕輕踏行，因為你踩著我的夢想。

——葉慈，〈他冀求天國的袍服〉（'He Wishes for the Cloths of Heaven'）

想要與人建立關係的欲望，使我們最為脆弱。在這樣的時刻，我們踉蹌地站上亮晃晃而危險的舞台，將缺點悉數暴露，低聲吐露我們真正想要的東西：性、寬恕、小孩。當我們鼓起勇氣要求我們需要的某件東西時，脆弱於焉產生。當我們說，「我在乎這個，我希望你也在乎。」或給予承諾——「我愛你」、「我信任你」——或承認感受到溫柔、喜悅或害怕時，脆弱便隨之而來。脆弱感像呼嘯吹掠過胸廓的風讓人不舒服、覺得無所遮掩的暴露在外。脆弱鋪陳出葉慈（W. B. Yeats）詩中的夢想，希望不會有人想要踐踏它們。

近十年來，心理學家和社會科學家開始對脆弱感興趣。他們的研究發現，我們感覺自己赤裸、無防禦力的時刻對於發展親密感、建立身分意識，以及培養自我價值至關重要。這不是新概念，中世紀學者曾談及若要找尋勇氣，必須過著正直的生活，而且言語由衷，並認為這是一種基本德性。

二十一世紀對脆弱產生興趣，或許出自於對自尊運動及其自戀式的展示成就而感到不滿。也或者是因為脆弱在二十一世紀生活的中心地位，激起了研究者的興趣。每當我們在線上登錄銀行詳細資料或郵寄私人訊息時，腦中忍不住會有一種聲音響起，納悶著我們的秘密被保護到什麼程度。而在工作場所情況如何呢？我們能否堅強到足以耐受我們的脆弱職位，能否安享「不穩定無產階級」＊勞動者身分的這個關鍵因素，讓我們能從一個短期的工作合約跳到下一個。即便從事創意工作的不穩定無產階級也得費力處理他們的脆弱，儘管他們被視為沒有工作安全感保障下的創業精神典範。他也必須學會大膽到將剛成形的想法攤在客戶面前，並強韌到足能應付客戶搖頭說「不」。

能夠「傾身進入」（'lean in'）脆弱的不舒適感，或許正逐漸成為一種特殊的情緒優點，但並非一項直截了當的長處。「脆弱的人」這類婉轉說法，至今往往仍被用來描述社會上所有遭邊緣化而無所依靠的人，他們處於被操縱或虐待的風險中。有人帶著緊繃的防衛心走進治療師辦公室，但也有人因為極度開放而弄巧成拙。對於那些使自己太過脆弱的「過度分享者」和奮不顧身的戀人來說，完全的公開態度反倒讓他們想吸引的人退避三舍。他們的行為可能看似想得到更多的親密感和真誠相待，但長此以往反而會變成將別人推開的奇怪行徑。在這兩種情況下，信任都岌岌可危，無論是被社會標定為「脆弱」的人，或者其脆弱已然變成無用習慣的人。隨時準備自我暴露，有部分問題在於過度信任別人——因此太容易受傷害。

倘若脆弱正在取代自尊，成為每個人都應設法在生活中培養的情緒，那麼我們應該也談談平衡的問題，在兩個極端之間擇取中庸之道。開口說「我愛你」是值得一試的冒險。可是我們有必要一輩子都過得戰戰兢兢嗎？脆弱若要有價值，不必然得具備令人害怕的改造力量，或成為不斷發出嗡嗡聲響的背景音，我們也可以用謹慎的方式會心實踐。

想知道更多有關工作場所的情緒，可參閱「和顏悅色」。

關於捍衛你信念的勇氣，可參閱「親吻衝動」。

* 譯注：「不穩定無產階級」（'precariat'），生活不穩定者所構成的社會階級，其生存條件不具可預測性和安全感。

W

漫遊癖　Wanderlust
驚奇　Wonder
擔心　Worry

漫遊癖
WANDERLUST

漫遊癖的首位受害者是尚—亞伯特・戴達斯（Jean-Albert Dadas），一位來自波爾多的瓦斯裝配工，一八八六年他因虛脫而入院治療。有紀錄顯示他曾徒步穿越法國，但他自己卻絲毫不記得。後來，戴達斯又步行前往莫斯科和君士坦丁堡，據途中遇見他的人描述，他不太清楚自己是誰，也不知道旅行的目的何在。

名為菲利浦・提西（Philippe Tissie）的醫學院學生記載下戴達斯的案例，並創造了「流浪衝動」（dromomania，源自意指「賽馬場」的希臘語 dromos）一詞加以描述。這個診斷結果很快便轟動醫學界，其他案例相繼出現。其特徵是永不饜足的步行欲望，有時持續數年之久。這種步行雖有其目的，但無實際目標，而且似乎是發生在另類意識狀態下。當流浪衝動患者最終停下腳步時，他們不復記得旅行的事，也不記得為何要動身。提西寫道，「那是某種病態的旅遊」，而且僅僅在二十五年之內便逐漸消聲匿跡。

流浪衝動或許始於一種不得安寧的躁動，或者是迷戀遠方國度的某處景致，那是對於從未去過、但曾在書中圖片裡看過的地方的某種渴望，甚至是鄉愁。我們興許渴望踏上一條無人走過的冰河，或者渴望在黎明時分聽見自己的聲音在某座湖上迴盪。我們知道身在異國土地上，時間會慢下來，此外，他人的思考方式也能改變我們的思考方式，讓世界再度變得新鮮。

德語 Wanderlust（漫遊癖，原意為徒步旅行的樂趣）一詞首度出現於浪漫主義時期帶有反抗意味的獨自步行傳統。如今，我們用它來指涉更廣泛的含意，代表對冒險和發現的渴望，以及想要體驗不同事物的欲求。不僅如此，「漫遊癖」也描述深植於人類的心理（就像愛或恐懼等情緒），是某種想要移動的強烈動機。這種渴望如同人類生命本身一般古老，驅使我們想見識存在於山的另一頭或村莊界限之外的事物——而且讓人心癢難耐，覺得非得朝某個方向旅行，生命才有意義。

提西於一八八〇年代首次遇見戴達斯，當時正流行一個概念，認為人類天生就有流浪的欲望。演化理論指出，人類體內可能留存著古老的衝動，但並非全部適用於現代生活。提西認為，這些病患的漫遊衝動是埋藏已久的流浪天性突然爆發的結果，他視之為一種不理性的爆發。而且時至今日，在許多方面我們仍認為流浪與不理性有所關聯：舉例來說，匿名戒酒會用「改換地點」一詞來說明在漫長旅途中的突然消失，誤以為這樣便可擺脫情感包袱。

然而，維多利亞時代的人縱或害怕流浪天性的大爆發，卻欣然接受它的少量展現。特別是因為流浪天性被發現的同時，適逢現代觀光業的誕生。有了庫克旅行社[1]以及首批《旅行指南》[2]的出版，加上諸如凡爾納（Jules Verne）與馬克吐溫（Mark Twain）的異國旅人故事大受歡迎，歐洲人前所未有地蠢蠢欲動，樂意動身踏上旅程。

「病態的旅遊」——至少戴達斯是以此方式體驗——如今相當罕見。現代精神病學家會將之歸類為一種遁忘狀態或解離失憶症。該如何解釋這種奇怪的病症在十九世紀晚期的法國忽起忽落？歷時如此短暫的心理疾病有時被認為是一種感應性的精神病，乃出於醫病雙方意願所創造出來的半妄想，將冠上誇大名稱的古怪行為視為某種疾病的症狀。尤其，這些症狀是大量出現在文化氛圍允許的情況下。就流浪衝動的案例而言，其間不僅旅遊業蓬勃發展，無家可歸者也引發普遍的畏懼，二者正好創造出完美的條件，使人們對於過度惡化的漫遊產生焦慮感。一旦某種新疾病的症狀開始載入精神病學文獻，該疾病便會透過屢次的診斷和自我鑑定而大肆流行。在這種背景下，即使是健康的旅行衝動，也可能感染那些原本滿足於家居生活的人。

「漫遊癖的產生是情感上的流行病」，某位心理學家於一九〇二年時如此寫道。百年之後，我們或許仍從其效應中得到樂趣。

※互見：**思鄉**。

---

1. 譯注：庫克旅行社（Cook's Tours），庫克父子公司（Thomas Cook & Son）的綽稱，創辦人為湯瑪斯·庫克。
2. 譯注：《旅行指南》指貝德克爾（Baedeker）系列叢書，由德國出版社貝德克爾公司發行，往後成為旅行指南的代稱。

暖光
WARM GLOW

可憐的拉里．大衛！* 一件單純的善舉也能讓這位 HBO 情境喜劇《人生如戲》（*Curb Your Enthusiasm*）裡的半虛構明星感到煩躁。拉里抵達現場，準備參加一間新博物館廂房的開幕儀式，眼見自己作為捐贈者的大名留在牆上永垂不朽，他帶著驕傲下車。「非常好。」他洋洋自得地對妻子綺麗兒說，準備沉浸於在場貴客的讚美中。可是接下來，他注意到另一間新廂房題寫的捐贈者：無名氏。他的心情頓時降到谷底：「現在看起來，我的捐贈好像只是為了得到稱讚。」當綺麗兒輕聲說著拉里的朋友泰德就是那位神秘的捐贈者時，果然，拉里對於泰德的厚顏無恥感到義憤填膺。「沒人告訴我可以匿名——然後再告訴別人！」他氣沖沖地說，「若知道可以，我也會選擇那種方式！」

我們容易懷疑別人做好事的動機——有時甚至懷疑我們自己的動機。對拉里．大衛來說，行善的動機是自覺高人一等以及對名聲的渴望。別人可能以為我們想獲得些什麼作為回報，或者我們就是喜歡擦亮那個教人受不了的小小光環。

但事實是，大多數人在幫忙某位陌生人將嬰兒車抬上樓梯，或者協助鄰居搬運所購買的物品後，走起路來會覺得稍微輕盈快活些。隨機的善行給我們一種同舟共濟、團結在一起的謙卑感，或者是因有足夠能力做出有用之事而感到自豪。然而，在某人向我們道謝之後，儘管我們會說「這是我的榮幸」，但英語裡並無名稱來稱頌這種愉悅。有人提議用‘Altru-hedonism’（「利他的享樂」），而有個比較沒那麼笨拙的用語是維多利亞時代哲學家史賓塞（並不以簡潔而聞名）所建議的措辭：‘altruistic pleasure’（「利他的愉悅」）。在如此的競爭之下，「暖光」（‘a warm glow’）仍是我們目前所擁有最好的說法，儘管它確實讓人想到自滿的光環和微笑。

也許英語的這個盲點可以追溯到對於「仁慈令人快樂」這種概念的厭惡。認為「自私是人類天性」的想法，在西方文化裡是根深柢固的，十六世紀新教改革者喀爾文在布道中想像人類的陰險與墮落，而且認為人類之行事很難真正為了別人的最佳利益著想。他教導虔誠的信徒要努力克服卑劣的天性，踐行基督徒責任。慷慨和仁慈並非與生俱來，而是需要協同努力。仁善可能讓我們付出代價，甚至受到傷害。

現今神經科學家提出不同的主張。過去十年來，關於利他行為的研究結果顯示，大腦的關鍵愉悅路徑之一，也就是輸送多巴胺到報償相關部位的中腦邊緣系統，在我們從事慈善活動時所起的反應，與我們收受金錢時的反應是相同的。搭配這些研究所作的功能性核磁共振造影（fMRI），描繪出我們的大腦隨著付出而獲得的快樂，不誇張地真的在發光。

當然，利他也包含許多出於自私的原因：幫助別人可以凝聚我們的社會，並創造出互利互惠的網絡。然而，一旦明白我們所感覺的愉悅其實是一種生物必然性，用以獎勵有助於人類物種存活的「自然的報償」，聽起來似乎是挺古怪的寬慰。瞭解這點或許終將改變我們的思維，直到我們忘記以往仁慈曾被認為是一種責任，而且我們只把它當成一種愉悅的感覺來欣賞。屆時，說不定很快就會有更多的字詞來描述我們所感覺到的那些「暖光」。

想知道其他讓我們不情願幫忙的理由，可參閱「同情」；「憐憫」。

＊譯注：拉里・大衛（Larry David），猶太裔美國喜劇演員、編劇和電視製片人。

驚奇 WONDER

深藏在倫敦查令十字車站底下養兔場似的商場長廊，戴文波特魔法商店（Davenport's Magic Shop）是兒童的聖地。當店員示範讓紙牌飄浮起來，以及讓軟玩具球從杯子底下消失時，孩子們個個目瞪口呆。他們的父母親在門口旁閒逛，臉上帶著會意的微笑。偶爾就連大人也會突然張口結舌，他們的世界暫時裂解，一切事物都變得像小時候那樣充滿奇異而且令人著迷。

在現代，許多人或許都將驚呆或驚愕、訝異和茫然與天真和孩子氣聯想在一起。然而在十二至十七紀時，驚奇被視為對生命之神秘的重要反應。那時的哲學家和科學家相信，他們活在一個點綴著珍稀、神奇事物的世界。那是一個擁有奇異動物的世界，富有的人會帶回鱷魚的牙齒，相信那是龍齒或者是腸胃結石[1]，他們以為那是一種解毒劑，並且將之放在「驚奇屋」[2]中展示。那是一個將「怪胎」——帶著多餘的手腳出生，只活了幾個小時就夭折的嬰兒——視為大災難將至，神明以此示警的世界。

由於「驚奇」涵蓋了令人迷惑、因震懾而順服、敬畏和恐懼等內涵，因而被認為具備了強大力量，甚至能傷人。賴爾提斯在奧菲麗亞墳前的哀悼，根據哈姆雷特所言，能讓星星「像被驚奇所傷的傾聽者」般呆若木雞。驚奇是如此被視為人類的核心經驗，因此當笛卡兒於一六四九年製作他的六大「原始情緒」清單時，他首先就引薦了驚奇（接下來是愛、憎恨、欲望、喜悅和悲傷）。他將驚奇定義為「靈魂突遭襲擊，促使它得專心對待對它而言似乎稀罕奇特的事物」。

驚奇是該時期激烈爭辯的主題，足以證明它的重要性。對許多神學家而言，驚奇連同其附帶的順從和屈辱，是對於上帝所創萬物唯一恰當的反應。聖奧古斯丁警告人們不要嘗試計算星辰的數量或清數沙粒，因為這證明了你虛榮的好奇以及驕傲，會阻礙人們謙卑奉獻之道。另有人認為，驚奇所造成的癱瘓只是暫時的，很快就會變成有目的的好奇。「所有的人天生都渴望求知，」亞里斯多德寫道，而求知始於「對事情感到驚奇」。如今，我們仍然會說我們想知道這是如何辦到的，或是想知道那是怎麼一回事。如同哲學家暨神學家麥格努斯

[3]的某個十三世紀作品所言，智者的目標是「讓驚奇止息」。

約莫十七世紀下半葉，驚奇確實開始止息。在啟蒙時代的文化氛圍下，自然哲學家開始看重秩序勝過怪異，並設法透過實驗來揭露不受時間限制的律法，而不再藉助於奇蹟或其他異常事物所帶來的震驚和敬畏之心。這不光只是哲學態度的轉變，大約在十八世紀初期，以往居家凌亂堆置著鱷魚填充標本和鴕鳥蛋的時代風尚逐漸褪去，讓位給想要空間、光線和秩序的新欲望——因此，販售奇珍物品的古老賺錢行業也跟著式微。

往後幾個世紀，許多人曾利用驚奇一度擁有的文化權威來重振它的旗鼓。十八世紀晚期的浪漫主義詩人以及二十世紀的嬉皮都悲嘆著曾經出現的彩虹被拆散，想尋求——必要的話借用化學手段——先輩們如此容易體驗到的敬畏和驚愕感。

不過，他們未竟其功。如今好奇幾乎已完全遮蔽了驚奇，成為有才學的菁英們一種合宜的情緒態度。

※互見：**好奇**；**恐怖**。

1. 注釋：人們可能因為《哈利波特》電影中的魔藥課而熟悉腸胃結石，不過腸胃結石確實為中世紀醫師所使用。那是一種光滑且重量異常輕的球狀物，由進入羊或其他反芻動物胃裡的不可消化物，經緊實壓縮後所構成——蔬果纖維、樹枝，以及特別是毛髮。有些中世紀醫師建議將這種珍貴的石頭磨成粉末，溶於藥劑中服用，有人則將它們擺在裝飾精美的臺座上展示。一五七五年，法國外科醫師帕雷（Ambroise Paré）描述了一項測試腸胃結石解毒功效的實驗，受試者是一名因竊取兩隻銀盤而被判絞刑的廚師。他同意以服毒取代絞刑——並利用腸胃結石來解毒——看看他是否能活下來。遺憾的是，他沒有成功。

2. 注釋：「驚奇屋」（Wunderkammer）往往被翻譯作「奇珍屋」（cabinet of curiosities），但「驚奇屋」（room of wonders）才是正確的譯名。

3. 譯注：麥格努斯（Albertus Magnus，1193-1280），多明我會神父，提倡神學與科學和平並存。

擔心 WORRY

驚恐潦草的對話字跡漂浮在查理・布朗的頭上，讓他永遠顯露出一副疲憊的模樣。他的生活都在擔心中度過——擔心他的球隊、他的學業成績、他的寂寞，還有他那隻不按牌理出牌的小狗史努比。查理・布朗無疑是漫畫史上最有良心的八歲小孩。激動與憂心忡忡通常不是兒童生活的寫照，但卻是成人生活中司空見慣的副作用。

worry 源自古英語 wyrgan（殺死或絞殺），最古老的字義涉及被蛇勒斃或因惡臭而窒息。動物會藉由咬合和晃動來扼殺其獵物（例如狗或狼攻擊羊的方式），還有至少在十七世紀，戀人可能因為接吻和激烈的擁抱而使對方窒息。

十九世紀初期，《牛津英語辭典》首度將 worry 定義成「生活的苦惱和憂慮所造成的不安心境」。此後，擔心隨即變成諸多文學角色的習性，藉以顯示他們極度關切別人，奮不顧身。擔心可能是喧鬧的：在斯托（Harriet Beecher Stowe）的小說《湯姆叔叔的小屋》（*Uncle Tom's Cabin*）中，當逃跑的黑奴伊萊莎和她的孩子出現在房前時，她「擔心得要命，激動地大哭大叫」。或者，「擔心」安靜地隱藏在樂觀的微笑下，但依舊可能會致命，令擔憂者精疲力盡，例如小耐兒*最終死於憂慮。

一八七〇年代，維多利亞時代的中產階級勵志大師斯邁爾斯（Samuel Smiles）強調了憂心忡忡的危險。「歡樂，」他寫道，「讓自然恢復它的力量，而擔心和不滿則使它變得衰弱。」斯邁爾斯特別關切的那種擔心反映在無趣的問題上：個人社會地位的起落、違反禮儀，以及最新的偷情軼聞。擔心會使人衰弱，這事實本身就很令人擔心。在重視生產力與自我提升的世界，被憂慮打敗是相當不負責任的。正是在此背景下，一八九〇年代若干與擔心情緒相關的憂慮被拓展成一種重要的新病症：「焦慮」。焦慮起初被認為是性興奮未耗盡所導致，現今則是美國最常被診斷出來的情感性疾患。

或許焦慮的發明留給日常的擔心一個比較快樂的結局。繼斯邁爾斯之後約莫一百五十年，現代的自我成長書仍津津樂道於免除生活憂慮的可能性，例如《如何停止擔心，開始好好過生活》、《過度擔心的女人——如何擺脫破壞關係、工作和樂趣的擔心與焦慮》等諸如此類。不過較近期的心理學研究提醒我們，別老是將擔心視為一個問題。

抱持大難臨頭的看法（總是想像最壞的可能後果）縱或不利於生產，不過有時為某個問題而擔心，卻可能是具有創造力的過程。就像狗兒把咬住的獵物甩落般將問題給抖出來，並從每個角度加以檢視，能促使新的想法變得清晰，同時重新整理既有的想法。二〇〇六年發表在《心理醫學》（*Psychological Medicine*）期刊的一項縱向研究，證實了經常擔心的人較少發生意外，儘管這結果似乎顯而易見。有些研究甚至認為或許有某種世代相傳的「擔心基因」存在。雖說壓力和焦慮可能減短壽命，不過那些擁有適度擔心情緒的人似乎比較長壽，而且生殖力較強。所以，或許我們至少該欣然接受一部分的憂慮。

畢竟，所有的擔心都生而平等。但有些事情值得我們慌亂不安，一如費茲傑羅在一九三三年給他十一歲女兒斯科蒂（Scottie）的建議：

> 別擔心洋娃娃、男孩子、昆蟲、父母親、失望、滿足或未來。
> 值得擔心的事情有：

擔心有沒有勇氣
擔心是否清潔
擔心夠不夠效率
擔心馬術夠不夠好……

※互見：**畏懼**。

* 譯注：小耐兒（Little Nell），出自狄更斯小說《老古玩店》（*The Old Curiosity Shop*）的角色。

Z

波蘭情結　ŻAL

波蘭情結
ŻAL

Z

作曲家暨鋼琴演奏大師蕭邦的人生，消磨在失去一切之後的急遽轉折與悲苦怨懟中。他流亡波蘭的生涯、與喬治・桑[1]之間風風雨雨的關係，以及孱弱的健康狀況，迫使他在社交上退縮，加上幾次突兀古怪的精神錯亂，共同成為他三十九歲英年早逝的預兆。

對蕭邦而言，正是這種無法以其他文字轉譯的波蘭人情緒Żal，造就了他病態的精神強度（至今我們仍能從他的作品中聽出來），創作出堪稱有史以來最縈繞人心的鋼琴樂曲。根據曾替蕭邦作傳的友人李斯特的說法，這是「他內心的土壤」。（譯按：Żal在本文中權譯為「波蘭情結」。）

「波蘭情結」是不可挽回的失落所造成的憂鬱感，但這並非簡單明瞭的情緒低落。它飄忽不定，有時看似溫順，隨即又變得桀驁難馴，融合了失望、後悔，甚至包含對我們的某部分生活一去不復返所產生的激憤。根據李斯特的說法，蕭邦的「波蘭情結」主要傳達一種憤怒，「充滿責備和預謀的暴力……這種感覺本身帶有悲苦的憎恨，即便沒有結果。」「蕭邦的波蘭情結，」李斯特[2]寫道，「淋漓盡致地表露在他的晚期作品中——練習曲和詠諧曲，娓娓訴說著事情已走到盡頭的絕望，有時捉狹，有時倨傲。」

※互見：**怨恨；報復心**。

---

1. 譯注：喬治・桑（George Sand，1804-1876），法國女性小說家、劇作家、文學評論家。喬治・桑為其男性化的筆名。
2. 譯注：李斯特（Franz Liszt），匈牙利作曲家、鋼琴演奏家，浪漫主義音樂主要代表人物之一。

國家圖書館出版品預行編目

情緒之書 / 蒂芬妮 . 史密斯 (Tiffany Watt Smith)
著 ; 林金源譯 . -- 初版 . -- 新北市 : 木馬文化出
版 : 遠足文化發行 , 2016.04
面 ;　公分
譯自 : The book of human emotions
ISBN 978-986-359-231-0(平裝)

1. 情緒 2. 歷史 3. 文化研究

176.52　　105003996

情緒之書

The Book of Human Emotions

作　　者：蒂芬妮・史密斯 (Tiffany Watt Smith)
譯　　者：林金源
社　　長：陳蕙慧
副 社 長：陳瀅如
責任編輯：李嘉琪
封面設計：楊啟巽
內頁編排：優士穎企業有限公司
出　　版：木馬文化事業股份有限公司
發　　行：遠足文化事業股份有限公司（讀書共和國出版集團）
地　　址：231新北市新店區民權路108-4號8樓
電　　話：(02)2218-1417
傳　　真：(02)2218-0727
E-mail：service@bookrep.com.tw
郵撥帳號：19588272木馬文化事業股份有限公司
客服專線：0800221029
法律顧問：華洋法律事務所 蘇文生律師
印　　刷：通南印刷股份有限公司
初　　版：2016年4月
初版26刷：2023年8月
定　　價：450元
ISBN：978-986-359-2310
木馬部落格：http://blog.roodo.com/ecus2005
木馬臉書粉絲團：http://www.facebook.com/ecusbook

線上讀者資料回函
請給我們寶貴的意見！